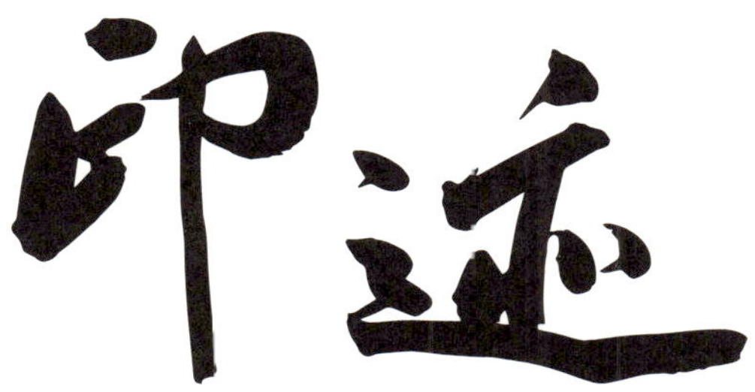

下卷

——亲历出版传媒人才培养三十年

QINLI CHUBAN CHUANMEI RENCAI PEIYANG SANSHINIAN

刘超美 / 著

人民出版社

目录

CONTENTS

第三篇 改革创新

第四篇　党的建设

第三篇

DI SAN PIAN

改革创新

关于提高北京高校校院两级决策科学化、民主化水平的思考*

党委领导下的校长负责制是中国特色社会主义高等教育体制的重要特征，是坚持社会主义办学方向、全面贯彻党的教育方针的根本保障，是体现集体领导、民主决策、科学决策的核心制度设计。2012 年 10 月，北京市委教工委开展《北京普通高等学校党建和思想政治工作基本标准》（以下简称《标准》）的集中检查工作，对党的关系隶属北京市委、归口市委教工委管理的 60 所高校贯彻落实《标准》的情况进行集中检查。笔者有幸参加了这次检查，结合党的十八大有关精神对于北京高校校院两级决策机制建立及落实的情况作了深入思考，希望能对北京高校进一步提高校院两级决策科学化、民主化水平有所裨益。

一、党委领导下的校长负责制是符合我国国情的高校领导体制

（一）我国高校领导体制的历史沿革

我国高校领导体制是培养社会主义建设者和接班人的根本保证。从新

* 这是刘超美撰写的 2012 年领导干部理论文章。

中国成立以来，我国高校领导体制实行了从校务委员会制、校长负责制、党委领导下的校务委员会负责制、党委领导下的以校长为首的校务委员会负责制、党的“一元化”领导、党委领导下的校长分工负责制等多种形式的领导体制。目前的“党委领导下的校长负责”是从1995年之后开始实行的。1996年颁发的《中国共产党普通高等学校基层组织工作条例》明确规定：“高等学校实行党委领导下的校长负责制。”1999年实施的《高等教育法》以法律的形式明确了这一制度。《国家中长期教育改革和发展规划纲要（2010—2020年）》重申，公办大学要坚持和完善党委领导下的校长负责制。2010年修订的《中国共产党普通高等学校基层组织工作条例》明确规定，院系实行党政联席会议决策制度，增加教工和学生党支部的职责，进一步夯实了党在高校执政的组织基础。这一制度是由我国基本政治制度所决定的，是我国高等学校领导体制经历多次变化、长期探索的结果，也是适应中国国情、高校性质、根本任务和管理特点的有效运行机制。

（二）我国高校权力结构的特点

我国现行高校内部领导体制，其组织架构主要由4个部分组成：一是党委系统，包括党委会、常委会及其下设各职能部门；二是行政系统，包括校务委员会及其下设各职能部门；三是学术系统，包括学术委员会、学位委员会、教学指导委员会等；四是教职工自我管理系统，包括工会、教代会等。与此相适应，大学的权力结构体系包含政治权、行政权、学术权和民主权4种基本权力。从高校校级组织结构看，党委会、校长办公会、学位评定委员会的地位和职权比较清晰，而学术委员会、教学指导委员会、教职工代表大会等体现学术组织的地位和职权较为模糊。

（三）我国高校权力监督

西方高校的治理结构表现为董事会、以校长为首的行政机关和评议会的共同治理格局，集中表现为评议会和校长办公室之间的对立和制约。与西方高校的治理结构不同，我国高校的治理结构具有明显的中国特色，表现为以党委领导为核心的政治权力、以校长负责为核心的行政权力、以教授治学为核心的学术权力、以教职工民主管理为核心的民主管理权力的共同治理。由于党政在法理上的一致性，多数学者将高校内部的决策权概括为行政权力和学术权力的二元结构。行政权力以上级管理主体对组织活动的控制与协调为特征，处于强势地位，而学术权力是以“自主性和个人的知识”为基础的专业权威，在权力结构中处于弱势地位。行政权力的强势和学术权力的弱势，容易造成行政对学术的过度介入和不当干预，需要加强对行政权力的监督。

二、北京高校校院两级决策的总体状况

北京各高校党委认真贯彻落实《中国共产党普通高校基层党组织工作条例》（以下简称《条例》）和《北京市实施〈中国共产党普通高校基层组织条例〉的办法》等文件精神，坚持党委的核心领导地位，坚持和完善党委领导下的校长负责制，建立健全校院两级决策机制，实施院系党政联席会议制度，不断提高决策的民主化、科学化水平。

（一）北京高校校院两级决策机制基本做法

1. 健全了校级领导决策机制。各高校普遍制定了党委常委会、校长办公会议议事规则和“三重一大”决策制度实施办法，对决策机构、决策内容、决策程序、民主参与、决策实施与监督等事项都作了明确规定，形成了设置科学、程序严密、制约有效的规范化制度体系，为坚持党委领导下的校长负责制提供了制度保证。

2. 完善了民主集中制。各高校党委在工作中坚持“集体领导、民主集中、个别酝酿、会议决定”的决策原则，重大问题和重要事项决策前坚持调查论证，认真听取各方面的意见建议。充分发挥教代会、工会组织及教职工在民主参与、民主管理、民主监督、民主决策等方面的作用，充

分发挥学术委员会、学位委员会、教学指导委员会及专家学者在民主管理和决策咨询中的作用，不断提高决策水平和工作效率。

3. 普遍实施了院系党政联席会议制度。各高校都明确党政联席会议是所属院系（部）按照民主集中制原则，讨论和决定本单位重要工作的决策机制，制定了党政联席会议议事制度，规范领导班子对于“三重一大”事项决策的程序。院系普遍建立了二级教代会制度和学术分委员会、学术评定分委员会和教学指导分委员会制度，注重发挥各自的作用，实施院务公开，不断推进基层民主建设。

（二）北京高校校院两级决策机制的经验特色

北京各高校在校院两级决策过程中，能努力把握好“集体领导、科学决策、党政合作”这 3 个关键点，重视抓好“沟通、决策、实施、保障”4 个环节，不断建立健全各项规章制度，坚持用制度管人、用制度管事、用制度管权，为建立科学民主的校院两级决策机制打下了坚实基础。

1. 积极探索推进中国特色现代大学制度建设。中国政法大学制定了《大学章程》，确立了“党委领导、校长负责、教授治学、民主管理、依法治校”的管理模式，在学院实行了教授委员会制度。北京师范大学等高校启动了《大学章程》起草工作。北京交通大学制定了《中共北京交通大学委员会常务委员会会议制度实施办法》，进一步明确了常委会的议决范围、议题申报等事项。

2. 积极探索民主管理、民主监督的新形式。北京师范大学、中国政法大学、北京建筑工程学院（现为北京建筑大学，编者注）、北京农学院等高校建立实施了教代会代表列席校长办公会、党代会代表列席党委会制度；中央财经大学利用学科优势，发挥会计、审计专家在反腐倡廉中的重要作用，建立了“专家监督模式”；中央民族大学制定了《中央民族大学职能部门、校属单位领导班子议事规则》，从制度层面解决了职能部门和校属单位议事决策的民主化；首都经贸大学、北京财贸职业学院等高校通过各种形式充分听取师生员工的意见建议，不断拓展学校民主管理、民主监督的途径和渠道。

3. 积极探索形成规范有序的决策机制。中央民族大学始终坚持“确定议题在先、调研论证在先、思想沟通在先”，确定了严格的决策程序；北京交通大学对于会议材料、会议汇报、会议决策在程序上都有明确规定，每年制订印发常委会、校长办公会重要议题计划，对重大专项广泛征求各方意见并充分调研论证，提高了常委会、校长办公会会议效率和质量。

4. 积极建立实施院系党政联席会议制度。各高校认真贯彻《条例》，院系较为普遍地建立健全了党政联席会议制度，党政联席会议成为院系最高决策机构，确定了议事范围和议事程序，进一步提升了基层党委科学民主决策水平。中央财经大学金融学院建立了学院党政联席会议、教代会等议事制度，成立金融学院学术顾问委员会等 5 个委员会和金融学院学科建设工作小组等 7 个工作小组，形成了具有学院特色的多层次科学领导体制和民主决策机制。北京交通大学、北京建工学院、北京农学院、北京财贸职业学院按照北京市实施《基层组织工作条例》办法的要求，明确了院系党总支书记主持党政联席会议的制度。中央财经大学充分发挥职工代表大会、教代会的作用，创建了“党政工联席会”制度。

（三）北京高校校院两级决策普遍存在的问题

1. 校级决策需要进一步扩大民主。《条例》中对党委领导下的校长负责制，对二级学院实施党政联席会议制度作出了明确规定。当前，北京高校行政权力与学术权力两者的关系还没有理顺，行政权力太强势，行政机构与管理人员拥有较强的管理权力；学术权力太弱化，教授较少参与学术管理，尤其是没有行政职务的教授在各种学术组织中的比例小；学术组织行政化，官本位意识浓厚；学术权力与行政权力交叉混淆，界限不明，难以实现学术自由。因此，教育行政部门或者组织部门要根据中国国情和高校实际情况制定具体实施意见，对诸如党委领导与校长负责的责权界限、重大事项的决策程序、会议制度以及相应的配套运行制度作出较为明确的界定。

2. 校级决策的透明度需要进一步提高。决策能否做到科学，科学决策能否得以执行，还有一个重要的因素就是监督职能是否到位。监督作用的发挥取决于决策过程的透明度。透明能避免暗箱操作，避免权力行使者以不公平的方式取得或者垄断行政资源、学术资源和相关权力。透明度要求高校决策过程和决策基本依据法定化。决策前要进行充分的调查研究，决策的过程要严格遵守相关规定，决策后要将结果进行公示。目前，各高校对于决策流程、决策结果的公示做得都比较到位，但在决策前的调查研究还不够深入，决策时过于依赖经验，依法决策意识薄弱，决策后对于决策过程和决策细节的公示有待进一步提高，存在着“公开的不重要，重要的不公开”的问题。透明度还要求赋予学术委员会或者教职工代表大会有对学校重大决策进行听证及质询的权力，要有充分的渠道让专家学者建言献策。在这一方面，需要进一步地规范和引导。

3. 院级决策需要进一步规范化。在高校院系工作中，由于此前权责和工作机制的不甚明确，导致一些院系存在着认识模糊、领导体制混乱、工作体制不健全、运行机制不畅通、办事效率偏低等问题，院长只负责行政、教学、科研工作，对党建和思想政治教育工作关心不够，党组织对学院行政工作也缺乏领导和监督。当前，高校二级学院（系）党政联席会议制度虽然绝大多数部门都普遍实施，但还需要进一步规范。比如，院系党委、行政的职责和事权范围还比较模糊。尽管《条例》中认为，学院工作中的重要事项应该由党政联席会议讨论决定。但是，对于什么是学院的重要事项并没有界定。党政联席会议还没有明确的细则，议事范围、任务、程序和规则还不完善，由谁召集和主持在实践中还存在问题。《意见》规定，党政联席会议由书记或者院长负责召集和主持，两者可“根据议题内容分别主持会议”。这一规定在实践中可能导致书记和院长产生矛盾冲突，影响班子整体领导功能的发挥，北京市颁布贯彻《条例》实施办法，明确规定书记主持，但从实践的情况看也存在众多问题，主要是总支书记的综合素质需要提高，因此有必要进行进一步的规范和说明。

三、提高北京高校校院两级决策科学化、民主化水平的思考

党的十八大报告指出，要确保决策权、执行权、监督权既相互制约又相互协调。坚持科学决策、民主决策、依法决策，健全决策机制和程序，发挥思想库作用，建立健全决策问责和纠错制度。对于高校而言，就是要不断地建立健全校院两级决策机制，提升决策的科学化、民主化水平。

（一）加快《大学章程》建设，完善党委领导下的校长负责制

实践证明，党委领导下的校长负责制是适合我国社会主义大学改革、建设和发展的领导体制。“党委如何领导”和“校长如何负责”是坚持和完善党委领导下的校长负责制不可回避的一对基本问题。完善党委领导下的校长负责制，关键是清晰界定党委与校长的职责、权限、议事规则和决策程序。《高等教育法》对高校党委的职责作出了比较明确的规定，但对于“什么是学校改革、发展的重大事项”没有明确说明。

大学章程通过规定学校的办学理念和特色、学校发展目标和战略、校内各种关系、领导体制、治理结构、管理模式，教职员工的权利和义务，学生的权利和义务等重要内容，回答现代大学制度的核心问题，为大学依法自主办学提供可行的自治规范。目前，世界一流大学都有自己的大学章程。教育部于2011年7月出台的《高等学校章程制定暂行办法》指出：“章程应当依照法律及其他有关规定，健全中国共产党高等学校基层委员会领导下的校长负责制的具体实施规则、实施意见，规范学校党委集体领导的议事规则、决策程序，明确支持校长独立负责地行使职权的制度规范。”因此，我们建议北京高校尽快通过制定学校章程明确党委与行政的职责和权限、议事规则和决策程序以及保障机制来加强和完善党委领导下的校长负责制。

（二）发展党内民主，强化对权力的监督

党的十八大报告指出，要积极发展党内民主，增强党的创造活力，以党内民主带动人民民主。北京高校具有光荣的民主传统和民主氛围，因此要大力推行校务公开，加强民主决策、民主管理和民主监督。实行校务公开是高校进行民主政治建设的重要措施和宝贵经验。实行校务公开，可以充分调动师生员工参政议政、参与管理的积极性，可以保证高校各项改革与发展的重大决策、决定的制定和实施的正确性，是加强党风廉政建设，从源头上预防和治理腐败的治本之策。在党务公开工作中，要建立工作机制，明确工作责任制，一级抓一级，层层抓落实。要抓住关键环节和重点、热点问题实行公开。如学校改革与发展的重要规划、决策和实施方案，学校事业费预决算和仪器设备采购情况、教育收费项目和标准，招生考试政策、规定和纪律，学校基建承发包事宜以及涉及师生切身利益的有关情况。只有这样，广大师生才能在民主决策、民主管理、民主监督中发挥作用。

要实施党代表提案制，发挥党代表的作用。这就需要保障党员的主体地位，健全党员民主权利保障制度，开展批评和自我批评，营造党内民主平等的同志关系、民主讨论的政治氛围、民主监督的制度环境，落实党员知情权、参与权、选举权和监督权。在高校内发展党内民主，强化对于权力的监督，还需要强化高校基层委员会决策和监督作用，完善北京各高校常委会议事规则和决策程序，强化全委会决策和监督作用。扩大党内基层民主，完善党员定期评议基层党组织领导班子等制度，推行党员旁听基层党委会议、党代会代表列席同级党委有关会议等做法，增强党内生活的原则性和透明度。

（三）扩大学术民主，完善院系党政联席会议制度

院系管理体制和运行机制是党委领导下的校长负责制在院系层面的体现和延伸。院系单位是大学组织管理的核心，是大学治理结构的基本单

元。目前，党政联席会议制度已经在二级学院一级得到了较好的贯彻和落实，但各个学校在具体实践过程中需要进一步规范化。另外，党政联席会议在系、中心一级如何得到体现和落实需要进一步探索。系教工支部的党的活动和党员发展培养工作并未得到系主任的充分关心和支持，教工党支部书记对于系的教学科研活动也没有充分发挥思想引领和组织关怀作用。我们建议各高校党组织应建立起相对应的院系党政联席会议考评机制，定期检查各院系的落实情况，对于其中存在和发现的问题给予及时有效的指导，从而使院系党政联席会议制度的建设工作形成一个良性的循环，真正成为一项落到实处、具有实际效果和深远意义的长效机制。高校党组织还应为不同的院系构建相互交流和探讨的平台，使各基层党组织能相互学习、取长补短，从各自的经验中获得有益的启迪，从而更好地改进和完善党组织在系、中心这一层面上领导和监督作用的发挥，更好地激发基层党组织的活力。

（四）加强依法决策，提高北京高校依法决策的能力和水平

提高领导干部运用法治思维和法制方式深化改革成果、推动发展、化解矛盾维护稳定的能力，是党的十八大提出的明确要求。2013 年 2 月 23 日，习近平同志在中共中央政治局全面推进依法治国第四次集体学习时强调，各级党组织必须坚持在宪法和法律范围内活动。各级领导干部要带头依法办事，带头遵守法律。领导干部要带头依法办事，是适应领导方式转变的重要举措，是依法执政与依法行政的重要前提。北京高校各级党组织要努力强调改革创新意识，增强依法决策意识，摒弃传统的思想观念，用法治思维的标尺规范各项行政行为，尤其是与群众切身利益相关的事务，更加需要坚持依法行政。

（五）完善决策机制，建立决策问责和纠错制度

决策失误责任追究制度是改革和完善决策机制，推进决策科学化、民主化的一项重要制度。建立这种制度既是科学执政、民主执政、依法执政

的重要体现，也是加强对权力运行进行有效制约和监督的重要途径。高校的党委领导实行集体领导，凡属重大问题都要由党委集体讨论作出决策。“集体负责”在现实中可能会导致无人负责。党的十八大报告强调，要健全决策机制和程序，发挥思想库的作用，建立健全决策问责和纠错制度。要依法依规追究决策者的责任，包括政治责任、行政责任、经济责任和刑事责任等，要使决策失误者直面所导致的经济、政治、社会、道德等方面的不良后果，并承担由此而引起的法律、行政、经济和道义等责任，依照相关法规予以应得的处理。追究决策失误责任的关键是实行“谁决策，谁负责”，履行终身责任。要健全质询、问责、经济责任审计、引咎辞职、罢免等制度，加强党内监督、民主监督、法律监督、舆论监督，让人民监督权力，让权力在阳光下运行。

党的十八大报告是党站在新的历史起点上的政治宣言、行动纲领。我们要认真学习，全面准确地把握党的十八大报告的精神实质，完善中国特色大学制度建设，进一步推进北京高校校院两级决策机制科学化、民主化水平，促进北京高校更好更快发展。

参考文献：

［1］《十八大以来重要文献选编》（上卷），中央文献出版社 2014 年版。

［2］《中国共产党普通高校基层组织工作条例》2010 年修订版。

［3］龙宗智：《依法治校与高校领导体制的改革完善》，《北京大学学报》（哲学社会科学版）2005 年第 1 期。

［4］沈道海：《党委领导下的校长负责制：制度演进、内涵界定与实践创新》，《云南行政学院学报》2012 年第 1 期。

［5］林彬：《对党委领导视野内高校管理的认识与把握》，《中国高等教育》2011 年第 13—14 期。

［6］路云平：《对完善我国高校领导体制的几点思考》，《学校党建与思想教育》2011 年第 7 期。

［7］陈雁：《对完善中国特色现代大学制度的思考》，《高校教育管理》2013 年第 1 期。

[8] 穆晓霞：《法律视野下高校内部权力的制衡与互动》，《陕西行政学院学报》2009 年第 1 期。

[9] 刘川生：《高校党建九十年的历史进程和基本经验》，《中国高等教育》2011 年第 12 期。

[10] 齐舒、罗大中：《高校党委领导下的校长负责制发展过程及创新途径》，《现代教育管理》2012 年第 6 期。

[11] 王郦玉、刘同兰：《高校院系党政联席会议制度运行机制的研究》，《科教文汇》2011 年第 9 期。

[12] 范明：《构建中国现代大学制度：普遍共识与中国特色》，《国家教育行政学院学报》2011 年第 2 期。

[13] 赵永贤：《坚持和完善党委领导下的校长负责制》，《求是》杂志 2011 年第 3 期。

[14] 苏雷、龚建林、罗嘉文：《论高校党委领导下的校长负责制》，《学校党建与思想教育》2011 年第 4 期。

[15] 钟秉林、赵应生、洪煜：《中国特色现代大学制度建设：目标、特征、内容及推进策略》，《北京师范大学学报》（社会科学版）2011 年第 4 期。

[16] 迟维意：《中国特色现代大学制度研究》，《国家教育行政学院学报》2012 年第 1 期。

[17] 《国家中长期教育改革和发展规划纲要（2010—2020 年）》，http：//www.gov.cn/jrzg/2010-07/29/content_ 1667143.htm。

继承优良传统　不断开拓创新
加快学校转型发展*

金秋十月，硕果累累；美丽印院，处处洋溢着喜悦的氛围。在这天高云淡的日子里，我们隆重集会，热烈庆祝北京印刷学院办学55周年。

在北京印刷学院的发展历程中，始终得到了国家新闻出版行业主管部门、北京市委市政府及相关部门的高度重视和亲切关怀，得到了各有关行业协会、各地新闻出版局、大兴区委区政府、各兄弟高校、各印刷出版单位和校友企业的热心帮助和鼎力支持，得到了曾经在学校工作的各位老领导，以及社会各界领导、专家和朋友的关心、支持和厚爱。值此校庆之际，我们非常高兴地邀请到：

国家新闻出版广电总局直属机关党委常务副书记孙文科同志、人事司副司长李宏葵同志、版权管理司副司长王志成同志、教育培训中心主任曹克勤同志、中国印刷博物馆常务副馆长张连章同志；

北京市委教工委委员刘勇同志、市教委委员黄侃同志、市科委委员王建新同志、中关村管委会副主任马胜杰同志、大兴区政府副区长王荣彬同志；

韬奋基金会理事长、北京印刷学院新闻出版学院院长聂震宁教授；中国新闻出版研究院院长、北京印刷学院新闻出版学院讲座教授郝振省，长

* 这是2013年10月12日刘超美在北京印刷学院55周年校庆大会上的主持词。

2013 年 10 月 12 日，北京印刷学院办学 55 周年庆祝大会现场

江学者特聘教授、北京印刷学院信息工程学院院长杨义先教授，长江学者特聘教授、北京印刷学院机电工程学院兼职教授梅雪松教授，清华大学原美术学院副院长、北京印刷学院设计艺术学院院长何洁教授，美国加州州立大学驻华国际项目部主任、北京印刷学院兼职教授蒋宗一，江苏省新闻出版局局长周琪、副局长蒋国星，内蒙古自治区新闻出版局袁新春主任，北京理工大学副校长杨宾，北京交通大学副校长陈峰，中国传媒大学校长助理蔡翔，北方工业大学党委书记吴晚云，北京服装学院党委书记呼文亮，首都经济贸易大学校长王稼琼，北京建筑大学校长朱光，北京石油化工学院院长郭文莉，北京农学院党委副书记高喜军，曲阜师范大学党委副书记孙文亮，上海出版印刷高等专科学校党委书记李江。

我们还非常高兴地邀请到曾任北京印刷学院校领导、现调任兄弟高校的北京工业大学党委书记郑吉春同志、北京联合大学副校长乔东亮同志、北京第二外国语学院纪委书记郑瑞君同志，以及曾经担任学校重要领导职务的吴英禄、张伯海、林培山、谢普南、陈才安、牟国胜、崔文志、曲德森等离退休老领导和老教授代表。

2013 年 10 月 12 日，刘超美主持北京印刷学院 55 周年校庆大会

应邀出席今天校庆大会的还有：中国印刷技术协会常务副理事长张双儒、中国包装联合会副秘书长敖雯楠、中国防伪行业协会副会长陶惠标、北京印刷协会理事长任玉成、国际食品包装协会秘书长董金狮、中国印刷集团公司副总经理王国新、中国包装总公司副总经理李华、北京印钞有限公司总经理杨问田、奇良海德印刷有限公司副总经理王海英、鹤山雅图仕印刷有限公司董事长冯广源、机械工业出版社副社长陈海娟、清华大学出版社总编辑吴培华、金盾出版社社长张延扬、新世界出版社社长杨雨前以及校友代表等。

值此喜庆时刻，我们收到了各有关单位、兄弟高校、行业企业及海内外校友等发来的贺信和贺词。在此，让我们对各位领导和社会各界的关心表示诚挚谢意！

老师们、同学们、朋友们，55 年来，一代代北印人凝心聚力、攻坚克难，不断推动学校实现新的发展。站在新的历史起点上，我们将继续坚持中国特色社会主义办学方向，进一步凝练办学特色、提升办学水平；进一步创建优良校风、教风、学风，努力造就高素质人才。北京印刷学院现任领导班子将以党的群众路线教育实践活动为契机，继承“传承印刷文明、创新传媒文化”的优良传统，进一步解放思想、开拓创新，以更加广阔的视野、更加开放的姿态、更加扎实的举措，加快学校由教学型向教学研究型大学转型步伐，为“创建国际知名、有特色、高水平传媒类大学”谱写崭新篇章！

在今天的校庆活动中，还将举办校庆55周年图片书画摄影展、绿色印刷包装产业大厦奠基、学术论坛、第二次校友理事会暨教育教学研讨会等庆祝活动，欢迎与会各位领导和嘉宾对照校庆活动安排表，到相应地点继续参加活动。

北京印刷学院55周年校庆大会圆满结束，谢谢大家光临！感谢《光明日报》等媒体界的朋友！

凝心聚力　锐意进取
以实际行动开创学校科研工作新局面*

今天，我们在这里召开学校第四次科研工作会议。会议的主要任务是：总结过去4年的工作，充分肯定取得的成绩和亮点，认真梳理查找工作中存在的问题和差距，明确下一阶段工作的努力方向，积极应对当前面临的重大机遇和挑战，使我校科研工作在今后一个时期继续保持稳中有进的发展态势，为学校早日实现战略转型提供重要的支撑。出席和参加今天会议的有：全体校领导、机关处级干部、教学科研二至六级岗教师、六级岗以下博士、科研秘书、重点实验室科研为主在岗人员。

过去4年，我国新闻出版行业蓬勃发展，文化产业大发展大繁荣，国家实施创新驱动战略，中关村加快建设具有全球影响力的科技创新中心，科技创新在国家创新体系建设中的地位日益重要。所有这些，都为我校科研工作取得重要进展和长足进步提供了良好外部环境的同时，也为学校在“十二五”时期乃至今后长远发展创造了有利条件。希望通过这次会议促进广大科研人员进一步解放思想、统一认识，为顺利完成学校“十二五”规划提出的各项任务，实现学校从教学型向教学研究型大学转型的战略目标，全校师生一定要自觉地将思想和行动统一到学校战略决策与重点工作上来。下面，我就贯彻落实好这次会议精神讲3点意见。

---

* 这是2013年10月23日刘超美在北京印刷学院第四次科研工作会议上的主持词。

2013 年 10 月 23 日，刘超美主持召开北京印刷学院第四次科研工作会

一是统一思想，坚定信心，不断增强做好科研工作的使命感和责任感

对一所大学来讲，人才培养的质量、创新成果的数量、服务社会的能力是其核心竞争力的重要体现，而这些都离不开高水平的科研。科研工作发展是学校实现战略转型的重要前提，这也是大学内涵建设的必由之路。我们必须坚持科研工作的重要地位和先导作用，依靠科学研究，真正提升教学水平和社会服务能力，才能真正培养出高素质应用型人才，才能更好地为行业需求与区域经济社会发展服务。希望大家充分意识提升科学研究实力是学校实现教学型向教学研究型大学转变的必然要求，牢固树立做好科研工作的信心和决心，为实现学校转型跨越发展作出更大的努力和贡献。

二是加强科研队伍和学术团队建设，不断提升学校科研整体实力和水平

要充分发挥学术带头人对科研团队的引领、带动和辐射作用。科研队伍和学术团队建设是实现科研工作发展的源泉。当前我校科研团队建设方

面还存在高水平标志性成果缺乏、学科交叉融合不够、学术带头人对科研团队的引领、带动和辐射作用不强等问题。如何真正发挥科研团队中学术带头人的作用，如何形成有创新活力、梯次合理的科研团队是当前摆在我们面前的重要议题。学术带头人在专业领域具有较强的科学研究能力与业务水平，在承担重大科研项目和产出重大成果方面具有丰富的经验和能力，是科研团队的“灵魂”和组织者，要充分发挥专家学者的“传、帮、带”作用，建立科学合理的人员考核评价机制，形成有利于创新的学术气氛和科研环境，从而保障广大科研人员从事科研的积极性和热情。另一方面，科研团队要以打破原有行政界限、建立跨学科跨单位的人才队伍、形成强大的研究合力为目标，形成合理的人才梯队，推动科研团队的健康与可持续发展。

三是加强组织领导，优化体制机制，开创学校科研工作的崭新局面

加强科研管理体制建设是推进科研工作发展的重要保障。只有建立科学合理、运行有序的科研管理体制和运行机制，进一步提升精细化管理和科学化管理水平，才能富有成效地开展工作。第一，在加快科研转型，增强服务功能的同时，根据科学研究的规律，实事求是地制定科学合理的科研管理体系和制度规范，并增强政策引导激励作用，营造良好的科研环境。进一步完善科研奖励政策，加大高级别科研项目、成果的奖励力度。突出科研工作在教师专业技术职务岗位聘任中的导向作用，切实提高科研工作的整体实力。第二，要进一步加强科学管理和宏观调控，做好顶层设计，进一步加强微观层面的管理和服务，提高工作水平；完善各项科技管理制度与办法，尤其要在加强科研项目和科研成果管理的同时，规范科研经费的使用。针对科研工作中存在的一些问题，要在认真调研的基础上，积极探索更符合我校实际的科研管理制度、成果评价与激励措施，加大重点薄弱环节的工作力度，认真听取二级单位、个人对科研工作的意见和建议，加强对良好学术风气的引导和营造，真正做到做好事、服好务，让广大师生满意。

老师们、同志们，本次会议的顺利召开，标志着我校科研工作进入了

一个崭新的发展阶段。会后，各职能部门、各二级单位要认真传达好这次会议精神，并召开专题会议研究讨论，提出贯彻落实意见。希望全校上下凝心聚力，锐意进取，以实际行动推动科研工作再上新台阶，开创新时期科研工作的新局面！

优化高校党委职能 深化高等教育综合改革*

党的十八届三中全会的召开，党的群众路线教育实践活动的开展，使党的作风建设迈入了“新常态”。新形势下，高校党委必须落实精神、把握方向、大胆探索、敢于担当，直面发展思路不清、行政色彩浓厚、办学模式趋同、高水平人才匮乏、人才培养与社会需求不相适应、发展空间不足、重物轻人等制约发展的瓶颈问题，从决策和宏观管理的角度加强领导，不断优化党委职能，推动现代大学制度的建立。

职能优化，是对个体及组织机构既有职能的改进和完善。高校党委职能优化绝不是职能的转移和变化，而是要提高领导素质、改进领导方法、优化运行机制、促进领导工作科学化。其改进方向为：

从号召型领导向凝聚型领导转型。高校党委领导班子群体，尤其是党委书记、校长的个人魅力，在广大师生中具有强大的号召力，对于凝聚师生人心尤为重要。实现向凝聚型领导转型，即在党委工作中，要多依靠领导个人魅力和组织感召力来开展工作，而非依靠领导权威和文件条文；即紧紧围绕“努力办好人民满意的教育”这一项总任务，改变过去“党政不分”的旧思想观念和“以党代政”的旧工作方式，多做统一思想、凝

---

* 这是刘超美撰写的2013年领导干部理论文章，发表于《中国高等教育》2014年第21期。

聚力量的工作，多做发扬民主、发掘才智的工作，多做典型示范、激励人心的工作，切实把广大师生的智慧和力量凝聚起来，把各类人才的创造性和活力激发出来，形成自下而上的、具有广泛群众基础的强大力量，使高校各项事业发展再上新台阶。

从指令型领导向协调型领导转型。在高校，党委“总揽全局，协调各方”。实现向协调型领导转型，即要改变过去单纯发号施令、以会议落实会议、以文件落实文件的工作方式，改变感情上远离群众、行动上脱离群众的不良倾向，自觉置身于师生群众之中，处于师生群众的监督之下；即讨论问题、处理问题时依靠平等协商、依靠说服教育，而不是靠“权力”和行政手段。为此，高校党委既要有想法又要有办法，既要有规划又要有措施，要多做打基础、利长远的工作，多做协调各方力量、促进改革发展的工作，稳妥有力地推进高校重点领域和关键环节的各项改革，有效破除阻碍高校发展的各种深层次体制机制障碍，协调好行政系统与学术系统的关系，充分发挥行政管理效能和学术民主活力。

从权力型领导向服务型领导转型。邓小平认为，“党的领导机关除了掌握方针政策和决定重要干部的使用以外，要腾出主要的时间和精力来做思想政治工作，做人的工作，做群众工作。”“领导就是服务”理念是加强党在高校领导地位的重要基础，也是贯彻党的群众路线的应有之义。实现向服务型领导转型，就是指高校党委要转变思维，多做得人心、暖人心的工作，淡化权力思想，纠正人治倾向，强化服务理念，关爱师生发展，创建良好氛围。对影响高校科学发展、对党员干部成长危害甚大的问题和症结，要时刻保持高度警觉；对遇到的问题，多做批评与自我批评，改进服务理念和服务方式，并通过制度加以完善，进一步树立为民务实清廉的良好形象，为高校改革发展提供新动力。

从经验型领导向学习型领导转型。毛泽东曾经说过，“情况是在不断的变化，要使自己的思想适应新的情况，就得学习”。教育改革日益对高校党委提出新的课题，高校党委也必须向学习型领导转型。要改变依靠经验、迷信本本的教条主义作风，强化自我学习、自我适应、自我提高能力，以高等教育综合改革的实际问题为中心，着眼于马克思主义理论的运用，着眼于对现实问题的理论思考，着眼于新的实践和新的发展，总结经验、继往开来，加强学习调研，多听基层声音，多听社会意见，多接触一手材料。通过向学习型领导转型，消除误区、摆脱桎梏、突破瓶颈，增强改革的前瞻性、系统性、整体性和协同性。

党的十八届三中全会对全面深化改革作出了部署。优化高校党委职能，离不开深入贯彻全会精神，要在明确方向的基础上，从宏观、中观、微观三个维度，从制度、组织、技术等层面进行改革，具体可以从以下几方面着手：

1. 坚持正确方向，为改革发展提供精神动力

习近平强调，“高校是重要的教育阵地，也是重要的思想文化阵地。各级党委要牢牢把握社会主义大学的办学方向。”高校党委要坚持社会主义办学方向不动摇，就要坚持全面贯彻党的教育方针、坚持用马克思主义占领高校思想理论阵地。要加强马克思主义理论学习。党委及班子成员身体力行地学习马克思主义经典著作，对马列主义、毛泽东思想和中国特色社会主义理论真学、真信，才能始终保持理论上的清醒、政治上的坚定和责任感的明确，牢牢把好高校政治大门。要将马克思主义深深扎根于师生理想信念中。在多元文化冲击的今天，党委要旗帜鲜明地推进马克思主义进课堂、上讲台、入头脑，充分发挥马克思主义树魂铸魄的功能，将马克思主义学术价值和思想魅力渗透到现代大学的精神血脉里。要有计划、分阶段、不定期地举办主题教育活动，打造马克思主义理论创新、思想传播和实践深化的示范区和辐射地，引领师生增强中国特色社会主义道路自信、理论自信、制度自信，为实现中华民族伟大复兴的中国梦贡献力量。要围绕中央的部署和要求，稳妥推进网络强校，创新改进网上宣传，依托网络平台拓展、培育和践行社会主义核心价值观。

2. 转变领导观念，为改革发展打好坚实基础

解放思想是改革的先导，转变观念是发展的前提。高校党委要及时转变领导观念，实施科学领导、民主领导。要祛除“官本位”思想，推进

管理“去行政化”。“官本位”思想是高校管理体制中存在的与现代大学内部治理不相符合的问题，突出表现为权大于法、行政权力至上的观念占统治地位。高校党委要依据工作实际调整管理服务构架，让职能部门为教学骨干服务，将行政力量转换到以教学骨干为核心上，充分调动广大教工参与高校治理的积极性。要履行“领航员”角色，立足学校传统、办学特点、文化底蕴和师生需求，积极稳妥地引领和推进改革发展，将社会大环境的发展趋势与高校小环境的发展要求结合起来，因地制宜地推进体制机制创新，转变管理方式和资源配置方式，充分调动人、财、物等要素的创新活力。要发挥“防火墙”功能，充分发挥监督职能。把贯彻落实三中全会精神与深化改革的目标相结合、与全面落实教育规划纲要相结合，对思想政治工作、党建工作和高校教育事业发展加强工作指导，加强督促检查，务求取得实效。要增强“推进剂”功效，助推可持续发展。党委要组织师生认真学习、贯彻三中全会文件，把党员师生思想统一到全会精神上来，进一步解放思想、实事求是、与时俱进、求真务实。

3. 加强顶层设计，为改革发展提供政策支撑

学校“顶层设计”不但是一种设计方法，也是一种发展理念，是一种遵循教育规律、优化资源配置指向顶层目标、追求最优发展的理想和信念。目前，我国高校“顶层设计”方案普遍还停留在学校发展的“主体构架”层面，确立了学校的核心理念及顶层目标，但缺乏相应的“操作系统”，即具体落实程序。高校党委需要从全局的角度出发，坚持“高屋建瓴、从长计议、深谋远虑、系统设计”的原则，做好四“要”：要“高”，即采取高端设计，明确办学思想、办学理念、办学思路，整合资源，着眼全局，自上而下进行改革；要“远”，即有长远的战略眼光，着眼于推进高校改革和可持续发展，谋划长远之道，少用权宜之计，避免人云亦云；要“深”，即深谋远虑，形成特色，凝聚师生人心，挖掘群众智慧，破解发展中的困境，在治标的同时更强调治本；要“系统”，即系统设计和优化实施途径及工作方法，全方位多层次宽领域地布局。

4. 着力建章立制，为改革发展提供制度保障

邓小平指出："制度性问题更带有根本性、全局性、稳定性和长期性。"改革是动力，发展是目的，制度是保障。高校党委要紧跟时代步伐，着力建章立制。要统筹协调，系统指导制定合乎高等教育发展规律的教学管理、科研服务、师资建设和监督评估体制体系，进一步加强学校特色建设，强调社会服务的价值取向和宗旨，走产学研相结合的道路；进一步优化学科专业结构，下功夫培育重点、特色和优势学科专业，构建适应社会发展和人才培养需求的学科专业体系。要健全党的民主集中制，坚持把民主集中制作为驾驭全局的根本工作制度，严格遵守"四个服从"的组织原则和"三重一大"的集体决策制度，用好批评和自我批评这一有力武器，不断增强班子合力，为深化改革筑牢防线，切实防控发展中的各种风险。要完善领导干部考核管理机制，坚持定量与定性结合，实行全面考核；坚持从客观实际出发，实行辩证性考核；坚持"潜"与"显"结合，实行发展性考核；坚持年终考核与日常考核结合，实行动态考核；坚持群众公认原则，实行民主考核；坚持考核、奖惩结合，实行关联考核，着力建设高素质的干部队伍。

5. 发展党内民主，为改革发展营造良好氛围

习近平强调："在中国，发展社会主义民主政治，保证人民当家作主，保证国家政治生活既充满活力又安定有序，关键是要坚持党的领导、人民当家作主、依法治国有机统一。"党内民主是党的生命，集中统一是党的力量保证。高校开展党建工作，要强调发展党内民主。首先，要讲民主。学校的重大决策、重要人事任免和重大项目安排及大额资金的使用，绝不能由党委书记或少数几个人说了算，而必须经过集体讨论决定，充分尊重普通党员的意见和建议，尽量做到让每个党员都有发言权和知情权。对于基层党组织而言，也必须贯彻民主思想，改变基层单位普遍存在"党小政大"现象，坚持重大事项由基层党员集体讨论决定，避免"头重脚轻根底浅"的情况出现。其次，要保障党员民主权利。严格按照中央要求，切实尊重师生党员在党内生活中的主体地位，提高师生党员对党内

事务的关注度和参与度，以实际行动保证师生党员的参与权、选举权、知情权和监督权。

6. 强化党管人才，为改革发展提供智力支持

国以才立，校以才兴。高校党委要始终树立优秀人才是离校最宝贵资源的理念，强化实施党管人才战略，形成各类人才队伍蓬勃发展的良好局面。要强化组织领导，制订人才发展规划和师资队伍建设计划，明确人才工作目标责任制，健全人才成长协调体系，完善人才咨询检测体系，做到制订计划同人才规划相统一、谋划发展同人才发展相协调。要加强统战工作，认真贯彻党的统一战线方针政策，为人才团结共进提供政治平台，为他们从事教学、科研创造良好条件。要推进校园文化建设，围绕社会主义核心价值体系，实施人性化的校园文化建设方案，为人才营造团结协作的工作环境、和谐融洽的人际环境、科学民主的学术环境和鼓励创新、宽容失败的人文环境。要深化人事制度改革，改进和创新有利于人才引进、培养、发展的人事激励制度，对人才做到既要引进来，又要留得住，更要用得好，务实做到“以事业留人，以感情留人，以待遇留人”，充分发掘人才的智慧和潜能，为高校改革发展提供不竭的智力支持。

7. 做好选人用人，为改革发展提供组织保证

毛泽东指出：“政治路线确定之后，干部就是决定的因素。”高校党委要认真贯彻执行党的干部路线方针政策，按照中共中央《党政领导干部选拔任用工作条例》，落实从严治党、从严管理干部的要求，形成有效管用、简便易行、有利于优秀人才脱颖而出的选人用人机制。要严格遵循考察程序，党委考察党政领导职务拟任人选，应听取组织、人事、纪检监察部门、基层党组织和其他相关部门意见，并形成书面考察材料，建立考察文书档案；对拟提拔的考察对象，应当查阅个人有关事项报告，必要时可以进行核实。要做好公开选拔、竞争上岗，从实际出发合理确定选拔职位、数量和范围，在选拔中务必注意程序规范，操作公开、接受监督，提高透明度和群众满意度，杜绝“因人设岗”“定向培养”和“暗箱操作”现象。要注重深入基层发掘人才，从一线培养选拔干部尤其经过急难险重

岗位锻炼和考验的干部。要加大干部交流力度，建立健全党政干部交流制度，对干部交流实行“一盘棋”，统筹规划、统一调配，让干部在不同岗位上、广阔天地里磨炼意志，增长才干。通过系列举措，选拔和培养出信念坚定、为民服务、勤政务实、敢于担当、清正廉洁的高素质领导干部。

8. *化解矛盾瓶颈，为改革发展凝聚人心力量*

当前，高校内部普遍存在一些矛盾，集中体现在：规模形态与质量功能的矛盾；发展改革与稳定的矛盾；一元价值导向与多元价值选择的矛盾；规范管理与充分发扬民主的矛盾；做强优质资源与兼顾各方利益的矛盾；干群、师生和教师中不同群体之间的矛盾。这些矛盾某种程度上制约着高校的改革发展。对此，高校党委需要重点处理好以下“四个关系”：处理好高等教育改革、发展、稳定的关系，按照改革做动力、发展为要务、稳定作保障的思路，统筹整合资源，做好人事安排，实现改革、发展、稳定的辩证统一；处理好高等教育规模与质量的关系，注重质量、规模、结构和效益的协调发展，克服盲目追求办学规模而忽视办学质量的倾向，实现高校自身发展需要与社会经济发展需要的有效对接；处理好党委领导与校长负责及教授治学的关系，既要统筹协调又要有所侧重，做到党委定方向、谋战略，校长定战术、施管理，教授定规矩、做学问；处理好不同群体利益的关系，认真践行党的群众路线，树立牢固的廉政意识，认真倾听师生意见，及时纠正错误，在利益分配上既体现竞争、效益、质量，还要兼顾公平、维护正义。通过妥善处理和有效化解发展中存在的矛盾，进一步凝聚师生人心，为高校改革发展提供源源不竭的动力。

我国高校实行党委领导下的校长负责制，这是高校坚持社会主义办学方向、应对改革发展的重要保证。随着我国经济社会发展和高校职能的丰富，高校党委职能也不断发生转变，由以往单一的组织者、协调者变为引领者、开拓者。在高校改革发展的过程中，高校党委要进一步优化职能，改进领导素质、领导方式、领导方法、运行机制，为高校改革发展提供强大的引力、动力和推力。

参考文献：

［1］《邓小平文选》第 2 卷，人民出版社 1993 年版。

［2］《毛泽东文集》第 7 卷，人民出版社 1996 年版。

［3］吴晶：《习近平在北京高校调研时强调高校党建要继续坚持和贯彻好正确指导原则》，《人民日报》2012 年 6 月 21 日。

［4］习近平：《网络宣传要创新改进》，《京华时报》2014 年 2 月 28 日。

［5］《毛泽东选集》第 2 卷，人民出版社 1993 年版。

凝心聚力　共谋发展　为创建国际知名、有特色、高水平教学研究型大学努力奋斗*

我校第五届教职工代表大会暨第六届工会代表大会在全体代表的共同努力下，圆满完成了预定的各项任务，即将闭幕。全体代表以高度的政治责任感和主人翁精神，认真履行职责，选举产生了新一届教代会工会领导班子和各专门委员会。在此，我代表学校党委，对新当选的第五届教代会执委会委员、第六届工会委员会委员以及各专门委员会委员表示热烈的祝贺！向上一届工会主席宋海宁同志及有关成员表示衷心的感谢并致以崇高的敬意！

这次大会是贯彻落实党的十八届三中全会精神，国家进入全面深化改革的新形势下召开的一次重要会议，是全校教职工政治生活中的大事，对推进学校各项事业发展必将起到积极作用。学校50多年的办学历史证明，要把学校办好，必须坚持以人为本，必须真心实意维护教职工利益，尊重群众主体地位，发挥群众首创精神，紧紧依靠广大教职工推动学校教育事业的发展。近年来，教代会代表和专、兼职工会干部和各级工会组织在凝心聚力、维护教职工根本权益、参与学校重大决策、师资队伍建设、和谐

* 这是2014年1月11日刘超美在北京印刷学院第五届教职工代表大会暨第六届工会代表大会上的讲话。

校园建设等一系列推动学校事业发展的方面作出了重要贡献。

今后几年，是我校从教学型向教学研究型大学转型的关键时期。在这个重要发展阶段中，学校党委要紧紧依靠广大教师，充分调动广大教职工的积极性，更加重视发挥教代会和工会组织作用，为实现学校规划的战略目标作出应有贡献。

下面，我代表学校党委就加强新时期的教代会工会工作提三点意见。

一、充分认识教代会工会工作在高校依法办学中的重要地位和作用

《高等教育法》第四十三条指出，“高等学校通过以教师为主体的教职工代表大会等组织形式，依法保障教职工参与民主管理和监督，维护教职工合法权益。”《工会法》第六条也指出，“维护职工合法权益是工会的基本职责”。《国家中长期教育改革和发展规划纲要（2010—2020年）》，把加强教职工代表大会作为完善中国特色现代大学制度的重要内容。《中国共产党普通高校基层组织工作条例》把领导教代会工会作为学校党委的重要职责。十八届三中全会《决定》提出要继续推动高等教育领域的深化改革，提出要扩大学校办学自主权，核心是构建高校与政府、社会之间的新型关系，建设依法办学、自主管理、民主监督、社会参与的现代大学制度，推动高校治校理教方式从“管理”向“治理”转型。

以上国家法律、规划和党的文件精神，充分体现了教职工代表大会在建立中国特色现代大学中的地位，在保障教职工权益、推动高校科学发展中的作用，也进一步对强化高校落实和扩大办学自主权，对依靠广大教职工办学提出新的更高要求。

面对新形势新任务，如何充分调动广大教职工的积极性，为学校的建设和发展聚集更多正能量，汇集更多新智慧，需要我们教代会工会在开展工作中坚持党的群众路线，认清新挑战，建立新思维，进一步创新工作理念和方式方法，充分发挥教代会工会的“连心桥”作用。因此，我们有

必要重新审视教代会工会在依法办学中的重要地位。

首先，教代会工会是党领导下的群众组织。新修订的《中国共产党普通高校基层组织工作条例》对此有明确的规定。学校党委在过去九年的工作中，坚持了每年至少听取1次教代会、工会工作的制度，并通过配齐配强人员、落实活动经费、腾出活动场所等形式给予了必要的支持和指导。讨论通过了包括《进一步加强和改进工会工作的意见》等一系列文件，指派专门校级领导负责或联系工会工作，二级单位的教代会工会也在二级党组织的领导下建立起来。这都充分体现了这一组织原则。

其次，教代会工会是建立现代大学制度的保障。建设中国特色现代大学制度的核心就是“依法自主办学”。十八届三中全会要求全面深化改革，转变政府职能，进一步向市场和社会“简政放权”，这意味着高校自主办学的权利将会有所扩大。在此基础上，教代会工会所具有的民主管理本质和维护教职工合法权益的职责，将保证高等教育内涵发展和高等学校科学发展，与高校的学术权力和行政权力共同组成了高等学校的权利构架。这也是《国家中长期教育改革和发展规划纲要（2010—2020年）》中提出的重要内容。

第三，教代会工会是学校贯彻群众路线的重要途径。新一届教代会工会代表中，来自一线的教职工为60%，这是我们走好群众路线的重要渠道。如何将党的“从群众中来到群众中去”的根本工作方法运用到教代会工会工作中，对新一届教代会工会有效地开展工作十分重要。学校领导班子在群众路线教育实践活动的整改方案中制定了17个整改项目，对整改目标、措施、责任人、牵头单位、配合单位和完成时间做了明确要求。这些整改项目的完成，离不开广大教职工的支持，更离不开教代会工会民主管理、民主监督的作用发挥。教代会工会要在我校强化民主管理，畅通民主渠道，听取群众意见，参与重大决策中有声音、有位置、有作为。

二、发挥好教代会工会在推动学校科学发展中的重要作用

广大教职工是学校建设发展的主力军，全面完成学校第二次党代会和“十二五”发展规划提出各项目标和任务，教代会和工会组织承担着重要责任，广大代表肩负着光荣使命。因此，新一届教代会工会领导班子，要进一步提升工作水平，创新务实推进各项工作，着力围绕以下三方面发挥作用。

一是着力加强民主管理和民主监督力度，切实提高学校民主办学水平。十八届三中全会明确指出，学校逐步取消行政级别，建立法人治理结构，这意味着对教代会工会在学校民主办学中将发挥更大作用。过去九年工作中，教代会工会积极参与讨论“十一五”“十二五”发展规划、职务聘任、业绩奖励、师德规范等一系列关系到师生切身利益的规章制度，较好地发挥了民主监督和民主管理作用。下一步，我们要从学校制度建设的顶层设计上进一步健全教代会、工会等民主管理制度，规范教代会参与学校民主决策工作程序，畅通拓宽代表参与民主管理的渠道，特别是要在学校重大决策的论证和执行过程中发挥好民主监督作用，对涉及学校发展的重大举措，涉及人、财、物、基本建设等权力运行的重点领域，涉及师生切身利益的重大问题要充分听取教代会意见，做到政策公开、过程公开、结果公开。例如，将关系到学校重大改革发展的方案和教职工关心的重点、热点、难点问题列入“专项议题”；建立网上（电子）提案工作平台，提升提案的撰写、立案及处理的质量和水平等。

二是积极引导教职工发挥主人翁精神，推动学校加快转型发展。教代会工会要围绕学校跨越发展的各项目标，创新工作模式和方法，调动广大教职工关心学校发展的热情，搭建教职工为学校改革与发展建功立业的舞台，引导教职工树立“与学校共同发展”的理念，凝聚力量，积极建言献策。群众的参与和拥护是推进学校发展目标实现的强大正能量，工会各专门委员会要结合各自特点，积极开展特色活动，为不同部门和专业的教

师搭建交流合作帮扶平台，不断提高教师的学科交叉能力和幸福指数。

三是不断提高为教职工服务的能力，切实维护教职工合法权益。维护教职工合法权益是《高等教育法》和《工会法》赋予教代会工会的主要职责。习近平总书记在同全总新一届领导班子集体谈话时强调，各级工会要竭诚为职工群众服务，切实维护职工群众权益，不断焕发工会组织的生机活力。过去九年工作中，我们通过教职工法律咨询中心，为师生开展援助咨询服务，吸收非编教职工入会等，在维护教职工权益上做了很多开创性工作。下一步，在全面深化学校改革过程中，我们要站在群众的立场，认真想一想群众实际情况究竟怎么样？群众到底在期待什么？群众利益如何保障？群众对我们的工作是否满意。我们继续要坚持维护学校利益和维护教职工利益相统一的原则，在创造性地开展工作的同时，积极做好教职工群众的思想工作，特别是在帮扶困难教工、爱护青年教工、理顺教工情绪等方面发挥重要作用。

三、加强和改进党委对教代会工会工作的领导

教代会工会作为党联系群众的桥梁和纽带，要在思想上、政治上、行动上同党委的统一部署保持一致，把对党委负责和对教职工负责结合起来，把党委的要求和教职工的愿望统一起来，把执行党委决策的坚定性与为教职工服务的实效性联系起来，密切联系学校工作实际，树立服务意识，依法履行教代会工会的职能，不断提高教代会和工会的整体工作水平。

学校党委行政将认真贯彻落实党中央关于教代会和工会工作的有关要求，从学校改革、建设和发展的大局上，从建立中国特色现代大学的高度，认识教代会和工会工作的重要性，支持教代会和工会依据法律和章程开展工作，为他们履行职能创造条件，学校工会要切实加强对二级分工会工作的领导，二级单位党组织要注意发挥好分工会的作用，建立健全分工会负责人参加或列席党政联席会制度，在二级单位“三重一大”事项决

策上认真听取分工会的意见。

各位代表：2014 年是贯彻落实党的是十八届三中全会精神的行动之年，是党的群众路线教育实践活动的深化之年，也是“十二五”进入收官阶段的承上启下之年，习近平总书记在全国政协新年茶话会上强调，要大力弘扬与时俱进、锐意进取、勤于探索、勇于实践的改革创新精神，争当改革的坚定拥护者和积极实践者，用自己勤劳的双手在改革实践中创造更加幸福的生活。我们要牢固树立“目标意识”，要集中教职工智慧，体现教职工意志，凝聚教职工力量，坚定不移地推进学校“十二五”发展目标的落实；我们要牢固树立“群众意识”，进一步改进干部的作风，把党的群众路线教育实践经验形成长效机制；我们要以钉钉子的精神，认真落实群众路线教育实践活动整改方案；我们要以敢于涉险滩，敢于啃硬骨头的精神，破解学校改革发展中的难点问题。“生活总是充满希望的，成功总是属于积极进取、不懈追求的人们”，让学校变得更加富有社会影响力，让各项制度政策设计更加系统公正，让教师工作生活更有盼头，心情更加舒畅，还有大量的工作需要我们去做，只要我们一点一滴，脚踏实地，相信必将收获梦想成真的累累硕果。

最后，在春节即将来临之际，祝各位代表阖家幸福、身体健康、工作顺利！

深刻领会全面深化改革总目标 推进学校“小精尖”特色发展[*]

党的十八大以来，以习近平同志为核心的党中央总揽全局、运筹帷幄、励精图治，团结带领全国各族人民，闯深水、涉险滩，抓要害、动真格，全面推进中国特色社会主义伟大事业和党的建设新的伟大工程，书写了改革发展新篇章，开创了各项工作新局面。

党的十八届三中全会以来，习近平总书记就学习贯彻三中全会精神、深刻领会总目标、全面深化改革作了60多次重要讲话。

2014年2月17日，习近平总书记在中央党校省部级主要领导干部学习贯彻党的十八届三中全会精神全面深化改革专题研讨班开班式上，作了关于总目标的重要讲话，就是“全面深化改革的总目标”是完善和发展中国特色社会主义制度，推进国家治理体系和治理能力现代化。

一、对总目标的认识和理解

（一）为什么提出全面深化改革的总目标

马克思、恩格斯没有经历全面治理一个社会主义国家的实践，他们

[*] 这是2014年5月21日刘超美在北京印刷学院党的十八届三中全会和习近平总书记系列重要讲话精神集中培训班上的党课提纲。

2014 年 5 月 21 日，北京印刷学院党的十八届三中全会和习近平总书记系列重要讲话精神集中培训开班仪式

关于未来社会的设想很多是预测性的。他们虽然对巴黎公社的实践提出了指导意见、作出了深刻总结，但巴黎公社的实践范围比较小、时间比较短，没有后来社会主义国家所面临的大范围、全局性、长时期的矛盾和问题。

苏联进行了社会主义探索，取得了一些成功经验，但也犯下严重错误，最后国亡政息，根本原因就是苏联没有形成有效的国家治理体系和国家治理能力。苏联政治体系存在严重的制度性缺陷，国家管理体制处于一种麻痹僵化状态。远有斯大林模式僵化造成的经济上和政治上的弊端，近有戈尔巴乔夫改革政策不连续性和不符合实际性。加上官官相护，贪污渎职，苏共与民众之间隔阂越来越大，造成国家和人心离散。

从中国近现代史角度看，社会主义制度的建立和完善、国家治理能力的提升也经历了曲折和挑战。辛亥革命虽然推翻了中国几千年的封建君主专制制度，但没有建立起现代民主制度，没有也无力完成民族独立、人民解放的历史使命。五四运动是一场伟大的反帝反封建的爱国政治运动，又是一场彻底地反对封建文化的思想启蒙和思想解放运动，促进了马克思主义在中国的传播，为中国共产党的成立准备了条件。

刘超美作报告

中国共产党领导中国人民浴血奋战，推翻了三座大山，建立了新中国，为国家治理创造了必要前提。我们党在全国执政以后，不断探索社会主义实践理论和问题，虽然也经历了严重挫折，但在国家治理体系和治理能力上积累了丰富经验、取得了重大成果。

改革开放以来，党团结带领人民走上了中国特色社会主义新路，形成了中国特色社会主义理论体系，建立了中国特色社会主义制度，创造了举世瞩目的发展奇迹，迎来了民族复兴前所未有的光明前景。

邓小平在1992年南方谈话时说："恐怕再有三十年的时间，我们才会在各方面形成一整套更加成熟、更加定型的制度。在这个制度下的方针、政策，也将更加定型化。"在邓小平战略基础上，党的十八届三中全会提出推进国家治理体系和治理能力现代化，进一步丰富了"完善和发展中国特色社会主义制度"目标内涵和要求。

习近平说，“在主持起草三中全会决定过程中，我觉得邓小平讲的‘再有三十年的时间’就是2022年，时间很紧了，必须尽早把这个战略构想落实下来，提出一个总目标，并用它来统领各领域改革”。“这是坚持和发展中国特色社会主义的必然要求，也是实现社会主义现代化的应有之义。”

1. 全面理解和把握总目标

第一句话“完善和发展中国特色社会主义制度”，明确规定了我们党和国家制度改革、完善、发展的根本方向，从根本上讲清楚了我们党在新的历史征程上举什么旗、走什么路的问题，也进一步明确了党要搞什么“主义”的问题。其目的在于更好地提高党带领人民管理经济社会事务的能力。

第二句话“推进国家治理体系和治理能力现代化”，规定了党要在中国特色社会主义制度框架内去推进国家治理体系和治理能力现代化，而不是离开这个制度框架另起炉灶；也讲清楚了我们党要用“推进国家治理体系和治理能力现代化”来完善和发展中国特色社会主义制度。其目的在于更好发挥制度优势，把制度优势转化为管理经济社会事务的效能。

2. 完善和发展中国特色社会主义制度

就是适应时代发展要求，既改革不适应实践要求的体制机制，又不断构建新的制度和体制机制，使经济、政治、文化、社会、生态文明和党的建设等各方面制度和体制机制更加科学、更加完善，推动党和国家各项工作制度化、规范化、程序化。

长期以来，我们党十分重视制度建设，通过不懈努力不断完善各方面的制度和体制机制，但在如何发挥好制度效能方面重视不够。相比经济社会发展要求，相比人民群众期待，相比当今世界激烈的国际竞争，我们在制度建设和管理能力方面还有许多不足，还有许多亟待完善提高的地方。

（二）怎样认识国家治理体系和治理能力现代化

国家治理体系和治理能力现代化是一个国家制度和制度执行能力的集中体现，两者相辅相成，单靠哪一个治理国家都不行。

治理国家，制度是起根本性、全局性、长远性作用的，没有有效的治理能力，再好的制度也难以发挥作用。然而，没有有效的治理能力，再好的制度也难以发挥作用。

同时，二者虽然紧密联系，但又不是一回事，不是国家治理体系越完善，国家治理能力就越强。正是考虑到这一点，我们才把国家治理体系和治理能力现代化结合在一起提。

1. 推进国家治理体系和治理能力现代化

推进国家治理体系和治理能力现代化就是使国家治理体系制度化、科学化、规范化、程序化，使国家治理者善于运用法治思维和法律制度治理国家，从而把中国特色社会主义各方面的制度优势转化为治理国家的效能。

从“管理”到“治理”，凸显治国方略重大转型。三中全会公报共在6处9次提到了“治理”一词，将“治理”确立为党全面深化改革的新的执政理念。从“管理”到“治理”，体现了我们党治国方略的重大转型。这既是对治理理论的积极借鉴，又具有中国特色，是中国特色社会主义的理论创新、实践总结和必然选择。全会彰显出“八大意识”，分别是：方向意识、市场意识、系统意识、协同意识、攻坚意识、群众意识、创新意识、安全意识。

“推进国家治理体系和治理能力现代化”是继1963年党首次提出“四个现代化”后时隔50年提出的又一“现代化”战略目标。如果说原有的“四个现代化”是技术层面的现代化，那么“国家治理体系和治理能力现代化”则是理念和制度层面的现代化。

改革开放30多年来，我国经历过很多次自然灾害、经济危机，也经历过政治风波，不仅都挺过来了，而且每场风雨过后都发展得更好。国际上对中国道路、中国模式的讨论增多、肯定增多。世界贸易组织前任总干事帕斯卡尔·拉米说：自从邓小平决定改革开放以来，中国的政治体制就呈现出很多优点，中国是在经济领域犯错误最少的国家。美国人约翰·奈斯比特在《中国大趋势》中说，中国没有以民主的名义使自己陷入政党争斗局面。

随着经济社会发展，我国社会管理面临许多新情况新问题，许多问题尚未找到有效的解决办法。相对而言，我们在提高国家治理能力上需要下更大气力。制度执行力、治理能力已经成为影响我国社会主义制度优势充分发挥、党和国家事业发展的重要原因。

只有以提高党的执政能力建设为重点，尽快把我们各级领导干部、各方面管理者的思想政治素质、科学文化素质、二作本领都提高起来，尽快把党和国家机关、企事业单位、人民团体、社会组织等的工作能力都提高起来，国家治理体系才能更加有效运转。

正因如此，习近平总书记在讲话中深刻阐明了推进国家治理体系和治理能力现代化方向和目标。他说：“必须适应国家现代化总进程，提高党科学执政、民主执政、依法执政水平，提高国家机构履职能力，提高人民群众依法管理国家事务、经济社会文化事务、自身事务的能力，实现党、国家、社会各项事务治理制度化、规范化、程序化，不断提高运用中国特色社会主义制度有效治理国家的能力。”

2. 推进国家治理体系和治理能力现代化必须解决好价值体系问题

坚守我们的价值体系，坚守我们的核心价值观，必须发挥文化的作用。

我们要加强对中华优秀传统文化的挖掘和阐发，努力实现中华传统道德的创造性转化、创造性发展，努力使中华民族最基本的文化基因与当代文化相适应、与现代社会相协调，以人们喜闻乐见、具有广泛参与性的方式推广开来。

我们要加快构建充分反映中国特色、民族特性、时代特征的价值体系。加强对中华优秀传统文化的挖掘和阐发，努力实现中华传统美德的创造性转化、创新性发展，把跨越时空、超越国度、富有永恒魅力、具有当代价值的文化精神弘扬起来，把继承优秀传统文化又弘扬时代精神、立足本国又面向世界的当代中国文化创新成果传播出去。

二、推进学校“小精尖”特色发展

（一）学好讲话精神，凝聚改革共识

习近平总书记强调，“制定出一个好文件，只是万里长征走完了第一步，关键还在于落实文件。”我们学习贯彻党的十八届三中全会精神和习近平总书记系列重要讲话精神，要下细功夫、苦功夫、深功夫，夯实学校深化改革的思想认识基础，秉承传承创新发展，必须做到两个“防止”。

一是在学习理解上，要防止一知半解、断章取义、生搬硬套

政治上的坚定来自理论上的清醒，理论上的清醒离不开学习上的深入。我们学习领会全会精神，要全面领会、全面把握，切记盲人摸象、以偏概全，深刻理解学校改革的必要性、迫切性。

通过学习，真正做到与党中央在认识上一致、思想上一致、政治上同心、行动上同步，真正做到将全会精神融入贯彻落实学校党委深化改革的部署上来。

二是在贯彻落实上，要防止徒陈空文、等待观望、急功近利

在深化改革上，一些思想观念障碍往往不是来自体制外而是来自体制内。贯彻落实全会精神，必须有时不我待的紧迫意识和夙夜在公的责任意识，切忌等待观望、裹足不前或自我陶醉、自我满足。

我们一定要有自我革新的勇气和胸怀，增强“担当”“定力”和“规矩”意识，从“严”上要求，向“实”处着力，破除妨碍改革发展的思维定式，跳出条条框框限制，克服部门利益掣肘，以积极主动的精神和“逢山开路、遇水搭桥”的勇气，提出改革举措，增强改革共识，开创学校发展新局面。

（二）做好顶层设计，建立现代大学制度

现代大学制度本质上是“利益制度”，其核心是在国家宏观调控政策指导下，大学面向社会，依法自主办学，实行科学管理，让教育回归

本质。

当前，我校正处于全面深化改革的攻坚阶段和创建“国际知名、有特色、高水平传媒类”大学的转型发展关键期。我们要紧跟时代，结合实际，以“功成不必在我”的境界和“一张蓝图绘到底”的决心做好顶层设计，推动学校向建立现代大学制度的目标迈进。

一是转变发展理念。我们要把握校情特色，做好立身跟进，把学校发展放到国家、行业和京津冀协同发展的大格局中来谋划规划，将“小精尖”目标取向融入发展理念，将质量和效益贯穿于改革全过程，不断增强服务首都、行业和文化强国建设能力。

二是推进内涵发展。我们要以“腾笼换鸟”的思路，主动适应行业发展趋势，主动适应首都功能定位调整的发展形势，主动适应我国高等教育更加注重应用型人才发展和协调创新的发展态势，推动学校实现从教学型向教学研究型转变，从印刷技能型人才培养为主向现代传媒类人才培养为主的转变。

三是做好立德树人。学习习近平总书记在北京大学师生座谈会上的讲话精神，做好师德建设，细化师德评价标准，严格执行“师德一票否决制”，构建教师分类管理体系，以社会主义核心价值观引导教师潜心用心、营造教师潜心育人、学生勤勉乐学的氛围。

四是推进依法治校和民主办学。深化管理改革，解决制约学校更好更快发展的体制机制问题，建设适应学校发展目标需要的现代大学制度。以大学章程为依据，制定和完善与办学形式相适应的各种制度规范和程序规范，充分发挥学术委员会和其他专业委员会在学科建设、学术评价和学校管理中的重要作用；按照权、责、利相统一的原则，建立科学规范的校院两级人、财、物资源配置体系，加快推进管理中心下移，切实扩大二级学院办学自主权。

（三）深化教学改革，提高人才培养质量

近年来，学校大力实施本科教学质量工程，本科教学取得很大进步，

但相比深化改革和人才培养的要求，还有一些亟待改进的地方。我们要按照统筹考虑、简单易行原则，针对现有教学体系中存在的问题，深化改革，调整机制，提高质量，推进学校本科教学工作科学发展。

一是加强教育教学综合改革。牢固确立人才培养在学校工作中的中心地位，加大人才培养模式改革力度，加快推进专业结构调整和转型升级，丰富教学内容和形式，整合、优化、精选专业课程教学内容。

二是让行业对专业进行评判。专业课程不因人而设，而与培养目标相结合，跟上时代和行业要求的最新步伐。听取行业对专业的要求和评价，邀请行业专家、校友指导人才培养。

三是深化实践教学内容、方法和手段改革。结合社会、生产实际，加强工程训练，突出行业特色，探索构建多元化的实践教学方式，形成系统传授与创新培养相结合、教学与科研相结合、课内与课外相结合的开放式实践教学模式。

四是推进大学生思政工作科学化。坚持育人为本、德育为先的理念，以培育和践行社会主义核心价值观为核心，结合学生思想动态，抓紧抓好日常思想政治教育，积极开展主题鲜明、内容丰富、形式活泼的主题教育活动，促进学生全面成长。

（四）挖掘内外资源，推进协同创新

学校发展离不开内外环境的融通互动，离不开内外资源的挖掘整合，离不开内外单位的合作共赢。我们要进一步开阔眼界，走出去、请进来，推进与校外单位的协同与交流，实现学校特色与优势领域的创新发展战略与规划，更好地为国家、首都和行业发展服务。

一是协调四种关系。处理好落实首都功能定位与高校特色发展的关系，处理好京津冀协同发展与首都高校发展的关系，处理好北京经济结构调整与促进毕业生创业就业的关系，处理好教育管办评分离与推进学校改革发展、培育理性机制的关系。

二是坚持合作共赢。以国家、行业和首都发展重点需求为牵引，结合

学校优势特色，积极开展各种形式的协同创新，加强与国内外著名高校、科研院所和行业企业深度合作，加大科技成果转化和产业化力度，不断提高服务社会能力水平。

（五）改进考核体系，促进改革发展

考核体系具有发展“风向标”作用，是挖掘潜能、转变作风、改进工作的关键环节。我们要按照习近平总书记关于考核评价既看发展又看基础、既看显绩又看潜绩的要求，改革和完善学校考核评价体系，用好科学的考核“指挥棒”，调动基层教师和干部参与和推进改革的积极性，为改革提供保障。

一是建立以规划为依据的评估体系。按规划目标对单位、个人在学科建设、师资队伍、人才培养、科学研究方面的建设成效和贡献等进行分类考核和评估。

二是建立健全有利于产生“大成果”和“大贡献”的绩效评估体系。完善聘期考核，探索建立以“聘期考核”和“团队考核”为主的人才考核评价机制，激励教师为学校上水平多作贡献。

三是对处级以上干部要重点考察其担当、规矩、大局意识。对基层要看基础、看质量、看潜绩、看实绩、看机关部门服务师生群众能力。对教师要把好入门关、师德观，看其以人格魅力引导学生心灵、以学术造诣开启学生智慧之门的能力。

四是着力完善“规划—资源—绩效—奖励”四环相扣的管理和考评机制。学校资金及其他办学资源分配与总体规划目标和任务挂钩，将目标和任务完成情况纳入对部门和个人的考核指标体系，作为对单位和个人奖励的主要依据。

同志们，学习贯彻习近平总书记系列重要讲话精神和党的十八届三中全会精神，深刻领会全面深化改革总目标，是一项持续的长期的战略任务。

这次集中学习只是初步的，我们还要经常学、反复学、持久学，坚持

不懈、持之以恒，常学常新、常学常进，不断提高用科学理论指导工作实践的水平和能力，深化推进学校“小、精、尖”特色发展，为创建“国际知名、有特色、高水平传媒类”大学和实现中华民族伟大复兴的中国梦而努力奋斗！

为推动媒体融合、建设新闻出版强国作出应有的贡献*

在国庆65周年前夕，今天中国新闻出版研究院和北京印刷学院领导班子联合举办理论中心组学习。我的一个突出感受就是，这是一次具有特殊形式、特殊意义的理论中心组学习。“形式特殊”在于过去中心组学习我们基本上采取的都是领导班子内部学习的形式，今天有着密切联系的两个单位的领导班子在一起开展理论中心组联合学习，学习形式更加开放，更有利于相互交流启发、学习借鉴，今天两个单位将分别有两位专家进行专题发言，相信大家通过今天的学习一定能够取得很好的收获。“意义特殊”在于今天学习的主题是关于推动传统媒体与新兴媒体融合发展。大家知道，2014年8月18日，中央全面深化改革领导小组第四次会议审议通过了《关于推动传统媒体和新兴媒体融合发展的指导意见》，习近平总书记在会上发表重要讲话，强调要加快传统媒体和新兴媒体融合发展，强化互联网思维，坚持先进技术为支撑、内容建设为根本，充分运用新技术新应用创新媒体传播方式，占领信息传播制高点，形成立体多样、融合发展的现代传播体系。可以说，媒体融合发展是传媒领域一场重大而深刻的变革，推动传统媒体和新兴媒体融合发展，是党中央着眼于巩固宣传思想

* 这是2014年9月25日刘超美在北京印刷学院与中国新闻出版研究院党委理论中心组联合学习上的讲话。

文化阵地、壮大主流思想舆论作出的重大战略部署，是中国新闻出版研究院和北京印刷学院当前和今后一个时期必须深入思考、积极实践的重大命题，也是我们这次学习特殊而重要的意义所在。

2014 年 9 月 25 日，刘超美（右三）主持北京印刷学院与中国新闻出版研究院党委理论中心组联合学习会

中国新闻出版研究院是我国唯一的国家级新闻出版专业研究机构，也是国家新闻出版广电总局重要的研究基地和“高端智库”，在我国新闻出版传媒领域久负盛名并在国内外有着广泛的社会影响。北京印刷学院是我国出版印刷高级人才培养基地，经过 50 多年的发展形成了鲜明的办学特色，为我国新闻出版行业培养了 4 万余名专业技术人才。一直以来，中国新闻出版研究院和北京印刷学院都有着非常广泛、非常密切的交流与合作，特别是 2008 年双方签署全面合作协议以来，在“老院长”郝振省教授和魏院长的高度重视和支持下，双方在共建科研平台、联合申报项目、加强学术交流等方面不断拓展合作的广度和深度，在加强工作业务交流的过程中双方也结下了深厚的友谊，这也为我们双方进一步加强互动合作提供了很好的感情基础（如：2005 年刘拥军调任新闻出版研究院；2008 年双方共建“中国数字出版人才培养基地”；2014 年成功获批数字出版标准符合性测试北京市重点实验室；上周魏院长还向总局主动提出，在总局的协调下，两家单位在援藏方面展开合作，共同承担“十二五”西藏新闻出版规划的制定，表达了对双方进一步合作的良好意愿；等等）。希望中国新闻出版研究院继续支持和帮助北京印刷学院的建设，希望双方今后合作更加紧密。我就先作这样一个简单的开场白，更多的时间留给我们在座各位发言和互动。今天中心组学习安排了 4 位专家作专题发言，按发言顺序分别是北京印刷学院张志林教授、中国新闻出版研究院张立副院长、北京印刷学院王关义副校长、中国新闻出版研究院出版研究所徐升国所长。

刚才，魏院长和王校长对我们这次理论中心组学习进行了很好的总结。就双方下一步充分发挥各自优势、拓展合作的广度和深度提出了意见，相信今后我们双方的合作必将更加紧密、更加务实，成效也将更加明显。当前，网络和数字技术裂变式发展，带来媒体格局的深刻调整和舆论生态的重大变化，新兴媒体发展之快、覆盖之广超乎想象，对传统媒体带来很大冲击。媒体融合发展已经成为全世界媒体共同面对的一场重大变革。推动传统媒体与新兴媒体融合发展，根本目的是借助新技术、新载体、新手段，创新新闻生产和信息传播方式，让传统主流媒体成为拥有广泛受众和强大社会动员能力的新兴主流媒体。去年以来，学校适应新的形势发展要求，为了更好地服务行业及社会发展，先后成立了文化产业安全研究院、青岛研究院以及今年新成立的数字出版与传媒研究院（聘请了郝振省教授担任院长）。9 月 18 日，我和王永生校长专程拜访了中宣部出版局，就北京印刷学院在媒体融合方面的所思所想向郭义强局长及中宣部出版局的领导作了汇报，也听取了郭局长对学校发展以及在媒体融合方面的意见，很受启发。下一步，学校将继续整合方方面面的资源，充分发挥学校学科专业方面的综合优势，大力加强与中国新闻出版研究院等单位的合作，努力在人才培养、科学研究、服务社会、文化传承与创新更好地适应和服务媒体融合发展的新任务、新要求，为推动媒体融合、建设新闻出版强国作出我们应有的贡献。

为争取我国在科技信息传播领域的“话语权”作出新的贡献*

今天，我们在这里举行北京印刷学院特聘教授聘任仪式暨北京印刷学院“出版大讲堂”第七讲。

北京印刷学院“出版大讲堂”自2013年5月开办以来，以“荟萃学界业界精英，探究重大理论前沿，指点关键热点问题，促进学界业界融合”为宗旨，先后邀请了柳斌杰、李殿仁、季晓南、阎晓宏、赵启正、吴汉东6位著名专家学者和行业领军人物做客大讲堂，受到广大师生的高度好评和热烈反响。今天，我们又非常荣幸地请到了国家新闻出版广电总局原副局长、北京印刷学院特聘教授邬书林为大家作学术报告，报告的题目是“关注当前世界文献生产传播的现状与趋势”。

邬教授长期从事我国出版业的理论研究和实践指导工作，特别是长期致力于我国出版业对外交流合作，以及图书、音像、电子、网络出版管理和发行宏观管理，参与制定了国家出版业改革发展一系列方针政策和“九五”“十五”“十一五”“十二五”期间出版产业发展规划；参与组织实施《中国大百科全书·新闻出版卷》、中国知网数据库等重大出版工程、法兰克福书展中国主宾国、伦敦书展中国主宾国等重大活动，对促进

* 这是2014年10月22日刘超美在北京印刷学院特聘教授聘任仪式暨“出版大讲堂”上的发言。

我国图书、期刊、印刷等出版产业的繁荣发展和对外交流发挥了积极作用；作为中宣部改革办第一任主任，参与了我国文化产业改革发展重大政策的调研和制定工作，主持制定国家文化体制改革试点工作总体方案、《国家“十一五”时期文化发展规划纲要》，推动完成全国经营性出版单位转企改制；参加了中美知识产权谈判和我国加入世界贸易组织谈判工作，大力推动全民阅读工作，积极推动中国出版走出去，对世界文化产业历史、现状和趋势，中外文化产业比较及世界版权业发展等都有深入的研究。

2014 年 10 月 22 日，刘超美主持北京印刷学院“出版大讲堂”暨北京印刷学院特聘教授聘任仪式

邬教授一直以来非常关心我校的建设和发展，多次听取学校汇报并为学校事业发展提供了许多重要帮助，特别是为我校拓展国际交流合作，提升国际化办学水平发挥了举足轻重的作用。

刚才，邬教授用近两个小时的时间为大家奉献了一次学术盛宴。报告从世界文献传播领域的新趋势、知识信息的重大社会作用以及现阶段可以进行的工作三个方面展开，阐述了建立我国自己的科技文献生产传播体系

时任北京印刷学院校长王永生为国家新闻出版广电总局副局长邬书林颁发特聘教授聘书

的紧迫性，勉励我们为争取我国在科技信息传播领域的“话语权”作出贡献。报告最后还热情回答了师生提出的有关问题。邬书林教授的报告立意深远、深入浅出、条理清晰，给我们以深刻启迪，相信大家和我一样，一定感到受益匪浅。

希望大家认真学习，加以吸纳，更好地提升理论修养和工作技能，为推进学校深化改革发展、争取我国在科技信息传播领域的“话语权”作出新的贡献。

抢抓机遇　深化改革
推动学校事业发展再上新台阶*

2012年6月，学校召开了第二次党代会，确立了“建设国际知名、有特色、高水平传媒类大学，加快实现从教学型向教学研究型大学转变”的战略目标。两年来，面对深化高等教育综合改革、推动高等教育内涵发展的总体要求，学校党委全面贯彻落实党的十八大和十八届三中、四中全会精神，深入分析国家、北京市以及新闻出版行业改革发展带来的机遇和挑战，牢牢把握“依托行业、内涵发展、坚持特色、开放办学、提高质量”的基本思路，全面统筹改革发展稳定大局，加强顶层设计，科学谋划涉及人才培养、科学研究、服务社会、文化传承创新的战略性、全局性、长远性问题，全面推进综合改革，积极破解发展难题，团结带领全校师生落实第二次党代会各项任务，取得了学校事业发展的阶段性成果。

一、第二次党代会以来开展的主要工作

根据第二次党代会确定的发展目标和各项任务要求，党委以转型、跨越、发展为主题，进一步明晰了“小精尖”的办学定位和“小中见大”的发展策略，坚持抓思想抓战略抓队伍抓稳定，坚持聚共识强基础转作风

---

* 这是2014年12月3日刘超美在北京印刷学院2014年党员代表会议上的报告。

促发展，确保各项工作有序推进，取得实效。

1. 以加强作风建设为重点认真开展党的群众路线教育实践活动。按照中央和北京市委部署要求，从2013年8月起，在市委第32督导组的指导下，校领导班子和全校38个院部处级单位班子、110多个支部、1500多名师生党员按照“照镜子、正衣冠、洗洗澡、治治病”的总要求，认真开展学习教育，广泛听取意见建议，聚焦“四风”查摆问题，深入开展批评和自我批评，切实加强建章立制和整改落实。针对师生反映和党员校领导对照检查发现的10个方面的问题，共提出整改项目17个，整改措施93项。截至目前，已完成整改51项（占54%），其余42项正在按计划积极推进。围绕反对“四风”问题和加强班子自身建设，加快推进制度“废改立”，修订制度5项，废止制度9项，拟新制定的12项制度完成过半。针对“四风”问题，完成了超标办公用房、会员卡清理等专项整治。通过扩大信息公开、压缩会议数量、改进新闻报道、严格出国审批、规范公务接待、强化督办落实等系列举措，体现立行立改、真抓实改。通过开展活动，党员、干部思想认识进一步提高，作风进一步转变，党群干群关系进一步密切，为民务实清廉形象进一步树立，做到了两手抓、两不误、两促进，实现了转作风、强组织、促发展。

2. 以破解发展难题为根本积极推进全面深化改革。在深入分析学校内外部发展形势的基础上，党委深刻认识到，解决制约学校发展的人才、资源等“瓶颈性”问题，提升学校办学活力与核心竞争力，根本出路还在于深化改革，走开放式发展道路。为此，学校于2014年初成立了由书记、校长担任组长的全面深化改革领导小组，在党委常委会的领导下负责研究确定学校全面深化改革的重大原则，统一部署重点改革领域和重大改革任务，加强改革的系统性、关联性和协调性，指导、推动、督促学校重大改革措施的组织落实。半年多来，各专项改革小组围绕调整学科布局、深化岗位聘任和人事制度改革、完善资源配置和经费投入机制等重大改革事项进行深入研究，有的已经形成了比较成熟的工作方案。学科教学科研专项改革小组加快研究制定学科布局与发展规划，起草完成《北京印刷学院章程》。资源保障管理专项改革小组积极推进校园基本建设，加强房产和实验室资源管理，改革经费投入和管理模式，并在拓展办学空间方面做了大量准备工作。人事人才改革方面，总结梳理学校上一聘期工作经验和存在的问题，加强校内外调研，广泛深入征求意见，形成了新一轮岗位设置和聘任管理实施方案，即将提交教代会审议；学校召开了第三次人才工作会议，出台了高层次人才引进等方面新的制度文件。随着各项改革的稳步推进，相信影响学校发展的根本性、长远性问题必将逐步得到缓解和解决。

3. 以学科建设为统领促进学校转型发展。第二次党代会之后，党委加强目标引导，解放思想、转变观念，凝聚转型发展共识，进一步把教职工思想和行动统一到学校发展目标上来，形成发展合力。先后召开学科、教学、科研、人才工作专题会议，全校上下进一步凝聚了以学科为基础统领学校各项事业发展的新共识。相继出台了《关于进一步提高学科建设水平的若干意见》和《深化研究生教育改革实施方案》，为今后一个时期学校强化内涵建设、增强办学特色奠定了坚实基础。两年多来，学校专业学位授权点从 2 个增加到 5 个，设计学、新闻传播学、美术学在全国一级学科评估中取得好成绩。加强专业综合改革，落实“卓越工程师培养计划”，毕昇、韬奋、雅昌等实验班人才联合培养效果逐渐显现，国家和北京市级大学生实践创新基地建设取得重要进展。在 2013 年首次取得 5 个北京市级教学成果奖一等奖的基础上，2014 年获得了国家级教学成果奖二等奖，为北京印刷学院的历史性突破奠定了坚实基础。承担国家和省部级项目数量明显增加，科研经费连续两年稳定在 7000 万元以上，获得了中国出版政府奖等一批重要奖项；北京绿色印刷包装产业技术研究院获批国家绿色印刷包装产业协同创新基地；《实施绿色印刷成果报告》《千里江山图》水墨动画长卷、南京青奥会吉祥物“砳砳”等一批成果取得了重要的社会影响。

4. 以改革创新精神全面加强基层党组织、干部和党员队伍建设。党委始终把加强基层党组织建设作为一项重要的基础工作抓紧抓好，制定实

施了《北京印刷学院党的建设工作规划（2014—2018 年）》，选优配强基层党组织负责人，出台加强辅导员队伍建设意见，强化学工部党建工作职能，成立研究生工作部，为基层党组织更好地发挥作用提供有力的人员、政策和资源保障。加强党建工作研究，定期开展党支部特色活动大赛，大力推广“支部共建”等品牌活动，不断增强基层组织活力。2012 年学校接受市委教工委党建和思想政治基本标准集中检查，获得高度评价。2014 年参评北京市“党建和思想政治工作先进校”，充分展示了学校办学成绩、党建工作实效和广大干部党员良好的精神风貌。新一届处级干部聘任突出体现了干部用人导向更加鲜明、干部选拔过程更加民主、干部能力素质要求更高、青年干部选拔力度更大的特点，2013 年干部选拔任用工作“一报告两评议”测评中，新提任干部满意率在 90% 以上。重视大学生党员教育和思想政治工作，打造了“青春榜样”“心理班会”等品牌活动。加强思想政治理论课建设，充分发挥第一课堂的主渠道作用和第二课堂的主阵地作用，切实提高思想政治教育的质量和水平。加强师德师风建设，发挥典型示范引领作用，涌现出一大批以金杨、杨丽珍、刘秀伟等为代表的先进个人和优秀党员，带动良好育人氛围形成。

5. 以提高科学决策水平和办学治校能力为目标加强党委自身建设。党委始终高度重视自身理论学习和思想政治建设，坚持每月一次中心组理论学习，坚持定期召开党委常委会、校长办公会和工作务虚会，坚持“请进来”与“走出去”相结合，加强校内外调研和交流合作，努力以更高的站位和更宽的视野促进自身思想解放和战略思考，不断提高谋划发展、统筹发展、推动发展的能力。建立并完善了党委常委会、全委会、校长办公会议事规则，以及“三重一大”、干部任免票决制、二级单位党政联席会议等制度，按规则议事、决策、办事。班子成员之间、与师生定期交流沟通，领导班子注重抓大事谋全局，调整成立了信息工程学院、机电工程学院、国际教育学院等二级单位，完成工会教代会换届，成功举行办学 55 周年校庆，获批建设博士后科研工作站和海外孔子学院，校园基本建设加快推进，校级领导班子年度考核成绩位居市属高校前列，接受市委巡视组巡视获得好评。领导班子办学治校能力不断提升，形成了团结协作、齐抓共管、全校工作“一盘棋”的良好局面。落实党风廉政建设主体责任，深入推进廉政风险防控“三个体系”建设。

同志们，以上报告的是学校第二次党代会以来的主要工作。这些工作的开展和各项成绩的取得，是全校上下共同奋斗的结果，是广大党员、干部特别是一线教师努力工作的结果，在此，一并向大家表示诚挚的谢意。

二、准确把握学校发展面临的机遇挑战

当前和今后一个时期，是学校实现转型跨越发展的重要战略机遇期。面对国家深化高等教育领域综合改革、推动传统媒体与新兴媒体融合发展，以及首都调整城市功能定位、促进京津冀协同发展等新的形势和任务要求，学校党政领导班子深刻认识到，必须始终坚持以立德树人为根本，以提高人才培养质量为核心，以提升服务区域与行业发展的能力和水平为抓手，抢抓机遇，深化改革，才能在新一轮科技和产业变革中赢得主动，争取更大作为。

首先，学校发展必须按照深化高等教育领域综合改革的总体要求，加强内涵建设，突出特色发展，加快现代大学制度建设步伐。当前，高等教育领域竞争日趋激烈，我校地处高校林立的北京，相对来说实力较弱、知名度也相对不高，更加要求我们必须走差异化办学、特色化发展之路，在印刷包装、出版传播、设计艺术相关领域办出特色、争创一流。特别是国务院《关于深化考试招生制度改革的实施意见》发布，普通高校逐步推行基于统一高考和高中学业水平考试成绩的综合评价、多元录取机制，高校之间在生源方面的竞争将更加激烈，我校面临着前有大校名校，后有高职院校，中间还有行业特色型地方高校“三面夹击”的竞争态势。实现学校发展新的奋斗目标，必须牢牢把握首都建设中国特色世界城市和媒体融合发展的新形势新要求，进一步深化人才培养模式改革，积极打造数字印刷、数字出版、数字媒体技术、数字媒体艺术等数字媒体专业群，加大

复合型、应用型人才培养力度，不断提升教育教学质量，优化育人环境，增强办学活力，完善内部治理体系，提高内部治理水平和治理能力，提升学校社会影响力，才能在激烈的竞争中更好地吸引优质生源，掌握主动。

其次，学校发展必须服从和服务于京津冀协同发展大局，充分利用自身区位优势积极拓展服务领域和办学空间。近年来，学校抓住北京高等教育基本建设大发展的良好机遇，加速推进校园建设，在相当程度上缓解了事业发展对办学空间的资源需求。但由于历史原因，校园狭小、校区分散、校舍建筑密度大、功能布局不尽合理等问题依然是制约学校当前和今后一个时期快速发展的主要瓶颈之一。首都功能定位调整、京津冀协同发展为学校在新的历史起点上拓展办学空间提供了难得的历史机遇，北京市对高等教育发展要求和空间布局提供了有利的政策环境。学校地处京南大兴，毗邻新机场，与天津、河北有着地理交通、产业面向、人文环境等诸多方面的天然便利条件，是学校解决未来空间发展不足的一个重要战略选择。如能抓住机遇拓展建设新的校区，将在很大程度缓解学校办学空间不足的难题，同时对于促进京津冀协同发展、疏解首都非核心功能、服务区域经济社会发展都有着极为重要的意义。

最后，学校发展必须紧紧抓住传统媒体与新兴媒体融合发展的战略机遇，充分发挥自身学科专业优势为促进媒体融合提供人才和智力支持。当前，网络和数字技术裂变式发展，带来媒体格局的深刻调整和舆论生态的重大变化，新兴媒体发展之快、覆盖之广超乎想象，对传统媒体带来很大冲击。媒体融合发展已经成为全世界媒体共同面对的一场重大变革。《关于推动新闻出版业数字化转型升级的指导意见》《关于推动传统媒体和新兴媒体融合发展的指导意见》等文件相继出台，从国家层面提出要遵循新闻传播和新兴媒体发展规律，强化移动互联网思维，着力推动新闻出版行业转型与业态升级，实现出版传媒多种业态的融合、共赢与发展。学校兼有数字媒体技术、数字媒体艺术、数字出版与传播学科专业群，并在相关领域形成了一定的特色和优势。媒体融合不仅对懂得新媒体内容开发、技术应用等方面的复合型人才需求明显增加，同时也为学校调整学科布局，培养全媒体人才，加大行业服务力度提出了新的挑战和机遇。

在高校云集、优质教育资源竞争激烈的首都，基于历史与现状，展望今后及长远，学校要实现跨越式发展，必须在“精”“细”“优”上下功夫，培养优质人才，加快国际化进程，在特色、强项领域开展高水平建设，在首都高校中实现弯道超车、跨越发展。

三、今后一个时期学校的主要工作任务

同志们，2014 年的工作已经基本接近尾声，2015 年将是“十二五”规划的收官之年。各方面发展机遇时不我待，需要我们审时度势，加强谋划，以钉钉子精神推动工作落实，不断取得实实在在的工作成绩。

一是加快现代大学制度建设，提升依法治校水平。党的十八届四中全会审议通过了《中共中央关于全面推进依法治国若干重大问题的决定》，对于新时期高校进一步坚持依法治教、依法治校提出了新的任务和要求。我们要积极开展法治宣传教育，切实提高师生法治意识，营造良好的校园法治环境。要认真落实《关于坚持和完善普通高等学校党委领导下的校长负责制的实施意见》，坚持依法、科学、民主决策。以制定学校章程为契机，做好管理规章制度的梳理和修订工作，进一步健全和规范内部管理体系和工作规程；落实《高等学校学术委员会规程》，优化学术管理组织架构和运行机制。落实党代会、教代会、学代会制度，完善教职工参与民主管理和监督的制度保障，维护师生合法权益；巩固教育实践活动成果，把建章立制、照章办事贯穿到深化改革的各项任务中，把工作讲纪律、办事讲规矩、决策讲程序内化于心、外化于行，促进学校治理结构和治理能力的法制化和规范化。

二是加强党建和思想政治工作，树立良好干风、教风和学风。习近平总书记在全国宣传思想工作会议上明确指出，意识形态工作是党的一项极端重要的工作，宣传思想工作就是要巩固马克思主义在意识形态领域的指导地位，巩固全党全国人民团结奋斗的共同思想基础。作为首都高校，我

们更要把加强宣传思想政治教育放在更加突出的位置，牢牢把握教书育人、立德树人的根本任务，教育广大师生带头培育和践行社会主义核心价值观，为实现“中国梦”凝聚有力道德支撑。要加强对基层党组织的分类指导和考核评价，提升基层党组织做好群众工作的能力和服务师生的水平。严格落实党风廉政责任制，坚持从严治党、从严管理干部，校级领导班子成员要带头保持廉洁自律，不与民争利，重视并解决干部管理失之于宽、失之于软的问题，切实担负起党委主体责任和纪委监督责任。认真落实教育部《关于建立健全高校师德建设长效机制的意见》，大力加强和改进师德建设，积极倡导每位教师用欣赏增强学生的信心，用信任树立学生的自尊，让学生要学善学乐学，让每一个学生都健康成长，让每一个学生都享受成功的喜悦。

三是深入推进学校综合改革，确保取得预期实效。改革已经启动，开弓没有回头箭，唯有稳扎稳打、砥砺前行，我们才有可能取得预期成效。在推进改革的过程中，势必会触及某些方面的利益调整，我们要力争在师生关注度较高、与其他改革任务关联度较强、改革条件基本成熟的若干领域率先推进，为其他后续改革工作创造有利条件。要按照近两次教学工作会议有关要求，推动专业综合改革，加快制订新版人才培养方案；要瞄准学校在科研工作方面的缺项和短板，集中力量攻坚克难；要做好新一轮人事岗位聘任工作，深入推进人事分配制度改革；要以用好存量、盘活增量、优化配置、提高效益为目标，科学统筹办学资源，全面提高办学效益。要积极着手“十二五”规划总结和“十三五”规划的编制工作，确保各项改革任务在更高层次、更宽领域有效统筹、取得实效。

四是积极扩大对外交流合作，提升开放办学水平。坚持立足行业和区域发展，以贡献求支持、以服务促发展是我校近年来实现快速发展的基本经验之一。通过近几年坚持不懈的努力，我们在加强与行业主管部门以及行业企业、高校、科研院所等各方面交流与合作取得了明显进步，为学校赢得了良好的资源优势和外部发展环境。在国际交流方面打开了可喜的局面，促进了学校国际化办学水平的有力提升。下一步，我们要进一步巩固交流合作成果，认真落实已经达成的各项重要协议，把对外交流合作的成果转化为实实在在的办学效益。同时，要以长远和战略眼光抢抓京津冀协同发展的历史机遇，积极拓展办学空间，科学统筹办学资源，优化教书育人环境，为提升学校办学层次和水平创造有利条件。

五是加快平安校园创建步伐，维护学校和谐稳定。稳定是一切事业发展的前提和基础。我们要对当前复杂的外部形势和可能引发学校内部不安全、不和谐的隐患和因素有充分的思想认识，切实做到守土有责、守土负责、守土尽责。要牢固树立“大安全观”，切实发挥学校各级党组织的政治核心作用，及时掌握、定期分析师生员工的思想动态，密切关注广大师生对国内外重大事件和社会热点的反映，增强师生维护稳定意识，筑牢维护稳定的思想基础。创建“平安校园”是提升学校安全稳定工作综合水平的有利契机和重要抓手，10 月 15 日，学校召开创建“平安校园”动员会，我们要按照既定工作部署和要求，扎实做好各项准备工作，确保顺利通过上级部门检查验收，为学校事业发展和师生成长成才提供可靠保障。

各位代表、同志们，这次会议是学校落实党代表任期制的一项重要举措。希望大家把思想和行动进一步统一到学校发展目标上来，以更加开放的视野、更加紧迫的责任感和更加务实的作风，推动学校事业发展再上新的台阶！

主动作为　推动学校事业全面发展*

2014年是新一届党中央治国理政总体战略全面展开的一年，是党和国家各项事业取得新成就、呈现新面貌的重要一年，也是我校事业发展历程中不平凡的一年。面对高等教育领域综合改革、媒体融合发展以及首都功能定位调整等事关学校长远发展的新形势新要求，我们认真学习贯彻习近平总书记系列重要讲话精神和党的十八届三中、四中全会精神，将学校整体工作与从严治党的总体要求和我国经济社会发展进入新常态更加紧密地结合起来，方向更加明确，目标更加清晰。这一年，我们以破解发展难题为导向积极推进学科教学科研、干部人事人才、资源保障管理等方面综合改革，事业发展取得了新进步。这一年，我们坚持以上率下，积极推进教育实践活动整改落实，有力整治"四风"，师生反映的一些突出问题得到初步解决。

下面，我代表学校领导班子就一年来的主要工作报告如下。

一、强化学习研究，提升领导班子认识把握校内、校外"两个大局"的能力和水平

围绕学校发展目标，改进党委中心组理论学习，努力提高领导班子谋

---

* 这是2015年1月14日刘超美代表北京印刷学院领导班子所作的2014年度述职报告。

2015 年 1 月 14 日，刘超美（前台中）主持 2014 年校级领导班子年度考核述职测评大会

划学校战略发展的能力，加强了教师、干部的理论学习和形势政策教育。坚持学习与推进中心工作相结合，与破解发展难题相结合，坚持学以致用，不断增强谋事创业的思想自觉和行动自觉，努力将学习成果转化成事业发展的实际成效。

一是在加强顶层设计、推动转型发展上增强了自觉。把学校发展放到国家、行业和京津冀协同发展的大格局中谋划，从顶层设计和战略规划层面深入思考并努力解决制约学校发展的人才、资源等瓶颈性问题。科学谋划涉及人才培养、科学研究、服务社会、文化传承创新的战略性、全局性、长远性问题，提高了领导班子“跳出学校看学校发展”的认识水平。

二是在破解发展难题、深化内部改革上增强了自觉。成立了全面深化改革领导小组，指导、推动、督促学校重大改革措施的组织落实，加强改革的系统性、关联性和协调性，积极推进学科布局、人事人才、资源配置和经费投入机制等关键事项的改革，有效突破阻碍发展的各种深层次障碍。

三是在抢抓发展机遇、加强对外交流上增强了自觉。面对高等教育综合改革、首都功能定位调整、京津冀协同发展以及传统媒体与新兴媒体融合发展的历史机遇，采取走出去和请进来方式。先后邀请了中国人民大学新闻学院院长赵启正、国际出版商协会主席池永硕等6位著名专家学者和行业领军人物做客“出版大讲堂”；深入上海、湖南、西藏等地方新闻出版单位调研；赴首都新机场、人民日报社微博和客户端运营中心进行专题调研；与中国新闻出版研究院领导班子联合学习研讨媒体融合发展，加大了对世情、国情、行情的了解，增强了领导干部的忧患意识、大局意识、使命意识、担当意识。

四是在加强依法治校、推进民主办学上增强了自觉。以制订《北京印刷学院章程（申请核准稿）》和《北京印刷学院学术委员会章程》为契机，优化学术管理组织架构和运行机制，完善教职工和师生参与学校民主管理和监督的制度保障；在新一届教代会和工会换届中，提高了一线教师代表的比例，增强了依法治校、民主办学的意识。

二、转变作风，推进整改方案有效落实

2014年初，通过广泛听取意见和深入对照检查，制订了领导班子整改方案，包括17个整改项目、94项整改措施，目前已完成64项（占68%），其余30项正在按计划积极推进中。专项整治方面，完成了超标办公用房、会员卡等清理工作，涉及8个方面20项内容的专项整治工作目前已基本完成。建章立制方面，新订制度12项，修订制度5项，废止制度9项。

一是加强督办落实。2014年6月，学校成立了由校领导担任组长的三个专项督查工作小组，对教育实践活动整改方案落实情况进行专项督查。加强了对2014年工作要点的分解、推进情况的督查，以及对常委会、校长办公会决策事项落实情况的检查。重布置、轻落实等现象在一定程度上得到改进，全年18次党委常委会的62项议题、15次校长办公会的61

项议题均得到了较好的落实。加强了对涉及教职工利益的重大决策前的民意调研，在推进新一轮岗位聘任工作过程中，认真总结梳理上一聘期工作经验、问题，加强校内外调研，广泛深入征求意见，几上几下、数易其稿，最终形成了既有利于推动学校事业发展，又能充分调动广大教职工积极性与创造性的方案，目前新一轮岗位聘任工作正在按计划有序推进中。

二是坚持立行立改。领导班子重视教职工诉求，积极回应师生关切，解决群众反映强烈的切身利益问题。加大了高层次、上水平教学科研成果的奖励力度，新一轮聘期岗位津贴方案中注重向基层岗位和低收入群体倾斜，提高了教职工的整体收入水平。对康庄校区部分青年公寓装修改造，安装了空调；投入专项经费增加教职工体检的项目，加大了大病筛查力度，加大了对困难教职工和学生帮扶力度，全年为教职工发放困难补贴7.6万元，为困难学生发放补助和减免学费131万元；投入专项资金丰富新生军训内容，增加了“消防避险逃生体验”等实用性强的教育课程；投入190万元专项经费扩展校园网出口带宽，提高了网速，改善了校园网络环境。

三、主动作为，推动学校事业全面发展

根据学校年度工作要点和有关要求，围绕年初确定推进整改方案落实、新一轮岗位聘任工作等“五大重点任务”，在学科建设、教学科研、队伍建设、国际交流、校园建设等方面工作都取得了长足进步。

一是坚持学科引领，加强内涵建设。2014年是全面落实学校首次学科建设工作会议的第一年。如何将学科建设工作会议提出的要求和达成的共识细化落实到学校工作的方方面面，是学校2014年度工作的重要内容。为此，以制订学科布局与发展规划为抓手，研究制定了《关于北京印刷学院进一步提高学科建设水平的若干意见》，明确了今后一个时期学校学科建设的基本定位、发展方向和主要着力点，为“十三五”规划的制定奠定了良好的基础。以引领性学科建设项目为抓手，优化学科资源配置，

使重视程度高、愿意建设、真正能够取得实效的项目有了进一步落实，努力提升学校学位授权点建设的层次和水平；落实全国研究生工作会议精神，出台了《深化研究生教育改革的实施方案》，确立了以质量内涵为导向的分类培养机制，对学术学位研究生注重个性化和创新能力培养，对专业学位研究生注重实践性和职业能力培养；建立了完善的研究生教育投入机制和奖助体系，完成了首届研究生各类奖助项目的评审，364 名研究生获得各级各类奖励资助 193.51 万元；修订了研究生导师遴选与考核办法，强化了导师第一责任人职责。新增电子与通信工程、新闻与传播、会计等 3 个专业学位授权点，首次实现了理工类工程硕士学位授权点的突破，进一步拓宽了硕士学位授权领域，优化了研究生培养类型和结构。

二是深化教学改革，提升培养质量。2014 年由曲德森教授主持的《面向行业，构建“四位一体”的印刷出版创新人才培养模式》获得了国家级教学成果奖二等奖，实现了我校办学 56 年来在国家级教育教学成果方面的历史性突破。“数字艺术与创新设计实验教学中心”被评为国家级实验教学中心。《现代企业管理》等 3 部教材获批国家级规划教材。《卓越工程师人才培养国际化教育研究》等 3 个项目获批市级教育教学改革面上项目，1 个项目获得市级教改革联合（重点）项目，填补了我校多年来省部级重点教改项目的空白。数字艺术教学实践中心等两个市级实践教学示范中心顺利通过市教委检查验收。推动落实“双培计划”，选派 23 名学生到北京交通大学、中国传媒大学对口专业学习。毕昇、韬奋、雅昌等实验班人才联合培养效果进一步凸显，一半以上的实验班学生主持或参与北京市大学生科研计划项目。新增吉林等 4 个省区一本招生，全国一本招生省份达到了 12 个。2014 年，全员就业率达到 96.94%，较去年同比增长 2.9%。强化素质拓展，学生参加各类学科竞赛全年累计获奖 1011 人次，其中北京市学科竞赛一等奖 8 项，二等奖 21 项。我校学生设计的吉祥物“砳砳”中标第二届夏季青年奥林匹克运动会，是我校人才培养成果的又一典范。

三是提升科研水平，积极服务社会。新承担国家科技支撑计划、工信部国家重大科技成果转化、国家软科学研究计划等国家级项目11项、北京市科技计划重大项目等省部级项目21项。2014年，学校科研经费总量达到6387万元，其中竞争性经费达到1277.4万元，较去年同比增长68%。全年共发表高质量检索论文766篇，出版著作108部，授权专利45件。完成了《中国印刷业发展研究报告》《实施绿色印刷成果报告》等一批重要成果，获得了中国出版政府奖、北京市哲学社会科学优秀成果奖二等奖等一批重要奖项。北京绿色印刷包装产业技术研究院获批建设“国家绿色印刷包装产业协同创新基地”，成为总局在印刷包装领域首个批复建设的协同创新基地。推进重点领域平台建设，成立数字出版与传媒研究院，搭建数字出版人才培养和科学研究的新平台；获批“北京文化安全研究基地”，我校北京市哲学社会科学研究基地增至2个。蒲嘉陵教授正式接任国际标准化组织/印刷技术委员会主席，我校教师设计的《千里江山图》水墨动画长卷亮相北京APEC国际会议中心，受到国内外广泛关注。

四是加强队伍建设，激发人才活力。2014年是学校人事人才工作年。以全校第三次人才工作会议为统领，积极推进高层次人才队伍建设。全年实质引进“千人计划”王慰等3名高层次人才来校全职工作；柔性引进了“长江学者”王少萍、“海聚工程”籍海峰等17位高层次人才；借助博士后科研工作站有利平台，引进了49位青年博士，其中16位为博士后（近年来引进的高层次人才积极发挥“外脑”和“智库”作用，在学校顶层设计与引领、人才引进与培养、科研项目申报与攻关等方面贡献良多。如，聂震宁教授率领团队获批国家社科基金项目等国家级课题，并在实践中不断增大青年教师的参与力度，为学校培养青年骨干。何洁教授充分履行导师职责，亲自培养3名硕士研究生，并在学校申报国家级示范中心等工作中付出了很多努力）。学校坚持引进和培养并重，开展了北京市政府特殊津贴、全国新闻出版行业领军人才等各类推荐选拔，设立了博士启动金，资助教师参加培训研修或学位学历进修共211人次。积极稳妥地推进岗位聘任和人事制度改革。新的方案和政策，更加注重统筹教学与科研，引导教师多出高水平教学科研成果，满足人才成长需求，畅通人才发展通道，提升各级各类人才待遇水平，得到广大教职员工的认可。

五是加强对外交流，促进国际合作。经过 3 年努力，学校与德国斯图加特媒体大学合作建设海外孔子学院项目获得国家汉办/孔子学院的正式批准，将于 2015 年挂牌成立。在因公出国经费压缩的情况下，学校加强统筹，增加了教师出访交流名额，全年赴美国、英国、日本等国家参加短期进修或访问交流的教师和干部 60 人次，其中教师 51 人次；全年邀请了 40 多位境外专家来校授课或举办学术讲座；全年共派出 85 名在校学生赴境外进行短期交流和联合培养，双向交流总人数达到 94 人次，较去年增长了 16.3%。与美国罗彻斯特理工学院等 4 个国家或地区的 5 所著名大学、科研机构建立了校际合作与交流合作。与瑞典林雪平大学、澳大利亚堪培拉大学等外国优质资源达成重要合作意向，内容涵盖学生交流、联合培养和教师互访、合作科研等。举办了“数字出版与数字印刷新业态发展国际学术研讨会”“国际柔性与印刷电子大会”等国际学术论坛，扩大了学校的国际影响力，提升了师生的国际交流能力。

六是加强资源整合，改善办学条件。全年共有总面积 6.5 万平方米、总投资 3 亿元的基建项目陆续开工建设。本校区 1 号学生公寓楼标准化建设等 10 个基础设施改造项目已全部完成，校舍总建筑面积由 15.53 万平方米增加至 22 万平方米。成立了实验室管理处，对实验室布局进行规划，加大对学校仪器设备共享的统筹监管，实现专管公用、资源共享。改进管理方式，充分利用外部资源，解决了 10 多年来实验室危险物废弃物无正常处置渠道的问题。

四、凝心聚力，提升党建工作整体水平

以参评北京市“党建和思想政治工作先进校”为契机，全面加强思想、组织、作风、制度和反腐倡廉建设，为实现学校又好又快发展提供坚强有力的保证。

一是加强干部队伍建设。2014 年，举办党的十八大，十八届三中、四中全会精神的相关报告会五场，采取由学校领导、外请专家讲大党课的方式对广大干部进行专题培训。选派中青年干部到校内外挂职锻炼，与广电总局签署并落实互派挂职干部备忘录，全年派出 3 人并接收 2 人；8 人到北京市委、相关区县工作锻炼，20 人在校内挂职锻炼。加大对干部从严管理力度，在各级学术委员会中降低领导干部的比例，严格控制处级及以上干部在市教委和校级非竞争性科研项目中的申报比例；对处级干部个人收入申报、重大事项申报、出国出境审查等事项进行了明确要求和严格约束。学校领导班子成员特别是主要领导和分管领导坚持定期同各级干部谈话，加大了谈话的人次和频率，对苗头性问题，及时提醒纠正；严肃党内生活，注重提高民主生活会的质量。

二是加强基层党组织建设。针对研究生规模逐渐扩大、管理相对分散的现状，成立研工部，加强研究生党建工作。完成了 7 个二级单位成立基层党委的工作。全校 104 个党支部 1500 名党员参加了民主评议，增强了党性观念和宗旨意识。引导党支部围绕“服务师生、服务行业、服务大兴”积极开展特色活动，全年各党支部开展“三服务”特色活动超过 110 项。经济管理学院获评北京市先进基层党组织，杨树林、杨虹分别获得北京市优秀共产党员、北京市优秀党务工作者称号。2014 年，学校在高层次人才及少数民族学生中发展党员工作有所突破（共发展 2 名教授、1 名西藏学生入党），共发展教工和学生党员 303 名。

三是加强思想政治工作。建立党委领导、宣传部门牵头、各相关部门协调配合的教师思想政治工作机制，制定了学校培育和实施社会主义核心价值观意见和工作计划，在师生中开展了社会主义核心价值观，中国梦，党的十八届三中、四中全会精神，习近平总书记系列重要讲话精神，传统媒体与新兴媒体融合发展等宣传教育。组织优秀学子参加 9 月 30 日人民英雄纪念碑敬献花篮、中韩青年交流营活动，开展青春榜样主题宣讲会、“唱红歌、学党史”等活动，以及走访红色足迹、义务支教等特色党日活动。被北京市委宣传部推荐参评全国宣传文化系统“四个一批”人才、北京高层次创新人才。与国务院新闻办公室新闻网签署协议，建立了舆情收集、监控、分析、研判机制。加强创新，加大官方微博、微信、APP等新兴媒体建设，努力构建和谐校园。

四是党风廉政建设方面。认真落实党风廉政建设中的党委主体责任和纪委的监督责任。推进廉政风险防控管理“三个体系”建设工作，制订了《涉及廉政重要工作事项权力运行一览》，规范权力运行轨迹，强化教职工的民主监督。发挥了审计监督作用，加强了对工程项目、科研项目审计和独立经营单位的审计工作。发挥党风廉政监督员作用，对校院两级科学民主决策、岗位聘任、干部选拔任用、科研项目申报等工作充分发表意见建议，作为各部门改进工作的参考。成立了案件线索处理领导小组，加强对案件线索的研判，对收到的各类信访件全部进行了核实和处理。加大对领导班子和干部的监督力度，将党风廉政建设群众满意度民主测评纳入教学教辅单位处级班子年度考核，切实增强了领导干部“一岗双责”意识。

五是平安校园创建方面。以构建平安、文明、和谐校园为目标，制定出台了创建“平安校园”的实施意见和工作方案，成立了相应的领导机构和工作小组，分解并细化了工作任务。把“平安校园”创建工作纳入学校整体规划统筹推进，注重加强治安、消防、交通宣传教育，组织“消防、避险、逃生”安全演练，提高师生安全意识和防灾自救的能力。积极化解矛盾纠纷、关注特殊人群、排查安全隐患，从源头上预防减少不稳定因素。加强大学生心理素质教育，有效预防心理危机事件，学校被评为“2013—2014年度北京高校学生心理素质教育工作先进单位”。坚持定期开展安全检查工作，采取不同等级的防控措施。推进科技创安、不断完善动态预警机制，有效维护了校园安全稳定的良好局面。

五、干部选拔任用情况

学校党委认真落实中央新修订的《党政领导干部选拔任用工作条例》

和四项监督制度，按照“信念坚定、为民务实、敢于担当、清正廉洁”的好干部标准，选好用好各年龄段干部。2014 年共选拔任用了 14 名处级干部。其中，8 人为交流换岗，由党委根据学校事业发展需要和干部特点采取干部领导小组酝酿、党委常委会集体研究决定方式进行调整；6 人为新提拔任用，采取民主推荐或公开竞聘方式产生。14 名干部中 5 人具备博士学位，3 人具备正高级专业技术职务，6 人具备副高级专业技术职务。在干部选拔任用过程中，我们严格程序和标准，积极发挥二级党委把关作用，加大纪委参与监督力度，努力营造风清气正的选人用人环境。

老师们、同学们：

过去一年取得的所有成绩，是全校广大师生奋力拼搏、共同努力的结果。在此，我代表学校领导班子向全校干部、师生员工表示崇高的敬意和衷心的感谢！

在总结工作的同时，我们也要清醒地认识到在工作中还存在很多不足，与师生群众的期待还有一定差距：对学校发展战略和办学规律的认识不够清晰、研究不够透彻、把握不够准确，资源整合及指向性不够明确，对解决学校资源整合等难点问题缺乏钉钉子精神；准确把握和统筹协调学科、教学、科研各类资源的力度需要加大，敢“涉险滩”、啃“硬骨头”的改革勇气和“功成不必在我”的担当精神还需要进一步增强；面对在信息时代、网络时代成长起来的，以“70 后”“80 后”为主体的教师队伍，以及“90 后”“95 后”为主体的青年学生，领导班子在加强思想引导、狠抓教风学风建设方面力度不够、办法不多、措施不够有力，密切联系群众和抓基层、打基础、利长远的务实作风有待进一步加强。对此，我们必须高度重视，并努力在今后的工作中加以改进。

2015 年，是学校“十二五”规划的收官之年，也是“十三五”谋划的布局之年。新的一年，面对新的机遇和挑战，我们要以“功成不必在我”的境界和敢于担当、勇于碰硬的精神，推动全面深化改革和依法治校工作取得新的更大成效；以只争朝夕、奋发有为的精神状态和求真务实、改革创新的工作作风，将北印事业的接力棒不断传下去。习近平总书

记在前天参加中央党校县委书记研修班座谈会时指出："我们的权利是党和人民赋予的，要为党分忧、为国干事、为民谋利；要做焦裕禄式的好干部，心中有党、心中有民、心中有责、心中有戒。"我们要意气风发、满腔热情干好工作，为官一任、造福一方，对新一年的工作部署，要一抓到底、善始善终，带动广大师生群众一起，不断推动学校转型、跨越、发展迈上新的台阶。

将学校各项工作优质高效落到实处*

刚才，王永生校长对学校 2014 年工作进行了简要回顾，从国家高等教育、新闻出版行业以及首都经济社会发展等方面深入分析了学校面临的形势和主要任务，并从启动更名建设、优化调整结构、培育各类高水平成果、统筹各类资源、加强党的建设等方面对 2015 年学校重点工作进行了部署。请各单位对照《工作要点》，结合永生校长讲话精神和部署要求，尽快细化完成本二级单位的年度工作计划，扎实推动工作有效落实。为确保年度各项工作优质高效落到实处，我提 3 点要求。

一、以立德树人为根本，强化思想引领，加强党的建设，把培育和践行社会主义核心价值观融入教书育人的全过程

人才培养始终是学校生存与发展的核心和根本，人才培养质量是衡量高等学校办学水平的首要标准。而衡量人才培养的质量和水平的首要标准就是是否坚持正确的政治方向，以中国特色社会主义合格建设者和可靠接班人为己任，核心问题就是学校“为谁培养人，培养什么人，如何培养人”的问题。去年底今年初党中央和北京市分别召开了高校党建工作会

* 这是 2015 年 3 月 5 日刘超美在北京印刷学院 2015 年工作部署会上的讲话。

议，习近平总书记专门就高校党建工作作出重要批示，明确了高校党的建设的重点任务，为做好高校党建工作提供了根本遵循，是新形势下高校党建工作的思想指南和行动纲领，对全面加强和改进高校党的建设具有里程碑意义。市委要求，“要将学习、宣传、贯彻总书记重要批示精神，作为北京高校党建工作的首要任务，在新学期开学后马上学习，层层部署、全面落实，将总书记重要批示传达到每位干部教师”；要充分认识高校党建工作面临的新形势新任务，进一步找准存在的薄弱环节和突出问题，做好顶层设计和统筹规划，推动解决重点难点问题，高标准落实好各项工作。

2015 年 3 月 5 日，刘超美（前台右）主持召开北京印刷学院 2015 年工作部署会

党的建设工作是学校各级党组织负责人的首要责任、头等大事和最大的主业。当前学校党建工作中还不同程度地存在着“抓事业发展的手硬，抓党建工作的手软”，党建工作思路不清、措施不力，基层党组织作用发挥不够，对党建工作精力投入不足等问题，实质上都是履行党建工作职责不到位。下一步我们要切实推进学校党建工作重心下移，推进组织生活制度化、常态化，把党建工作作为考核评价领导班子和领导干部的重要内容，建立健全党建工作问责制度，切实把党要管党、从严治党的要求和任务落到实处。

意识形态工作是党的一项极端重要的工作，必须时刻绷紧这根弦，抓紧抓好。在去年11月的“平安校园”创建工作动员会上我专门讲了这个问题，今天再次提出来，希望引起同志们的高度重视，进一步增强对意识形态斗争长期性、复杂性和尖锐性的认识，守好自己的阵地，带好自己的队伍，管好自己的人员。要认真贯彻《关于进一步加强和改进新形势下高校宣传思想工作的意见》《高校党委意识形态工作责任制实施办法》《高校课堂教学管理办法》，始终保持绝对清醒，在坚持什么、发展什么、反对什么、警惕什么上，举旗帜、指方向、亮底牌、点要害，牢牢把握意识形态领导权、话语权和主导权。

培育和弘扬社会主义核心价值观是有效整合社会意识、扩大主流价值观念影响力、提高国家文化软实力的重要途径，是中国特色的内核，是培养社会主义建设者和接班人的核心要义。我们要进一步坚持有机融入、全面覆盖的工作思路，继续在融入上做文章，把社会主义核心价值观融入教书育人全过程，融入学校教育管理服务各个环节，要紧扣学生思想实际，围绕现实问题、热点问题和学生身边问题，运用学生喜闻乐见的形式，与学生社会实践活动有机结合，增强说理性、说服力和对重大理论、现实问题的解释力。要管好用好网络宣传思想阵地，通过课上课下、线上线下、校内校外多种途径，加强正面引导，确保方向正确、阵地巩固、宣传全面、引领到位，以社会主义核心价值观坚定信念、凝聚力量，实现全面、全员、全过程践行社会主义核心价值观。

二、以深化改革为动力，主动适应国家经济发展高等教育发展的新常态新要求，为实现学校长远发展奠定坚实基础

2015年是全面深化改革的关键之年，是全面推进依法治国的开局之

年，是全面完成“十二五”规划的收官之年，也是巩固拓展党的群众路线教育实践活动成果、坚持全面从严治党的重要一年。我国经济增长速度正处于“换挡期”，创新驱动成为发展必然动力。随着国家产业转型升级进程的加快，人才市场的供需关系更加转向以行业企业为主导的需求驱动，全社会对先进科技和高素质人才需求日益增加，高等学校更加注重内涵、特色、创新发展和需求导向。加之媒体融合发展与行业深刻变革，学校发展正面临前所未有的机遇与挑战。

深化内部改革、强化协同创新是实现学校又好又快发展的必然要求和根本动力（教育部有关负责同志明确指出，地方本科院校转型发展要把办学思路真正转到服务地方经济社会发展上来，转到产教融合校企合作上来，转到培养应用型、技术技能型人才上来，转到增强学生就业创业能力上来，对我们学校发展具有非常重要的指导意义）。今年 1 月 27 日至 28 日，学校召开了领导班子工作务虚（扩大）会，成果非常丰富，并就学校今后一个时期改革、发展达成了诸多重要共识。比如启动学校更名建设、调整优化学科专业结构、积极争取办学空间拓展等，刚才永生校长在部署工作时都进行了深入细致的阐释，希望大家深刻领会并认真落实到新一年各项工作任务当中。

学校发展 50 多年到现在，就这么几百亩地还分 3 个校区，非常不利于功能优化和资源布局。根据习近平总书记视察北京市重要讲话和京津冀协同发展的要求，2014 年我们作了一些前期调研和洽谈，北京市也在研究首都高校外迁的总体规划，社会关注度也非常高。我们的总体考虑是积极主动作为，争取政策支持，不留历史遗憾，在选址方面则尽力争取实现“就近”，以便相互依托，资源互通。另一个大事就是学校“更名升格”。一直以来我们时常能接收到来自校友、学生乃至上级部门有关这方面的意见和建议，对此也进行了多次小范围的分析研讨。对这个问题，我们总的考虑是尽可能争取高层支持，同时扎扎实实做好各项准备工作，特别是瞄准我们的缺项和短板，内外兼修，练好内功，适时正式启动，毕竟打铁还需自身硬，机会只会留给有准备的人。

做好“十二五”规划总结和“十三五”规划编制工作是学校今年一项非常重要的工作。今年是“十二五”规划的最后一年，总体上，规划主要任务和指标进展情况良好，有的指标甚至比预期的设想还要好，但也有指标执行情况不理想，所有这些都需要我们进行很好的总结，包括有益的经验和需要吸取的教训，正反两方面都要认真思考，以便为“十三五”规划的编制提供可靠的支撑（2012 年学校第二次党代会提出，“到 2020 年，初步建成国际知名、有特色、高水平传媒类大学，基本实现从教学型向教学研究型大学转变”，这个目标与“十三五”末期正好吻合。所以说，今后 5 年也是实现学校第二次党代会奋斗目标的关键 5 年）。在制订“十三五”规划的过程中，要加强对学校发展内外部环境及有关重大问题的深入研究；要坚持实事求是，尽力而为、量力而行，使规划经得起时间的检验；要通盘考虑、统筹协调，坚持从实际出发，尊重广大干部教师的首创精神，问计于师生、集思广益，最大限度地汇聚民智；要远近结合，更加注重以解决长远问题的办法来应对当前挑战。既要以 5 年为主，也要与 2020 年学校奋斗目标相衔接，同时考虑更长时期的远景发展。要更加注重规划的牵引和导向作用，使得各部门都能够围绕学校整体规划有条不紊地推进各项工作，为学校长远发展奠定基础。

三、以强化落实为关键，大力加强领导班子和干部队伍建设，以作风建设新成效凝聚起推动事业发展的强大正能量

“一分部署，九分落实。”能不能把学校各项工作部署很好地落到实处，是对全体干部、党员、教师思想素质、能力水平和工作作风的直接检验。结合学校目前发展需要，本学期开学以来，党委对学校党政领导班子成员工作分工进行了部分调整，对部分中层干部进行了岗位调整，最主要的目的还是为了有利于加强干部队伍建设，促进学校事业转型发展。接下来还要进一步研究制定适应学校“十三五”乃至长远发展的干部队伍建

设规划，根据上级部署安排开展“三严三实”专题教育活动，把“严以修身、严以用权、严以律己，谋事要实、创业要实、做人要实”贯彻到工作中、体现在行动上，以优良作风提振精神状态，从“严”上要求，向“实”处着力，努力推进作风建设常态化、长效化。要进一步加强干部教育、管理和培训，进一步明确二级单位党委定位，切实发挥学校各级党组织和干部党员的示范引领作用，为学校发展提供可靠的组织保障。

要坚持从严治党、从严管理干部，注重从基层发掘人才，从一线培养选拔干部，加大干部交流力度，建立健全党政干部交流制度，对干部交流实行“一盘棋”，统筹规划、统一调配，让干部在不同岗位上、广阔天地里磨炼意志，增长才干。要加强干部学习培训和实践锻炼，深入学习领会习近平总书记系列重要讲话精神，努力做到学以致用、用以促学、学用相长，不断提高自身认识水平和工作能力，指导学校人才培养、队伍建设、深化改革等各项工作顺利开展。巩固和拓展党的群众路线教育实践活动成果，推动党风廉政建设“两个主体”落到实处，健全严格的党内生活制度，不断提高各级领导班子和干部解决自身问题的能力。寒假前校院两级领导班子和干部都召开了民主生活会，绝大部分民主生活会开的质量都比较高，做到了见人见事见思想，今后严格党内生活将成为从严治党、从严管理干部的新常态。希望学校各级干部尤其是“一把手”要自觉从我做起，自觉在监督的环境中工作，习惯在清新的风气中生活，把心思和精力专注在事业和工作上，一级带一级，层层做示范，不断集聚风清气正的正能量。

要加强督办督察、逐项抓好落实。按照“四个明确”（明确工作内容、明确工作主体、明确工作标准、明确工作时限），加大督办力度和跟踪检查，确保件件有着落、事事有回音。对重点工作、拟办实事，每月督、现场督，一抓到底，严肃问责。完善协调联动机制，杜绝决而不行、推诿扯皮现象。以优良的党风、干风带动校园风气的根本性好转。

以“平安校园”验收检查为契机，加强校园及周边治安综合管理，集中整治师生反应强烈的突出问题和隐患，提升学校安全管理工作专业化水平（坚持评建结合，利用接下来两个多月的时间抓紧细化完善各项工作任务，确保“平安校园”创建工作扎实有序推进）。妥善处理和有效化解发展中存在的矛盾，进一步凝聚师生人心，为高校改革发展提供源源不竭的动力。

老师们、同志们，一年之计在于春，世界上的事情都是干出来的，坐而清谈百无一用。新学期伊始，经过一个寒假的休整，希望全校上下继续牢牢把握“依托行业、内涵发展、坚持特色、开放办学、提高质量”的总要求，切实将思想和行动统一到贯彻落实学校工作的总体安排上来，尽快收心静心，专心用心，尽快行动起来，力争赢得开门红，展示新气象，为学校发展贡献自己的智慧和力量！

高校党委领导依法治校的路径思考*

一、高校依法治校的内涵及重要性分析

1. 依法治校是推进依法治国方略的重要基础

依法治校是依法治国的一个重要组成部分，是社会主义法制建设的必然要求，是社会主义市场经济条件下高等教育事业发展的必然要求。推进依法治校，有利于教育行政部门进一步转变职能，严格依法办事；有利于全面推进素质教育，提高国民素质；有利于保障各方的合法权益，协调各方关系；有利于运用法律手段调整、规范和解决教育改革与发展中出现的新情况和新问题，化解矛盾，维护稳定，为推进高校改革发展和依法治国提供坚强保障和动力。

2. 依法治校是加强党对高校领导的核心内容

改革开放以来，我国高校进行了改革领导体制的探索，最终确立了党委领导下的校长负责制并写进《中华人民共和国高等教育法》。高校在实践中积累了许多好的经验和做法，需要上升到制度层面加以规范。教育部根据中央部署制定了《全面推进依法治校实施纲要》（以下简称为《纲要》），就进一步坚持和完善党委领导下的校长负责制提出要求、作出规

* 这是刘超美参加2015年北京区县局级领导干部深入学习贯彻“四个全面”战略布局专题研讨班撰写的理论文章，获评北京教育杂志社“教育法治与大学发展”征文二等奖。发表于《北京教育（高教版）》2015年第6期。

定，高校党委深入贯彻《纲要》精神，领导推进依法治校，对于新形势下加强和改进党对高校的领导、完善高校内部治理结构、促进高校科学发展的意义十分重大。

3. 依法治校是高校适应“新常态”的必然要求

随着现代化进程的加快和教育综合改革的推进，我国高等教育发展出现“新常态”，在发展环境、发展定位、发展方式、发展动力等四个方面都呈现新特征。依法治校已成为高校适应“新常态”、蹚过深水区、实现新发展的迫切要求。高校党委领导依法治校，有利于运用法律手段调整、规范和解决改革中出现的新情况、新问题，理顺内部关系，释放发展活力，引导广大师生培养良好的法律意识和法治观念，建立和维护学校良好的办学秩序，实现管理人性化与法治化的统一。

二、高校党委领导依法治校面临的主要问题

1. 传统的人治思想和现象仍然普遍存在

从历史来看，我国两千多年的封建专制主义对法治建设影响深远，“人治”思想作为一种意识形态和社会文化传袭下来，渗透到社会各个层面和角落，对今天的依法治国进程仍有较大负面影响。从现实来看，我国实施“依法治国”时间还不长，依法治校更是起步不久，高校普遍习惯于人治模式，还未真正形成依法治校的良好氛围。高校在处理内外法律纠纷时，鉴于诉讼成本高、时间长，而组织程序、行政手段往往更简便迅速，所以高校通常选择通过组织程序、行政手段来处理问题，这也在一定程度上强化了人治模式。

2. 落实办学自主权与依法管理之间存在冲突

长期以来，政府与高校的关系属于行政法律关系，政府主管部门对高校采取以行政命令为主的计划管理方式，包揽了从举办到办学、管理的一系列权力。一些本该由高校自行决策的事务，如办学经营、经费投入、专业设置、招生计划、教师管理等，往往直接或间接地受制于政府部门，财

权和人事权更是如此，高校自身办学自主权实际很有限，而政府对高校的行政化管理更是加剧了高校办学管理的行政化。

3. 高校管理人员和师生法治意识和能力不强

普法、知法、懂法是高校依法治校的前提，但一些高校开展法治宣传不够，管理人员、师生法治意识和能力淡薄。一是表现在一些党委成员的依法治校意识不强，习惯于组织程序、行政手段和道德观念来治理学校，对师生合法权益不够重视，没有真正实现依法治校。认为违反“教育法”有关规定不算违法，因而习惯于以权压人、以言代法、朝令夕改，“管理行政化”“与民争利”“论文即创新”等现象屡见不鲜。二是表现在高校师生依法办事意识亟待加强。师生对法律重要性的认识比较模糊，尚未系统地主观内化，而是与现实脱节。师生利用法律维护自身权益意识较为薄弱，即便被侵权，也往往只能听之任之。

4. 高校制度建设与民主监督方面有待加强

制度建设和民主监督是推进依法治校的重要环节。在高校中，制度建设和民主监督机制普遍不够完善，在内容、程序、审查、监督等环节上仍存在不少漏洞，在涉及人、财、物、权等方面管理的科学化、规范化、精细化不够。部分制度的系统性、可操作性不强，对制度落实情况的监督检查也不到位，这些都成了众多法律纠纷和内部矛盾的诱因，也成了制约依法治校开展的重要因素。

三、高校党委领导依法治校的途径思考

1. 坚持党委领导下的校长负责制，始终与党中央保持一致，是高校党委依法治校的方向保证

党委领导下的校长负责制是我国高校坚持社会主义办学方向和贯彻党的教育方针的根本保证。高校党委要深入贯彻落实《关于坚持和完善普通高等学校党委领导下的校长负责制的实施意见》，促进党委决策、行政运行机制的民主化、科学化、规范化。

第一，坚持抓好社会主义办学方向。党委统一领导高校工作，要坚持在思想上、政治上与党中央保持一致，确保正确的办学方向和符合广大师生员工的根本利益。当前，就是全面贯彻党中央一系列重要部署，高举中国特色社会主义伟大旗帜，以邓小平理论、“三个代表”重要思想、科学发展观为指导，深入贯彻习近平总书记系列重要讲话精神，按照全面建成小康社会、全面深化改革、全面依法治国、全面从严治党“四个全面”的战略布局，牢牢掌握意识形态工作的领导权、管理权、话语权，依法保障党的教育方针在高校的贯彻实施，全面推进高等教育的改革与发展。

第二，围绕学校的中心工作和根本任务来开展工作。党委既不能把党的工作和学校中心工作割裂开来，在切实担负起领导责任的同时，又不要包揽具体行政事务，不能事无巨细、包办一切。要把工作重点放在研究和决定学校工作中的重大方针和政策问题上，履行党章等规定的各项职责，把握学校发展方向，决定学校重大问题，监督亶大决议执行。依法治校，校长负责是关键，校长既是党委的重要决策者，也是党委决定的执行者，必须发挥校长的行政领导作用，支持校长依法独立负责地开展工作。学校党委书记要主动协调党委与校长间的工作关系，并与校长相互尊重、相互信任、相互支持，在重大问题上坦诚相见、荣辱与共。

第三，集中精力去考虑、研究和解决全局性、战略性的重大问题，促进规模、质量、结构、效益的协调发展；党委要审时度势，确保安定团结的局面；要统筹协调好党群各职能部门的工作，形成合力。要真正发挥校内各级党组织作用，全面从严治党，把廉政建设和反腐败斗争的各项工作落到实处，指导推进党政管理部门转变工作作风，多为基层和师生办实事、办好事。基层落实是重点，在高校党委领导依法治校体系框架下，基层单位要主动构建适应学校发展目标、激发建设活力的制度体系，在党委的领导下，提高依法办学、依法办事意识、能力和水平，把依法治校工作贯彻落实到各个具体领域和环节。

2. 维护章程权威，健全以章程为核心的现代大学制度体系，是高校党委依法治校的基础保障

学校章程是依法治校的基石，上承国家法律法规，下领学校规章制度。高校党委应依据法律和国家有关规定，建立和完善学校章程，形成符合章程要求的现代大学制度体系，作为学校依法治校、依法决策、依法管理、依法办学的重要依据，以良法推动善治。

第一，依照大学章程健全校内管理体制。面对高等教育发展“新常态”，高校党委比以往都更要解放思想、凝聚共识，不断健全以学校章程为核心的制度体系。一是健全党委领导下的校长负责制，处理好党政之间、院校之间、行政权和学术权、师生之间的关系，做到相互配合，权责统一，依法办事；二是根据国家法律和学校章程，对违反法律的规章制度及时修改或废止，形成由高到低、由粗到细的规范网络；三是在顶层设计和发展规划上，始终坚持以章程为龙头，体现四个“更加注重”：更加注重内涵发展，更加注重特色发展，更加注重创新发展，更加注重需求导向，实现管理体制的科学化、制度化、系统化。

第二，坚持制度建设的合法性、科学性、民主性和程序性。制度建设不能蒙着头、关着门、脱离社会需求和师生诉求，而要坚持合法性、科学性、民主性和程序性：坚持合法性，就是学校所制定的各项规章制度必须符合国家法律，不能突破法律界限；坚持科学性，就是制定规章制度应充分尊重各主体的地位，做到权利与义务相对应，体现切实性和可行性；坚持民主性，就是学校规章制度的制定，除要依据国家法律法规外，还应让师生员工充分参与，广泛听取和吸收各方意见，尤其要听取学生的心声；坚持程序性，就是各项规章制度的制定均需经过特定的程序，遵守特定程序规则，确保程序公正。

3. 加强法制宣传，树立法治理念，是高校党委依法治校的思想基础

思想是行动的先导，理念是治理的基础，依法治校的关键在于加强法制宣传、形成法治理念。党委要牢固树立“抓好是本职，不抓是失职，抓不好是不称职”的意识，把法制宣传作为重要工作，用社会主义法治

意识形态统一思想、凝聚力量、鼓舞人心，让法治理念深入人心，指导办学和管理活动。

第一，使党委班子及成员成为学法、守法和执法的楷模。高校党委领导依法治校，必须让法治深入人心，形成人人尚法的良好氛围，才能让法治转变成师生的思想观念。政府教育主管部门及高校各主体均确立依法治校的理念，特别是掌握权力的特殊主体自觉服从法规制度的规范，自觉执行规范，将自己纳入法律制度的约束之下。在学法、守法和执法方面，党委班子及成员要带头学习法律知识，强化法治思维，坚持依法决策，严于律己，在自觉维护中央权威、维护党的团结、遵循组织程序等方面，为师生参与依法治校树立榜样。出台具体措施，作出指标要求，将法制宣传转化为学校发展的自觉追求和工作常态。

第二，在广大师生中加强法制宣传工作。树立法治理念，教育是基础。高校党委要将法制宣传纳入规划和计划中，全面传递依宪治国、依法治国和依法治校的时代理念。对于广大教师，要把法律知识作为师资培训的重要内容，把具备较强法律素质和法律教育宣传教育能力，作为教师考核的重要内容，以提升其法制宣传水平。对于广大学生，要坚持育人为本的思想，按照全国和教育系统普法规划的要求，把法律知识作为高校的必修课内容，并积极开展生动活泼的法制教育。此外，加强校外法律教育培养和法学实践教学基地建设，营造良性法制教育环境，使师生在潜移默化中感受法治精神，提高法律素质。

4. 坚持以人为本，维护师生合法权益，是高校党委依法治校的关键

教师和学生是高校的主体，维护师生合法权益，是依法治校的出发点和落脚点。高校党委要坚持“以人为本”理念，充分保障和尊重师生的合法权益，充分发挥师生员工的重要作用，让广大师生共享学校改革发展的成果，成为依法治校最大的受益者。

第一，维护教师的合法权益。教师是高校的主力，高校要充分发挥教师在依法治校中的主导作用。就现实而言，高校教师在依法治校中往往处于弱势地位。高校各级党政领导干部要树立法律面前人人平等、制度面前

没有特权、制度约束没有例外的意识，尊重和维护教师权益。严格依照《中华人民共和国教师法》《中华人民共和国教师资格条例》等有关规定认定教师任职资格和职称评审，从严杜绝与民争利；依法与教师签订聘任合同，明确双方的权利、义务与责任，尊重教师权利，落实和保障教师待遇；公开透明，公正合理地做好评先、评优和奖惩；建立校内教师申诉渠道，依法公正、公平解决教师与学校的争议，切实维护教师合法权益。

第二，维护学生的合法权益。学生是高校的主体，高校党委要充分发挥学生在依法治校中的主体作用。要按照有关法律的规定，健全学籍管理制度，严格保护学生的受教育权，自觉尊重并维护学生的人格权及其他合法权益。学校对学生作出依法处分，应当做到事实清楚、证据充分、依据合法，符合规定程序，并经校长办公会讨论通过。保障学生的知情权、申辩权，并报主管教育部门备案。建立校内学生申诉制度，完善学生权利救济制度，健全学生安全管理制度，明确职责，加强对学校各种设施的安全检查，落实各项安全防范措施，预防和减少学生伤害事故，健全学生安全事故的应急处理机制和报告制度。

5. 改革治理结构，健全法制机构，是高校党委依法治校的组织保障

要真正落实依法治校，组织建设是基本保证。高校党委要健全治理结构和法制机构，以治理结构作保障，充分发挥法制机构和法律顾问的作用。

第一，改革治理结构。高校党委要按照依法行政要求，分步实施、分类指导，改革治理结构，公开办事程序，精简审批手续，提高工作效率，切实转变不适应依法治校需要的行政管理方式、方法，有效维护高校教育活动的正常秩序。相关机构，要遵循“法无授权不可为、法定职责必须为”的原则，依法健全和规范申诉渠道，及时办理师生申诉案件，及时发现和纠正违法行为，特别是侵犯学生合法权益的违法行为；积极配合有关部门开展校园及周边环境治理，为办学创造良好环境。

第二，成立法制机构。高校党委要根据学校特点和工作需要，设立依

法办学的法制机构。其主要职能包括：围绕关系学校发展的重大政策及法律问题，制定依法治校评价体系和考核办法，组织开展调研、论证，为决策者提供咨询；组织实施依法治校的具体工作，组织对学校规章制度、合同及有关法律文书的合法性审查、管理，代表学校处理各类诉讼及法律事务；在基层院系设立依法治校示范点，由点到线，由线到面，全面推进依法治校。同时，结合需要，适当聘任校外法律专业人士担任学校法律顾问，为学校提供法律咨询和法律培训，并为他们开展工作创造必要的工作条件，以提升学校法治理念和水平。

6. 维护办学自主权，坚持去行政化，是高校依法治校的重要内容

教育主管部门和高校党委要切实维护办学自主权，尊重学术权威，坚持去行政化，体现民主管理，依法行政，坚持程序正义。

第一，维护办学自主权。要切实尊重和维护高校的办学自主权。一是政府按照法律规定，保障高校的办学自主权，减少行政干预，增强办学活力；二是高校党委要根据法律规定，领导完善自主管理制度，维护办学自主权，增强办学活力，提高办学质量。

第二，坚持去行政化。高校党委应按照法律规定，领导建立健全学术委员会制度，明确学术委员会职责和权限，强化该委员会地位和权威，保证该委员会能充分发挥职权，尽量避免行政权力对学术事务的介入，让学术回归自治。同时，加强学术管理，通过民主程序将学术活动规范化、制度化，将确保学术权规范、合法运行的体制和机制、经验和方法固定下来，这是确保学术自治，体现大学核心价值的必要步骤。

7. 加强民主建设，强化民主监督，是高校依法治校的力量源泉

高校党委要树立正确的权力观，不断加强民主建设和民主监督，更好地凝聚师生人心、汇聚师生才智，推进依法治校。

第一，完善依法决策、民主决策制度。高校党委要坚持围绕中心、服务大局，坚持底线思维、问题导向，加强民主意识、民主建设，不断提高自身观大势、谋大事的能力和法治思维下的依法决策、民主决策水平。一是加强班子建设，特别是党委集体领导作用，依法转变领导方式，把党委

领导、民主管理和依法治校有机统一起来；二是科学划分党委、书记、校长的权力和职责分工，既保障党委领导权的实现，也为校长独立行使行政权提供制度和环境条件；三是完善校长办公会和党政联席会，健全专家咨询和“智库”制度，为民主决策提供保障。

第二，加强社会主义协商民主建设。高校加强协商民主建设，有利于促进民主决策，化解矛盾冲突，促进和谐稳定，推进高校管理的现代化。党委及班子成员要以身作则，带头学习掌握协商民主理论，把握协商民主工作规律，领导建立科学的民主决策制度，自觉成为加强协商民主建设的积极组织者、有力促进者、自觉实践者。完善教职工代表大会制度，健全教职工沟通协商机制，畅通教职工表达合理诉求渠道，切实保障教职工参与学校民主管理和民主监督的权利，充分保证教职工对学校重大事项决策的知情权和民主参与权，夯实依法治校的群众基础。

第三，扩大民主监督的范围和渠道。高校党委要充分发挥纪检监察、审计等专门监督部门的作用，发挥好校务、学术、学位委员会和教代会的监督作用，让权力在阳光下运行，防止职权滥用。要建立健全校务公开制度，坚持重大事务、重点工作公开，畅通信息渠道，激发师生的主人翁精神，调动各方积极性。要建立各级干部向教代会报告工作制度及教职工参与干部考评制度，使干部的管理活动置于师生的监督下。特别是要建立健全民主评议干部制度，依据科学的评价标准和评议程序，对干部的德、能、勤、绩诸方面作出科学合理的价值判断。

参考文献：

［1］《中共中央关于全面推进依法治国若干重大问题的决定》（中国共产党第十八届中央委员会第四次全体会议审议通过），新华社，2014 年 10 月 28 日。

［2］教育部关于印发《全面推进依法治校实施纲要》的通知（教政法［2012］9 号）。

［3］袁贵仁：《全面深化改革　全面加强依法执教　加快推进教育现代化——袁贵仁部长在 2015 年全国教育工作会议上的讲话》，《中国教育报》2015 年 2 月 12 日。

［4］杜玉波：《把握新常态下的高教发展》，《光明日报》2015 年 3 月 2 日。

［5］曲青山：《“四个全面”是实现中国梦的战略指引》，《人民日报》2015 年 2 月 11 日。

［6］李晓东、危兆盖：《高校怎么推进依法治校——访四川大学党委书记杨泉明》，《光明日报》2014 年 12 月 9 日。

［7］王思勤：《我国高等院校依法治校问题初探》，《学理论》2013 年第 23 期。

［8］何学：《高校依法治校的实现路径》，《教育理论与实践》2011 年第 6 期。

把握机遇　加快步伐　建好队伍 促进学校又好又快发展*

为期一天半的工作务虚会即将结束了，这次会议开得很好，相信大家和我一样很有收获。按照惯例，校级领导班子每半年召开一次工作务虚会，这已经是我们第八次召开工作务虚会，也是规模最大的一次务虚会扩大会。虽然每次会议主题和重点有所不同，但都是围绕学校重大发展战略、重大改革思路、重大研究事项而展开，近年来学校发展的许多重要决策都源于务虚会上大家思想碰撞交流、相互启迪思考、积极建言献策，取得了很好的实效。

这次会议是在国家深化高等教育领域综合改革、深入推进京津冀协同发展以及传统媒体与新兴媒体加快深度融合的形势下召开的，也是在学校总结“十二五”、谋划“十三五”，正式启动更名建设工程的背景下召开的，更有其特殊重要意义。每位同志的主题发言和补充发言，都有各自的思考和亮点谈得很好，在这里我就不一一点评了。结合这次会议的主题，我谈 3 点意见。

---

* 这是 2015 年 7 月 18 日刘超美在北京印刷学院 2015 年暑期校级领导班子工作务虚会（扩大会）上的讲话。

2015 年 7 月 18 日，刘超美主持北京印刷学院 2015 年暑期校领导班子工作务虚会（扩大会）

一、要切实深刻认识并牢牢把握学校发展的机遇和挑战

俗话说，铁打的营盘，流水的兵。我们每一位同志，无论领导干部还是普通教师，都是学校各项事业建设和发展的一分子，都是推动学校“接力赛”中“运动员”。当前这一棒我们能不能跑好，能不能实现“弯道超越”，也许在不久之后的未来后人会对我们作出历史性评价。希望我们都能够奋发有为，抓住转型与变革的历史机遇，作出我们无愧于学校、无愧于广大师生的贡献。

关于机遇和挑战，近年来我们在各种会议场合谈得很多，也在努力抢抓机遇。比如，我们抓住北京市关于中关村国家自主创新示范区建设的有利机遇，建设了“北京绿色印刷包装产业技术研究院”，并在此基础上获得总局同意，建设“国家绿色印刷包装产业协同创新基地”；我们抓住国家和北京市教育教学成果奖评审机遇，实现了在省部级和国家级教育教学成果奖方面的历史性突破；我们抓住北京市高等教育三年基本建设的大好机遇，实现了校园建设水平的大幅跃升，等等。此外，我们在一级学科评估、产业化项目推进、人员编制增加等方面也顺势而为，取得了很好的结果和成效。当然，我们在历史上也很痛惜地没有很好地把握好一些机遇。比如学校更名的机遇、扩大招生规模的机遇、拓展办学空间的机遇；有些机遇我们虽然尽了很大的努力，但没能取得理想的结果，比如国家特殊需求博士点建设的机遇。人们常说，“机不可失，失不再来”，正反两方面的经验和教训都提醒我们，在机遇面前要做“有准备的头脑”；要在顺应大势所趋中把握工作规律，“迈好步子、踩对点子”；要进一步提高我们抢抓机遇的能力和实力，一旦机遇的“窗口期”打开，我们就毫不犹豫地抓住机遇，利用好机遇。那么，当前我们的机遇是什么？从大的方面讲，至少有3个。

第一个是在深化高等教育领域综合改革的背景下，以加强创新创业教育为突破口提高人才培养质量的机遇。今年5月4日，国务院办公厅印发了《关于深化高等学校创新创业教育改革的实施意见》。以如此高规格的文件就加强大学生创新创业教育作出具体部署和要求，足以见得国家对于深化高校创新创业教育改革的高度重视。大学生是大众创业、万众创新的生力军。近年来不少高校在促进大学生创新创业方面采取了有力举措，如北京交通大学新建1000平方米大学生创新创业活动中心，入园学生企业可获1万到5万元扶持，并享受企业注册等环节的“绿色通道”；南京大学面向全校所有学生开展了“三三制”教学改革，在本科阶段分“大类培养”“专业培养”“多元培养”3个阶段和“专业学术”“交叉复合”“就业创业”3条发展路径，使全校学生都有机会自主选择专业、课程和发展路径，从而达到多样化和个性化发展，实现了创新创业教育与专业教育的有机结合。我们学校因学科专业属性和主要服务面向行业特性，更有着创新创业的天然优势，实际上我们有的专业教师、校友或学生在创新创业方面也取得了非常不错的成绩。近年来学校在大学生科技园建设和学生创新创业方面也进一步加大了投入力度，学校今年教学工作会议永生校长的报告也对加强创新创业教育提出了明确的任务和举措，近期相关部门也在抓紧调研、完善我们学校加强学生创新创业工作的相关政策文件，希望教务、团委、科技园等部门加强统筹协调，形成工作合力。相信我们有条件也有能力把这方面工作做得更好，并以此为突破口，深化教育教学改革，促进人才培养质量的稳步提升。

第二个是在首都功能定位调整和京津冀协同发展的背景下，优势学科更好发挥作用及拓展办学空间的机遇。6月9日，中共中央、国务院印发《京津冀协同发展规划纲要》，我们第一时间组织全体处级以上干部进行了专题学习，特别是其中明确提到，推动在京部分普通高等学校本科教育有序迁出，支持有条件的高校通过部分院系搬迁、办分校、联合办学等方式向外疏解；支持在京高校通过与河北、天津高校共建特色学科、建设校区等方式转移；组建京津冀高校联盟，促进高校优质教学科研资源共享。近期北京市委召开了十一届七次会议，审议通过了北京市关于《京津冀协同发展规划纲要》的《贯彻意见》，进一步明确和细化了相关举措。我们学校地处京南，与河北、天津地缘相近，人文相亲，更有条件在落实京津冀协同发展战略、利用京津冀协同发展历史机遇方面走在前列。2014年初开始我们就进一步加强了与天津、河北有关部门和区域的密切联系，大家从校园网报道中也能了解到我们学校与固安县人民政府签署了战略合作协议，双方在文化产业服务、项目合作、人才培养等诸多方面达成了许多重要共识。关于这个问题，希望大家能够站在讲政治的高度深刻理解并把握中央和北京市的精神，能够把学校更名建设工程与服务京津冀协同发展这个大格局有机结合起来，能够结合本部门本单位实际主动思考、积极谋划我们在首都功能定位调整和京津冀协同发展战略中“能做什么，怎么做”。要善于跳出北京印刷学院有针对性地研究首都“四个中心”特别是文化中心这一功能定位对我们学科布局规划和人才培养的导向性影响，要善于跳出北京印刷学院有针对性地研究天津、河北两地相关高校、相关产业发展现状及彼此可以合作共赢的“兴奋点”和“契合点”，在把握新机遇中实现新突破。

第三个是在传统媒体和新兴媒体融合发展的背景下，整合、优化、拓展我校相关学科专业及研究方向的机遇。中央审议通过《关于推动传统媒体和新兴媒体融合发展的指导意见》将近一年了，媒体融合发展已经上升到国家战略层面。《人民日报》社社长杨振武在《中国媒体融合发展年度报告》出版座谈会上谈道："面对新形势、新挑战，如果还按照传统的思维定式和运作方式来办媒体，肯定行不通。在融合状态下搞传播，要有本领恐慌的紧迫感，有不甘人后的使命感，必须及时掌握新思维、驾驭新载体、运用新手段。媒体融合是一场'转基因工程'，要把互联网的基因注入媒体，给媒体带来新的活力和发展动力。"事实上，国内相关企业和高校已经早已行动或快速行动起来了，如南京大学金陵学院获批国内高校首个媒体融合专业，并早在 2007 年开始招生；汕头大学长江新闻与传播学院与美国的密苏里大学合作，成立了我国高校首家融合媒体实验室。《人民日报》从今年两会报道开始，依托建设中的全媒体新闻平台，试行"中央厨房"工作机制，针对不同渠道、不同用户的多元化需求，推出了多种形式、不同风格的"新闻菜肴"，既有高端大气的"主菜""硬菜"，又有方便快捷的"快餐"和清新可口的"点心"，并对国外媒体进行定制化推送，在网上网下、国内国外不同舆论场都取得了良好传播效果。可以说"媒体融合"是传媒业的主流和大势所趋，作为一所传媒类高校，我们要自觉肩负起适应"媒体融合"发展所需人才培养的责任，以"全媒体""大传播"的理念拓展影视、网络等学科专业领域，以"数字""绿色""互联网+"等手段加快改造传统专业，围绕"传播、媒体、信息"凝练学科特色和优势，在更高层次上构建学校人才培养、科学研究的新优势。

同志们，机遇和挑战是把"双刃剑"，抓住了就是机遇，就能为学校发展赢得更大的优势和更广阔的发展空间，抓不住就成为挑战，特别是别人抓住了我们没有抓住，那我们就会错过千载难逢的发展良机，进而造成所谓"错过一步，步步赶不上"的被动局面。希望大家迅速行动起来，努力做到在机遇面前"醒得早、看得清、动得快、抓得住"，为学校在变革与转型中赢得先机。

二、要加快在学科专业调整及资源优化整合等重点领域迈出更大实质性步伐

能不能抓住和利用好机遇，一看头脑，二看实力，既要看得到机遇，更要有把握机遇的能力。近年来，我们通过加强内涵建设和对外交流合作，抢抓机遇的能力有了进一步的提升。结合学校“十三五”规划的制订，今后我们还需要对照更名建设的各项标准，坚持问题导向，在加强学科专业调整、加强资源统筹优化、加强国际交流合作等方面进一步加大工作力度，为学校更名建设奠定坚实基础。

1. 关于学科专业调整。在 3 年前召开的学校第二次党代会上，明确提出要“以信息化、数字化技术扎实推进专业结构调整和转型升级”；在学校“十二五”规划中也有具体部署和要求。回顾这 3 年，我们在新专业开设、实验班建设、专业认证和评估、一本招生范围拓展、教学成果奖评审等方面取得了不少成绩和经验，特别是把近年来在思考和实践中形成的一些好的理念、思路和做法在新版本科培养方案中有了进一步的吸纳。下一步我们要按照王永生校长在教学工作会议上指出的要加强学科专业布局，积极适应行业转型融合发展，特别是印刷包装等传统专业要加大综合改革力度；要落实好北京市人才交叉培养计划，积极推进优质资源共享，全力做好“双培”“外培”“实培”计划；要结合外部发展需求，加强对学校现有工、文、管、艺不同学科门类的分类指导、区别定位、整体优化。

2. 关于资源统筹优化。通过近几年坚持不懈的努力，我们在加强与行业主管部门以及行业企业、高校、科研院所等各方面交流与合作取得了明显进步，为学校赢得了良好的资源优势和外部发展环境。但就内部资源整合优化而言我们还有很多工作要做。一方面是资源总体短缺以及资源分配不尽合理的问题，另一方面是不少资源利用不充分、资源内部共享不够的问题。我们要以盘活存量、用好增量、优化配置、提高效益为目标，科学统筹办学资源，建立健全资源使用绩效考核体系，全面提高办学效益。

要结合学校全面深化综合改革，从管理体制和组织结构上为提高资源使用效益奠定基础；要切实推进简政放权，完善校院二级管理体制，进一步明确校院二级事权和财权的划分，强化二级学院的办学主体地位，实行管理重心下移，充分发挥其办学、管理的主动性和积极性；学校将管理重点和方式转移到战略管理和宏观调控上。

3. 关于国际交流合作。高等教育国际化是学校扩大开放办学、积极利用国际优质资源的重要途径。要积极争取国际合作教育项目，吸引并扩大留学生规模，探索国际化办学的新思路、新举措。选取与学校特色领域“门当户对”的海外院校，加强中外合作办学，扩大学生的派出规模，培养具有国际视野和交往能力的复合型应用人才。要突出国际化人才培养这一主线，以拓展师生的国际视野，提高师生的国际交往能力，推动教学和科研向国际化、前沿化迈进为根本任务，积极拓展与国外高校、科研机构的交流与合作，增加更多国际教育元素，增强学生的国际视野和跨文化的交流、竞争与合作能力。根据学校年度工作安排，下学期初准备召开学校首次国际交流合作工作会议，相关工作也在抓紧准备之中，希望大家结合本部门本单位实际，积极建言献策，共同谋划我校国际化工作的新局面。

三、要下大力气建设一支强有力的领导班子和干部队伍

学校改革发展的事业需要一大批勇挑重担、敢于创新的领导干部，需要一支懂规矩守纪律、作风过硬的干部队伍，需要一个个坚强有力、团结协作、凝聚力强的领导班子。党的群众路线教育实践活动以来，全校上下各级领导干部的作风还是有了比较明显的转变，得到了广大师生的认可，但作风转变还不彻底，甚至一些消极懈怠情绪在部分干部身上还有所反弹。对此我们必须高度重视，并与正在进行的“三严三实”专题教育活动紧密结合起来，持之以恒抓紧抓好作风建设，为学校事业发展提供可靠的组织和人才保障。

一是践行“三严三实”，争做“五好干部”。没有严明的纪律，没有实干的作风，我们的干部队伍就形不成力量、干不成事业。习近平总书记在全国组织工作会议上，为“好干部”提出了“坚定信念、为民服务、勤政务实、敢于担当、清正廉洁”5条标准。党的十八大以来，特别是经过党的群众路线教育实践活动，全面从严治党成为新常态。近年来学校事业发展取得重要进展的事实证明，我校干部队伍的总体质量是高的，广大干部绝大部分是信得过、靠得住、能干事的，但还是在少数干部身上或多或少地存在一些不尽如人意的地方，特别是通过对上半年《学校工作要点》和《群众路线教育实践活动整改方案》督查发现，有的领导干部思想上还存在“等、靠、要”的倾向，想问题、做决策习惯于路径依赖，习惯于用老办法解决新问题；有的还存在本位主义思想，考虑部门利益、局部利益多于整体利益；有的缺乏干事创业的激情和热情；有的还习惯于“以会议落实会议”，会多文多的现象还没有从根本上扭转，等等。对于这些问题，必须引起高度重视，并在“三严三实”专题教育活动中进一步加以克服和解决。

二是对照“五个基本目标”，建设强有力领导班子。领导班子是一个部门和单位的中枢神经，在各项事业发展中担负着特别重要的责任，起着中坚和引领作用。去年年底，中共中央办公厅印发了《2014—2018年全国党政领导班子建设规划纲要》，提出了加强领导班子建设的5个方面的基本目标，即建设信念坚定、政治可靠的领导班子；建设严守党规、依法执政的领导班子；建设作风优良、清正廉洁的领导班子；建设改革创新、敢于担当的领导班子；建设能力过硬、实绩突出的领导班子。对照5个方面基本目标，我们要从思想、组织、能力、作风、制度等各个方面进一步加强领导班子建设，特别是党政“一把手”要充分尊重班子成员的意见，班子成员要增强全局观念和团队意识，自觉服从集体领导。所有中层干部，都要在思想上行动上自觉与党的各项决策和部署保持一致，要不断增强贯彻落实党委各项工作任务的主动性和创造性，珍惜来之不易的良好发展局面，不利于团结的话不说，不利于团结的事不做，把主要精力投入到促进学校发展和师生成长上来；大家在一起搭班子、共做事，也是一种缘分，要多交心、多通气，充分交换意见，大事讲原则，小事讲风格，自觉维护班子的公信力。

三是持之以恒地抓好作风建设，为学校更名建设和转型发展提供坚强保证。作风建设永远在路上，需要坚持不懈地抓紧抓好。各位肩负着抢抓机遇的责任，一定要增强改革意识，从国家和首都区域的发展需求中，深刻把握学校改革发展的机遇与优势，把握好各自单位的重点难点问题，找准制约工作、需要突破的主要矛盾和关键环节，遇见问题要敢于迎难而上、攻坚克难，摒弃循规蹈矩、小富即安的盲目乐观态度，要敢于碰硬、勇于负责，要善于结合实际，把学校的事业和本单位、本部门的工作不断推向前进。在具体工作中，要解决工作方法“不对路”的问题，绝不能“一方治百病”。要根据不同的情况，采取不同的方法，做到“因病施治，对症下药”，才能药到病除。要适应新形势新任务要求，自觉在学校统一协调指挥下，积极参与改革，不断深化学校人才培养、科技创新、队伍建设、管理体制机制等方面的改革，以改革破解难题，以改革凝聚力量，以改革推动发展，通过改革把全校师生的智慧和力量凝聚起来，把各类人才的创造性活力激发出来，使学校各项事业展现新气象、再上新台阶，为学校更名建设和转型发展奠定坚实基础。

同志们，一天半的务虚会信息量很大，相信大家也很有收获，会后希望大家进一步消化吸收，使之更好地运用到后续的工作中去。同时希望大家利用暑假期间进一步深入思考学校和本单位下一步的工作，促进学校又好又快发展。

为学校“十三五”发展打好基础[*]

2016 年 3 月 2 日，刘超美（前台左三）主持召开北京印刷学院 2016 年工作部署会

一、深入学习贯彻习近平总书记新闻舆论工作座谈会讲话精神，牢牢掌握意识形态工作领导权，培育新闻出版传媒领域应用型人才

2016 年新春伊始，习近平总书记到《人民日报》社、新华社、中央

* 这是 2016 年 3 月 2 日刘超美在北京印刷学院 2016 年工作部署会上的讲话。

电视台等3家中央新闻单位进行了实地调研，随后召开党的舆论工作座谈会，对加强党的宣传舆论和意识形态工作作出重要指示：一是新闻舆论工作四十八字方针："高举旗帜、引领导向，围绕中心、服务大局，团结人民、鼓舞士气，成风化人、凝心聚力，澄清谬误、明辨是非，联接中外、沟通世界"。二是新闻舆论工作"四个牢牢坚持"：要求必须把政治方向摆在第一位，牢牢坚持党性原则，牢牢坚持马克思主义新闻观，牢牢坚持正确舆论导向，牢牢坚持正面宣传为主。三是新闻舆论工作必须提高的四大能力：即不断提高新闻舆论的传播力、引导力、影响力、公信力，积极适应当今时代舆论环境、媒体格局、传播方式发生的深刻变化。总书记还特别指出：媒体竞争关键是人才竞争，媒体优势核心是人才优势。做好党的新闻舆论工作，关键在人。2月26日，教育部部长袁贵仁同志从高等教育改革发展视野出发，对如何贯彻落实总书记新闻舆论工作会议重要讲话精神，加强新闻传播领域人才培养提出了明确要求：要加强马克思主义新闻观教育，加快编写重点教材，加快相关课程建设，着力推动马克思主义新闻观进教材、进课堂、进头脑；要深入新闻传播类专业教学改革，深入实施高校与新闻单位从业人员互聘"千人计划"，创新高校新闻传播人才培养机制，强化实践育人，努力培养全媒型、专家型新闻传播后备人才；要加强国际传播人才培养，扩大国际新闻传播硕士专业规模，鼓励高校利用自身优势，着力培养一批既有爱国爱党情怀又有国际视野，能够讲好中国故事、传播好中国声音、阐述好中国特色的国际新闻传播人才。

上述中央和教育部主要精神，为深化高等教育传播教育综合改革、提高新闻传播人才培养质量指明了努力方向，主要有3点需要我们牢牢把握好。一是必须牢牢掌握意识形态工作的领导权和话语权。新闻出版是建设和巩固社会主义思想文化的主阵地，具有鲜明的意识形态属性。北京印刷学院肩负为新闻出版行业输送人才的重要使命，必须牢记自己的政治责任，始终坚持把立德树人作为一切工作的根本，要深入学习宣传总书记新闻舆论工作会上的重要讲话精神，在坚持什么、发展什么、反对什么、警惕什么上，必须举旗帜、指方向、亮底牌、点要害，牢牢抓实抓好意识形态工作。二要充分利用学校特色优势做好宣传思想工作，发挥好宣传思想工作在学校事业发展引领、鼓舞、凝聚师生的作用，切实加强网络阵地建设和管理。总书记在讲话中指出，“新闻舆论工作要主动借助新媒体传播优势，抓住时机、把握节奏、讲究策略，从时度效着力，体现时度效要求”。我们要充分利用学校新闻出版领域的特色优势，运用媒体融合的思维和方式做好宣传思想工作，通过课上课下、线上线下、校内校外多种途径，加强正面引导，积极营造网络正能量。党的各级组织必须在重大原则问题上敢于亮剑、勇于担起政治责任；全校每一名党员、干部、教师都要深刻认识到：网络已成为意识形态斗争的主战场，网络空间不是法外之地，在网络时代，互联网上任何言论的发布和传播，都须遵守法律法规和党纪党规，都必须增强自律意识和底线意识，都必须自觉维护党的形象和学校形象。三要提高新闻出版传媒领域的人才培养质量。总书记在讲话中指出：“要在围绕中心、服务大局中找准坐标定位，牢记社会责任，不断解决好为了谁、依靠谁、我是谁这个根本问题。要提高业务能力，勤学习、多锻炼，努力成为全媒型、专家型人才。”我们要努力培养新闻出版传播领域专业人才，特别要深入研究教育部提出的“加强国际传播人才培养，扩大国际新闻传播硕士专业规模”，抢抓这一重要机遇为我所用，争取更好的发展方向。我们还要以深入开展创新创业教育为契机，着重引导大学生强化创新意识、培育创新精神、训练创造能力，同时大力加强人文课程建设，努力提高大学生人文素养。

二、进一步找准办学定位，科学谋划“十三五”时期改革发展

2016 年，我国经济增长速度正处于“换挡期”，创新驱动成为发展必然动力。随着国家产业转型升级进程的加快，人才市场的供需关系更加转向以行业企业为主导的需求驱动，全社会对先进科技和高素质人才需求日益增加，高等学校更加注重内涵、特色、创新发展和需求导向，加之媒体

融合发展与行业深刻变革，我们正面临前所未有的机遇与挑战，如何在新形势下找准我校办学定位，制订好“十三五”发展规划，我们必须集全校师生智慧，深入思考，谋定而后动。

1月17日，北京市召开首都高校领导干部会议，市委常委、教工委书记苟仲文在报告中指出，不同发展历史、不同发展基础、不同办学特色的学校要有不同的、更适合自身的发展方向和着力点，结合首都实际可以考虑3个方向：一是面向世界科技前沿和国家重大创新需求，着眼世界一流，着力建设研究型大学；二是面向国家经济社会发展需求，着眼国内一流，着力建设应用型大学；三是面向北京建设国际一流和谐宜居之都需求，着眼服务城市一流，着力建设城市型大学。仲文书记提出，提出3个方向是为了强调学校改革发展的方向和重心，并非截然分开，高校一般都兼具2种或3种发展因素。仲文书记还进一步指出，无论哪一种类型特色学校都要紧密围绕立德树人根本任务，着力提升教育质量，着力培养一流人才，立足学校定位，办出特色、争创一流。教育部有关领导也曾多次强调：地方本科院校转型发展要把办学思路真正转到服务地方经济社会发展上来，转到产教融合、校企合作上来，转到培养应用型、技术技能型人才上来，转到增强学生就业创业能力上来。以上这些，为我们深入思考如何建设应用型大学，科学精准定位学校发展，制订好“十三五”发展规划提供了重要方向和遵循。

习近平总书记多次强调，“规划至关重要，规划失误是最大的浪费，规划折腾是最大的忌讳”。因此，我们在谋划和推进“十三五”时，一定要把所处的发展环境和条件分析透，把前进的方向和目标理清楚，把面临的机遇和挑战搞明白。一要远近结合，既要以5年为主，确保“十三五”各项目标任务的落实，也要与第二次党代会的奋斗目标相结合，与2020年学校奋斗目标相衔接，考虑更长时期的远景发展；二要从学校实际出发，着力构建符合自身优势、契合发展趋势、能够服务和引领行业及首都需求的核心竞争力；三要加强形势研判和综合调研，充分发挥校内外的智库作用做规划，广泛征求广大师生校友、业内外专家以及社会各界意见和建议；四要加强规划的牵引和导向作用。学校将成立以书记、校长为组长的《“十三五”规划》起草小组。各部门也要围绕学校整体规划做好分规划制定和系列配套措施，有条不紊地推进各项工作，切实做到“一张蓝图、分步实施”。

三、坚持问题导向，找准学校深化改革着力点

2016年是全面深化改革的重要一年，深化内部改革是推动我校又好又快发展的必然要求和根本动力。2月23日，中央召开全面深化改革领导小组第二十一次会议，总书记指出，“全面深化改革是系统工程，头绪多，任务重，要抓主体责任、抓督办协调、抓督察落实、抓完善机制、抓改革成效、抓成果巩固”。

学校在2014年成立深化改革领导小组，全面推进深化改革。总的来看，两年来的改革落实取得了进步，有的改革举措已进入落实阶段，有的形成了制度安排，但也还存在着一些制约发展的瓶颈性问题，比如：改革推进缺乏统筹和重点突破，“头痛医头、脚痛医脚”的碎片化现象还比较严重；一些专业和课程与新闻出版产业链对接成效不明显，结构调整优化整合不到位；二级学院的办学主体地位不凸显，办学主动性和积极性不高，办学活力不足，体制机制制约了办学主体积极性的充分释放；师资队伍结构没有得到明显改善，师资队伍整体水平与学校发展需求相比，还有很大上升空间，服务首都和行业发展的能力有待进一步增强。另外，国际化办学水平、精细化管理水平、信息化建设水平等工作均亟须提高。

当前，学校发展已经步入了“爬坡过坎”的关键时期，深化改革的攻坚战亟须全面展开。我们必须把抓改革作为一项重大政治责任，一要坚定改革决心和信心，增强推进改革的思想自觉和行动自觉。习总书记讲，“改革上来就必须有气势”。我们全体党员、干部既要当改革促进派，又要当改革实干家，以“钉钉子”精神抓好改革落实，扭住关键，敢于啃硬骨头，盯着抓、反复抓，直到抓出成效。二要坚持循序渐进，推动改革

精准发力精确落地。习总书记讲，“先集中力量把主要改革举措推出来，然后集中力量一项一项抓好落实”。学校将全面对接学校发展所需、基层所盼、民心所向，从2016年起逐步出台综合改革方案、各分规划，切实抓好改革方案的进度统筹、质量统筹、落地统筹。三要聚焦改革重点和关键环节，以改革破解难题、凝聚力量、推动发展。综合改革方案将重点解决与更名工程有明显差距的办学规模、办学层次、办学水平等方面的突出问题。今年还要在二级单位试点扩大办学自主权，重点解决办学活力不足的问题。积极探索二级学院、研究院之间交叉融合和协同创新。要通过改革把全校师生的智慧和力量凝聚起来，把各级各类人才的创造性活力激发出来，使学校各项事业展现新气象、再上新台阶。

四、深入开展“两学一做”学习教育，坚定不移地推进全面从严治党

“全面从严治党，核心是加强党的领导，基础在全面，关键在严，要害在治。”习近平总书记在中纪委六次全会上深刻阐释了全面从严治党的新内涵，进一步丰富发展了这一战略思想，为深入推进全面从严治党指明了方向。结合学校实际，我们重点要把握好以下几个方面。

一是以“两学一做”为抓手，着力推动党内教育向广大党员拓展。按照中央要求和部署，2016年将在全党开展“学党章党规、学系列讲话，做合格党员”学习教育，这是继党的群众路线教育实践活动、“三严三实”专题教育之后，深化党内教育的又一次重要实践。标志着党内教育从“关键少数”向广大党员拓展。全校各级党组织要将“两学一做”作为抓好基层党建工作的龙头，尽好责、抓到位、见实效；要深刻认识到“两学一做”不是一次活动，区分层次，有针对性地解决问题，以党支部为基本单位，以“三会一课”等党的组织生活为基本形式，以落实党员教育管理制度为基本依托，真正把党的思想政治建设抓在日常、严在经常；要紧紧围绕党的中心工作和全校工作大局开展学习教育，进一步严密

党的组织体系、严肃党的组织生活、严格党员管理教育管理、严明党建工作责任制，坚持两手抓，防止“两张皮”。

二是将党要管党、从严治党向基层党组织延伸，努力抓好基层党建工作。强化院系行政领导抓党建工作职责，以院系为重点加强基层党建工作，将抓党建的实效作为考核基层党组织负责人的首要目标，对基层党建工作进行述职评议并形成长效机制，建立完善督察督办制度和党建工作问责机制，着力解决师生思想政治工作弱化、院系党组织功能不强、师生党支部组织生活平淡等问题。在加强基层党组织学习型、服务型功能建设的基础上，要进一步强化基层党组织立德树人的政治功能、从严治党的监督职能和创新创业的引导职能。充分发挥基层党组织联系服务群众“最后一公里”的功能和作用，促进基层党建工作的整体提升。

三是深化干部人事制度改革，切实抓好本届干部换届工作。要深入研究制定符合学校特点的干部和教师管理相关政策和制度，改革和完善考核评价体系，加大考核结果的应用，以制度创新激发全校教职员工的积极性和创造性。要认真贯彻落实中央《推进领导干部能上能下若干规定（试行)》和教育部、北京市有关文件精神，结合聘期考核出台干部换届方案，制定可操作性强的实施细则，既注重设计好“能者上”的制度安排，又重点打通“庸者下”“劣者汰”的制度渠道。切实增强党员、干部的政治意识、大局意识、核心意识、看齐意识等“四个意识”，努力打造一支“忠诚、干净、担当”的干部队伍。

四是强化监督执纪问责，深入落实党风廉政建设责任制。进一步强化党委主体责任，加强党风廉政建设责任制在校、院两级的落实，着力推动“主体责任”向院系级延伸。各级党组织书记是本单位党风廉政建设第一责任人，务必履职尽责，抓好本单位党风廉政建设。要强化纪委监督责任，把握运用监督执纪问责“四种形态”，把监督执纪问责做深做细做实，严肃查处党员干部违反党纪政纪行为，严格责任追究。对政治上不守规矩、廉洁上不干净、工作上不作为不担当或能力不够、作风上不实在的干部，要限期整改或进行组织调整。发现问题就要提提领子、扯扯袖子，使红红脸、出出汗成为常态，对问题严重的要打手板、敲警钟，该组织处理的组织处理，该纪律处分的纪律处分。

老师们、同志们，今天的会议既是一次工作部署会，又是一次思想动员会。把学校各项工作部署很好地落到实处，必须紧紧依靠全体干部、党员、教师团结一致努力干！希望全校各级干部始终保持良好的精神状态，增强向党中央、向市委、向学院党委看齐意识，在思想上政治上行动上始终与党中央、与市委保持高度一致，把工作的着眼点放在脚踏实地、真抓实干上，放在做好本职工作上，放在解决问题、推动发展上，不观望、不畏难、不停步、不懈怠。希望各单位统筹安排做好各项工作，确保“十三五”开局之年的各项工作圆满落实。

加快融合发展　努力汇聚起更大的版权力量*

今天，来自全国重点出版单位的同仁齐聚一堂，参加国家新闻出版广电总局组织的国际版权贸易培训班。请允许我代表北印八千师生对出版界的各位新老朋友莅临学校表示热烈的欢迎！

党和国家提出建设创新型国家和社会主义文化强国，着重推动“一带一路”国家战略，为国际版权事业发展提供了重要历史性机遇。版权事业作为文化产业的重要组成部分，是推动文化科技创新与经济发展的核心要素，是文化发展的基础内容和重要资源。近年来，我国新闻出版走出去战略取得重要成效：出版产品在内容、品牌、合作方式等方面得到全方位提升，一批有实力的出版发行集团和有特色的出版企业在国际竞争中成长壮大。在国际版权事业蓬勃发展的时代背景下，国际版权贸易培训班的开班恰逢其时。

中国出版走出去传播效力最根本、最重要的源泉是人才。习近平总书记在今年年初的全国新闻舆论工作座谈会明确指出：“媒体竞争关键是人才竞争，媒体优势核心是人才优势。做好党的新闻舆论工作，关键在人。”无论是中国出版走出去的话语权和传播力构建，还是提高中国出版国际竞争力和影响力，都需要有一支能够参与国际竞争的高素质出版人才

* 这是 2016 年 4 月 6 日刘超美在 2016 年国际版权贸易培训班开班仪式上的致辞。

2016 年 4 月 6 日，2016 年国际版权贸易培训班在北京印刷学院开班，刘超美（前台中）出席

队伍。北京印刷学院肩负为新闻出版行业输送人才的重要使命，办学近 58 年来，为行业和社会培养和输送了 4 万多名优秀毕业生，形成了传媒科技、传媒文化、传媒管理、传媒艺术四大特色学科专业群，建成了具有时代特征的数字出版、数字媒体艺术等新型数字媒体专业群。学校以培养能够讲好中国故事、传播好中国声音、阐述好中国特色的国际新闻出版传播人才为目标，深入实施新闻出版教学改革，加快学科专业布局和媒体平台建设，创新新闻出版人才培养机制，努力打造高水平教育教学成果。学校积极建设版权基础研究和应用平台，2013 年，在首都高校中率先建立了“数字版权保护中心”，去年又与中国版权协会签署了全面战略合作协议，挂牌成立了“中国版权协会版权研究中心”。

在文化产业大发展大繁荣和媒体融合发展的时代背景下，版权事业的创新及发展更加需要政府、企业、高校的密切协作、共同努力。今天的开班仪式是推动版权工作的好平台，也为学校加强新型智库建设、培养行业急需人才提供了好机会，北京印刷学院愿意与在座各位密切联系、加强合作，一是聚焦国家和区域新闻出版发展热点难点，特别是针对制约地方出版产业发展的瓶颈性问题，加强研究并出台精品报告，提出技术选择和解决方案，为地方政府统筹新闻出版工作重大战略、发展思路、重大项目提供决策咨询和智力支撑；二是全力服务好新闻出版走出去战略，以总局落地我校的“数字复合出版系统工程”和“版权保护系统工程”重大项目为支撑，依托我校新闻传播学一级学科、出版硕士专业学位等平台，努力培养具有国际视野、懂国际出版经营之道、熟悉出版业务、能够用外语开展国际出版活动的出版业未来人才；三是依托我校重点学科、特色专业以及柔性引进的行业领军人才和高层次人才，通过联合培训、研究生培养、函授学历教育等方式，为地方新闻出版系统培训业务骨干、管理干部以及高层次人才。

我们真诚希望借此次培训良机，与业界各单位一道，努力汇聚起更大的版权力量，为我国国际版权事业的进步和文化产业的发展作出新的更大贡献。最后，再次对总局和各参会单位代表表示衷心的欢迎和感谢，希望各位在印刷学院度过一段美好的时光，学校将努力为大家的学习、生活提供好服务与保障。

加强协同创新　共建京南大学联盟*

4 月的北京，春风送暖。在这美好的时节，我们在这里隆重集会，举行京南大学联盟签约仪式。在此，请允许我代表北京印刷学院对市委市政府、大兴区政府一直以来对学校发展建设给予的大力支持表示衷心的感谢！对与我校签约共建联盟的北京石油化工学院、北京建筑大学表示衷心的感谢和诚挚的祝贺！

党的十八届五中全会提出了“创新、协调、绿色、开放、共享”五大发展理念，国家“十三五”发展规划将“产教融合发展”纳入 9 项教育现代化重大工程之一。不同于工业时代的标准化、量化的分工管理，当今“互联网+”的新时代更加讲求融合、协调、互通、开放，京南大学联盟的建成正是贯彻新常态下新发展理念的生动实践。

回眸“十二五”之初，校地四方签约共建京南大学科技园，紧紧围绕大兴区“一区六园”的产业布局战略，积极搭建区域科技创新平台和产业化平台，努力解决影响大兴区发展的重大关键科技问题。北京印刷学院作为驻区市属高校，始终坚持以“服务首都、服务大兴、服务行业”为己任，积极培养和输送媒体传播领域应用型专业人才，深度参与北京印刷包装基地和国家新媒体产业基地建设等工作，努力为大兴印刷包装和多媒体产业发展提供智力支持，今天的签约共建，标志着三校即将进入到全

---

* 这是 2016 年 4 月 8 日刘超美在京南大学联盟签约仪式上的讲话。

面战略合作阶段。作为首届联盟主席单位，北京印刷学院将以此次签约为契机，积极主动联手石化与建大，全力以赴落实好合作项目。

一是加强协同创新，服务好京津冀协同发展国家战略。国家“十三五”规划明确提出要“有序疏解北京非首都功能，优化空间格局和功能定位，推进建设京津冀协同创新共同体。”北京市将“有序疏解非首都功能，着力提升首都核心竞争力”作为未来5年的重点任务之一，并提出要“加快建设具有全球影响力的国家创新战略高地，成为国家自主创新重要源头和原始创新主要策源地”。京津冀协同发展为三校带来了前所未有的机遇，北京印刷学院希望与京南其他兄弟高校一道，围绕京津冀协同发展中的重大需求，联合申报和承担国家重大研究项目或国际科技合作项目，加强重大创新平台和创新团队建设，积极提升原始创新、集成创新和引进消化吸收再创新能力，努力建成具有较强国际竞争力、更具开放度、更具发展活力的协同创新体系，以高水平科学研究支撑高质量高等教育。同时，不断拓展京南大学校际合作，吸引和集聚京津冀三地更多高等教育优质资源加入联盟，辐射带动京津冀三地高等教育的协同创新和综合改革迈上新台阶。

二是加强智库建设，服务好首都和大兴区“十三五”发展。展望“十三五”，北京市将加快建设“全国科技创新中心、高校高精尖创新中心、首都新型高端智库”；大兴区将致力建成“科技创新中心区、高端产业引领区、区域协同前沿区、国际交往门户区、深化改革先行区”。北京印刷学院希望与京南其他兄弟高校一道，积极投入到推动战略性新兴产业发展，积极应对“大兴国际机场建成通航、临空经济区全面建设、‘一北一南’科技创新中心的空间布局”等重大历史战略机遇，探索建设多学科组成的高端智库和开放式研究机构，聚焦首都和区域发展的重大战略主题，围绕亟须解决的重大理论与实践问题，充分发挥高校思想库和智囊团作用，联合开展核心理论研究和关键技术开发，为首都和区域经济转型升级提供智力和决策支持，以服务和贡献开辟自身发展新空间。

三是加强治校共建，努力提升办学水平和核心竞争力。北京市“十三五”规划提出要“深入实施高校高精尖创新中心建设计划，推动具备条件的市属普通本科高校向应用型转变”。北京印刷学院希望与京南其他兄弟高校一道，共同探索现代大学的办学理念和中国特色现代大学制度建设，引领学校发展并促进管理体制机制创新、管理经验和服务区域经济建设的交流与借鉴；共同探索资源开放的实验平台建设，凝练区域特色鲜明的学科群，加强体制机制创新，推动校际教职管理人才相互挂职锻炼，实现优质师资共享；共同探索共建创新人才培养基地，以共同开展创新创业教育为抓手，促进学生的跨校交流与培养，开展拔尖创新人才选拔培养与试验，联合开展教改研究与教材建设，努力促进人才培养水平和办学竞争力的提升。

希望未来我们不断开阔思路，加强顶层设计和统筹规划，加强定期沟通和交流，加强全方位、立体化、多层次的合作。通过携手并进、共同奋斗，愿我们的合作，成为共建共赢的典型和产学研融合的示范；愿我们的事业，不断开启新的篇章、迈上新的台阶；愿我们的友谊，在京津冀协同发展的时代舞台上落地生根、开花结果！

坚持改革创新　坚持从严治党　坚持党管人才*

为期两天的 2016 年暑期工作会就要结束了。“十二五”以来，“寒假务虚会+暑期工作会”这一会议模式至今，这已经是我们召开的第六次暑期工作会了。寒假的工作务虚会，主要是以校领导班子成员或扩大到中层正职为主，主要就学校发展的战略问题进行务虚，应该说历次工作务虚会都为学校改革发展提供了新的思想、思路和重要举措。暑期的工作部署会更强调对务虚会所形成的共识和措施的落实。就本次暑期工作会而言，突出体现了以下 3 个特点。

一是会前准备更加充分。为开好这次工作会，上学期末进行了年度工作推进情况专项督察，并在期末最后两天召开了 3 个专题会议，分别就教学科研改革、人事制度改革、资源调整改革 3 个方面的专项改革进行了深入研讨交流，暑假期间相关领导和部门的同志也进行了认真的准备，所有这些为这次会议高质量的召开奠定了很好的基础。

二是更加注重问题导向。与以往暑期工作会重在部署工作不同，这次会议安排了 5 个专题报告与大家进行深入交流。人才培养与教学改革问题、学生工作与学风问题、人才工作与人事改革问题、财务管理与预算执行问题、科学管理与制度建设问题等，都是学校需要下大力气重点加强和

* 这是 2016 年 8 月 26 日刘超美在北京印刷学院 2016 年暑期工作会上的总结讲话。

改善的重大问题，要想赢得“十三五”更好发展，我们必须啃掉这些“硬骨头”。此外，还有党的建设问题，我们借助外脑，邀请专家进行了深度辅导。

三是讨论更加深入透彻。这次工作会我们专门安排了两次讨论，4个小时，是历次工作会中分组讨论时间安排最长的一次，目的就是更深入地倾听每一位干部的真知灼见，更好地凝聚大家的智慧和共识，这一点想必从每个组的汇报交流中大家已经感受到了。更主要的是，罗学科校长结合学校整体工作的宏观思考对上半年的工作进行了回顾总结，对下一步深化综合改革进行了细致分析，对下半年的重点工作进行了具体部署安排，讲得很透彻，也很有针对性，对于我们做好下半年工作乃至更长一段时间学校发展都具有很重要的指导意义。请大家结合本部门、本单位实际，认真领会，不折不扣地抓好落实。总的来说，这次会议达到了聚焦问题、交流思想、碰撞智慧、凝聚共识的目的。结合本次会议主题——“学习‘七一’讲话精神，深化学校综合改革”，我着重强调以下3个方面的工作。

一、坚持改革创新，落实“五大发展理念”，深化学校综合改革

改革既是动力，也是解决学校矛盾问题和发展出路的必然要求。习近平总书记7月22日在中央全面深化改革领导小组第二十六次会议强调指出：“改革是一场革命，必须有坚忍不拔的毅力，以真抓促落实、以实干求实效。”2016年是学校“十三五”开局之年，也是学校深化改革的重要一年。我们要按照创新、协调、绿色、开放、共享的发展要求，扎实有序地把学校各项改革推向深入。通过改革把全校师生凝聚起来，把各级各类人才的创造活力激发出来，努力使学校各项事业展现新气象、再上新台阶。

（一）认清改革大势，坚定发展自信

国际国内高等教育发展的新形势、首都经济社会发展的新变化，不断

提醒我们深化办学改革的重要性，要求我们以改革破解难题，用转变解决问题。如果我们现在不加快推进改革，机遇就会擦身而过，被动就会与日俱增，问题就愈发积重难返。经过 58 年的建设和发展，我们取得了显著的办学成就，特别是近两年我们把握国家高考招生制度改革形势，积极拓展一本招生，大幅提高生源质量；把握北京市“双培”“外培”“实培”计划有利机遇，推进人才培养模式改革创新，提升学校社会美誉度；把握新闻出版行业重大需求，积极推进国家基金项目和行业重大项目落地，提升学校社会服务水平；把握国家“一带一路”重大战略，积极推进与沿线国家的国际交流合作，均取得明显成效。但在发展过程中还存在着一些瓶颈性的问题，在内涵建设、创新驱动、特色发展等方面还有很大的提升空间，在优化学科布局、强化科技创新、科学规范管理、培养高端人才，特别是服务首都经济社会发展等方面还有很多需要完善的地方。这些问题不是光埋头苦干就可以解决，不是用老思路就可以破解，我们必须以时不我待的紧迫感和责任感抢抓机遇，赢得主动，改革阻碍学校事业发展的体制机制障碍，持续释放办学活力、增添发展动力。全体干部在事关学校改革的重大问题上，一定要统一思想，坚定信心，敢于和善于做推动事业发展的改革者，心往一处想，劲往一处使，把学校改革方案和各项改革举措落到实处。

（二）把握改革方向，凝聚发展共识

学校各方面的改革不能无的放矢，一定要瞄准目标、找好定位，坚持循序渐进。改革必须更加符合高等教育的内涵式发展，必须更好地服务首都经济社会和行业转型升级，以改革不断促进办学活力的更大解放，以开放不断加强办学空间的更大拓展，以创新不断推进办学模式的更大调整。学校改革的原则是要坚持问题导向、协调发展，同时突出工作重点，通过重点突破带动整体改革的推进。我们要站在推动学校发展的全局角度，稳中求进，分步实施，深入推进现代大学制度建设，进一步健全和完善分工合理、职责明晰的内部治理构架，提升学校科学管理水平。我们要围绕立

德树人根本任务，在制度设计、办学理念、教育方法、教育内容等方面推进改革，加快建立以激发学生的潜能，培养合作精神，提高学生发现问题、提出问题和解决问题的能力为主要目标的新的教育模式，继续研究推进学科专业调整与交叉融合，加快人才培养模式改革创新。

事例一：中国传媒大学把握媒体融合趋势下的育人理念创新，打造出全国首创的数据新闻报道班，成为面向媒体融合时代的前沿专业，而老牌的编辑出版专业在传统媒体编辑能力培养的基础上强化全媒体编辑能力，在多媒体交互设计、新媒体编辑方面成果不断。并且，新媒体手段被广泛融入课堂教学之中，学生可通过 Skype 视频连线，对远在阿富汗、索马里的 BBC 资深记者及联合国媒体发言人进行远程采访。2012 级编辑出版专业学生翁旭东所在的班级有 30 个人，运营着 15 个微信公众号，这也成为学生在课堂之外实践新媒体编辑的一种方式。翁旭东说："从课堂内到课堂外，运营微信公众号、制作新媒体交互作品等都让我们对课堂上的知识有了更深入的理解，这些都让我们学会了以新媒体的思维方式思考问题，让我们在日新月异的媒介变革中不断去尝试新的东西。"

事例二：国际关系学院运用"互联网+"思维创新模式，让信息技术与教育教学深入融合，精细化服务教育教学。从课程建设出发开发应用系统，充分挖掘教学内容，培养教师运用信息技术的能力，创新教学方法和模式，使教师和学生获得更好的教学体验，发挥信息技术对教育教学创新改革的推动作用。该校外语学院开设的英美报刊选读课是传统精品课，从 20 世纪 60 年代开设以来，这门课就以教学内容新、信息量大而著称，对学生学习"活的"外语、开阔视野、追踪前沿、提高语言能力发挥了重要作用。但在传统的课程教学中，教学方式多采用教师选取教材，教师讲、学生听的模式，相比较而言，教师的工作量极大，教学的互动性也明显不足。在当今的信息爆炸时代，如何在海量信息中寻找到真正有意义的信息逐渐成为一个课题。近年来，越来越多的英语新闻以网络形式出现，其时效性更强，获取更为便捷。教师也试图寻找时效性强、文章结构清晰、内容有吸引力的英语新闻作为阅读材料来替代传统教材，但苦于专用系统的短缺，不得不使用人力上网搜索，耗费极大的时间和精力，效果却并不明显。同时，因为教材时效性存在不足，更加无法照顾不同学生的不同阅读兴趣，基本停留在语言教学本身的层面。根据这一实际情况，授课教师结合教学经验对于课程在互联网环境下的转型发展提出了许多非常有价值的观点，技术部门相向而行，双方通过深入调研和讨论，确定了建设我校英美报刊选读系统的目标，即针对英美报刊选读的课程特色，构建一个可在任意主流终端使用的网站系统。经过共同努力，这一系统已经投入使用。目前，该系统可对当今全球主流的英语新闻媒体网站上发布的新闻做到实时采集、存储、抽取、检索以及分析，方便教师和学生的教学工作，使师生能够便捷、高效、直观地获取相关知识。

我们要将优势和特色学科同经济社会发展的重大问题有机结合，着力克服资源分散和低水平重复建设问题，打破界限壁垒，突破体制制约，加快科研管理机制的改革创新，在学校内部实现协同发展，大力推动产学研合作，积极申报国家级科研创新平台，争取作出有标志性的科技成果。我们要进一步深化干部人事制度改革，完善科学评价机制和教职工激励制度，激发广大教职工干事创业的热情，形成愿意做事、能做成事、能做大事的良好氛围。

（三）强化改革成效，奋力争创一流

改革不可能是一帆风顺的，不能畏难而不前，畏苦而不行，广大干部要有主人翁的态度，要勇挑改革重担，切实增强责任感和使命感。学校全面深化改革，具备有利条件，具备前期基础，也具备良好氛围，我们要统筹兼顾、科学实施，充分调动各方面积极性，坚定不移朝着全面深化改革目标前进。要深化创新发展，下大力气培养学生创新创业能力，积极鼓励不同程度的制度创新、管理创新、科技创新，挖掘发展潜力（如探索公共教学“大平台”建设）。要深化协调发展，统筹好教学与科研、学术与行政、立足北京与服务行业、职能部门与二级学院、内涵建设与规模拓展等不同主体之间的关系，释放发展活力（如探索二级学院办学自主权改

革试点）。要深化绿色发展，厉行中央“八项规定”精神，缩减全校三公支出，降低校园各项耗能，实现人财物合理利用；强化经营管理与成本核算，建立健全资源配置体系，转变发展方式（大家从养志助理的财务分析报告中应该可以深刻地感受到这一点）；厚植人文环境，涵养人文情怀，提升办学品质，营造和谐快乐校园生态环境。要深化开放发展，抢抓国家创新驱动、“一带一路”“中国制造2025”“互联网+”战略和“京津冀一体化”建设等重要机遇，打造多层次、宽领域的对外开放态势，深化校地、校企、校校合作，不断提高学校开放化程度和国际化水平（如学校与校友企业豹驰集团的合作）。要深化共享发展，把师生满意不满意作为检验工作的“试金石”，认真解决师生员工最关心、最直接、最现实的利益问题，让师生共享教育发展成果，拥有更多的获得感，切实提高师生员工的生活质量、发展潜能和幸福指数（如学校“十三五”规划对教师工资待遇增长提出了明确目标）。

在推进改革的过程中，我们要抓好调查研究，学科、机构等重大的改革方案要尽可能多听一听学校基层和一线的声音，尽可能多接触第一手材料，我们要做到重要情况心中有数，建立有效的沟通、协调、反馈和纠偏机制，不断增强改革的系统性、整体性和协同性。

在推进改革的过程中，我们要认识到改革有阵痛，但不改革就是长痛的道理。开弓没有回头箭，改革关头勇者胜。对各种矛盾要做到心中有数，增强改革定力，善于分析研究不同类型工作之间的内在联系，善于调动方方面面的有利因素，抓住改革时间窗口，只要看准了的改革，就要一抓到底，务求必胜。

在推进改革的过程中，我们要强化改革督导督察，要按照习近平总书记所讲，“各地区各部门要以更大的决心和气力抓好改革督察工作，既要督任务、督进度、督成效，也要察认识、察责任、察作风，使改革精准对接发展所需、基层所盼、民心所向”，以改革促进派、实干家的标准要求自己，以严和实的作风谋划改革、落实改革（上半年督察情况，完成率67%以及督察反映出的问题；换届后还将成立专门的督察机构，推进改革各项部署要求）。

二、坚持从严治党，推进“两学一做”，加强党建思政和干部队伍建设

全面从严治党，在党的“五位一体”总体布局和“四个全面”战略布局中有着特殊而重大的作用。习近平总书记在庆祝中国共产党成立95周年大会上的重要讲话，再次明确指出：“治国必先治党，治党务必从严。如果管党不力、治党不严，人民群众反映强烈的党内突出问题得不到解决，那我们党迟早会失去执政资格，不可避免被历史淘汰。管党治党，必须严字当头，把严的要求贯彻全过程，做到真管真严、敢管敢严、长管长严。”就当前促进学校发展而言，坚持从严治党，从严抓好党的基层组织、党员队伍特别是干部队伍，同样尤为重要。

（一）强化落实党委主体责任和纪委监督责任

7月28日，市委巡视工作领导小组办公室通报了对18所市属高校的专项巡视反馈情况。反馈意见集中指出了党委核心领导作用弱化、纪检监察部门落实“监督责任”不力、违反中央“八项规定”精神现象依然存在、重点领域管控不严存在廉政风险等4个方面的主要问题。特别是诸如“管党治党不严，党建工作向基层传导过程中存在逐层递减弱化，领导、支持查处违规违纪问题力度不够”“党委履行主体责任缺失”“党建工作基础薄弱、组织建设松散，管党治党不严”“纪委执纪问责宽松软，履行监督责任不实。立案查处力度不够，对信访、审计等发现的干部违规违纪问题处理不及时、不到位，没有起到应有的震慑和警示作用”等诸多问题。反躬自省，我校在不少方面也不同程度地存在着党建工作“弱化”“虚化”的问题，这些问题必须引起我们的高度重视并在下一步推进“三严三实”专题教育活动中着力予以解决。特别是我们有的干部、党员对于清理办公用房超标、严格因私出国审批、厉行节约反对浪费、加强审计

监督等方面加强纪律约束和制度建设还存在一定的侥幸心理和抵触心态，这些都是非常不应该的，特别是学校将接受市委巡视组新一轮巡视。强化落实党委主体责任和纪委监督责任，必须坚持把党的纪律和规矩挺在前面，用纪律和规矩管住大多数，突出标本兼治、惩防并举，从严监督执纪问责，形成廉洁从政的良好环境；必须构建精准高效的廉政风险预警防控体系，加强重点领域、重要岗位、关键环节权力行使的制约和监督，建立权力清单、负面清单和责任清单，公开权力运行流程图；必须深刻认识“抓好党建是最大的政绩，抓不好党建是最大的失职”，突出领导带头、以上率下，层层传导压力，促进“两个责任”具体化、规范化、程序化。

（二）以增强活力为根本，抓好基层组织建设

近年来，通过各项主题教育和加强作风建设，我们学校二级党委抓党建的意识有了较为明显的增强，但还不同程度地存在着“围绕中心抓党建，抓好党建促中心”工作不完全到位的问题，有的不善于工作统筹，就党建抓党建，对于教风学风、师生之间的矛盾和问题不敢为、不善为，有的对课堂阵地管理失之于宽，对于个别教师在课堂上“口无遮拦”听之任之，有的单位行政领导班子认为抓党建和基层组织建设，是党委的事，履行抓党建职责的意识不强。俗话说，基础不牢，地动山摇。不知从什么时候起，有的基层党支部一年都没能组织一两次像样的特别有价值的集体活动，有的基层党支部组织集体学习或集体活动时选择举办时间都很难，有的基层党支部需要召开党员大会补选支委，但因为不能达到法定到会人数而一延再延，更别提个别基层党支部连选个支部委员或支部书记都很难（或不愿受累或不好意思，等等），如此现象，绝非正常。党的基层组织是党在社会基层组织中的战斗堡垒，是党的全部工作和战斗力的基础。新形势下基层党组织工作开展得怎么样，直接影响到党的凝聚力、影响力、战斗力的充分发挥。近 20 年来，我们党连续不断地开展了主题不同的专题教育活动，特别是党的十八大以来，我们党先后开展了党的群众路线、“三严三实”等教育实践活动，今年我们正在进行“两学一做”学

习教育，一个重要的目的就是建强组织、带好队伍。院系级党委和基层党组织活力强不强，战斗堡垒作用发挥充分与否，不仅要靠党组织全体党员的思想认识和行动自觉，而且要有一个坚强有力的领导班子，特别是敢于担当、有号召力的支部书记。院系级党委和基层党组织处在教学、科研、管理第一线，广泛分布在党员和群众中间，联系师生、服务师生、凝聚师生更直接、更具体、更聚焦，要经常了解师生对党员、党的工作的意见建议，把为师生排忧解难、办实事好事作为工作的基本出发点和落脚点。院系级党委和基层党组织开展活动，要与师生的关心关切结合起来，与解决师生的实际问题结合起来，让师生关心关注，吸引师生积极参与，赢得师生认同。要善于并敢于运用思想教育，充分调动本单位全体党员和群众理解改革、支持改革、参与改革，积极投身改革事业，为推进改革贡献力量。要适应改革新要求，提高自身治理能力，做好宣传引导、解疑释惑、化解矛盾等工作，集聚正能量，消解负能量，把党的基层组织优势转化为治理服务优势，确保改革任务落实。

（三）以“互联网+思政”创新青年教师和学生思想政治工作

随着新媒体技术的广泛应用及其带来的媒体环境的新形态，如何运用新媒体增强青年师生的主流价值观认同成为我们必须面对的新课题。网络新时代到来，师生对于互联网、微博、微信等新媒体越来越依赖，大量的业余时间都在网上度过，特别是从小抱着手机长大，被称为“拇指族”的新一代青年学生，对于网络的依赖性更加严重。网络中的信息良莠不齐，既有积极的、正面的东西，也有许多虚假错误、消极颓废的内容，我们必须主动作为，善于管好、用好各种宣传教育阵地和新媒体平台。习近平强调指出，政治工作过不了网络关就过不了时代关，必须研究把握信息网络时代政治工作的特点和规律，推动政治工作传统优势与信息技术高度融合。我们不仅要创新传统思想政治教育方式，利用新媒体技术进行思想政治课堂内容和方式创新，加强思想政治教育主题网站建设，加强大学生网络道德和法制教育，同时要大胆探索“互联网+思政”教育模式，推动

思想政治教育由平面向立体、由静态向动态、由单一向多维转变，不断拓展新路子。同时注重把握网络思想政治教育特点规律，依靠信息网络技术，创新方法手段，拓展内容形式，把信息网络打造成政治教育的新平台、理论学习的新空间、舆论引导的新阵地，不断增强思想政治教育的时代感和吸引力。近两年来，我们的宣传、学工、后勤等部门在这方面已经进行了有益探索并取得了不错的成效，下一步我们还要深化研究和把握网络环境下青年师生思想政治教育的特点和规律，加快建设一支综合素质过硬、善于运用互联网思维做好思想政治工作的高水平人才队伍。要建立完善校内外资源整合，加大总体设计，优化资源配置，能集成的集成、能兼容的兼容、能共享的共享，建立横向覆盖、纵向贯通的思想政治教育网络体系，真正把思想政治教育做深做活。要建立完善“网上”“网下”协同机制。遵循网上教育和网下教育各自的特点规律，有的放矢把网上、网下工作做实做好，既坚持“面对面”又发展“键对键”，既坚持“线连线”又做到“心贴心”，既坚持“网上教育”又注重“现场教育”，实现网上网下优势互补、融为一体、同频共振，不断增强思想政治教育的威力。

（四）以“忠诚、干净、担当”为目标，抓好干部队伍建设

作风建设，是党的十八大以来以习近平同志为核心的党中央始终高度重视、常抓不懈的一项重要工作。特别是2016年7月8日起颁布施行的《中国共产党问责条例》，标志着党的问责工作进一步规范和强化，再次释放出全面从严治党的强烈政治信号。《条例》篇幅不长，不超过两千字，但对谁来问责、对谁问责、什么情形要问责、如何问责等具体问题作出了明确规定，让问责工作“有章可循”。《条例》规定了“六种问责情形”“七种问责方式”，坚持有责必问，问责必严，并特别规定了实行终身问责，对失职失责性质恶劣、后果严重的，不论其责任人是否调离转岗、提拔或者退休，都要严肃问责。今年还是我校处级干部届满考核聘任之年，要通过这次换届和干部选任进一步优化学校干部队伍结构、提升管理效能、促进事业发展。当前，学校发展正处在全面深化改革的关键时

期，新一届处级干部将担负起推进学校改革和“十三五”规划各项目标、任务的重担。实践证明，每当学校发展到了关键时期，对组织机构进一步适当调整，对中层干部进一步优化配置，都会对学校事业发展起到积极的推动和促进作用。希望大家站在学校全局的高度对这次处级领导班子换届和干部聘任工作有充分的认识。换届聘任过程中要严明纪律。营造风清气正的工作氛围，坚决杜绝选人用人工作不正之风，广大干部要顾大局、识大体、讲党性、讲原则，正确对待个人进退留转，严格遵守组织纪律，自觉服从组织安排。学校党委希望通过这次换届和选拔任用工作，进一步改进完善干部选拔任用工作程序，加快形成有利于优秀人才脱颖而出的选人用人机制，让学校的发展和建设能有一支高起点、高素质、能力强、作风硬的干部队伍作保障。

三、坚持党管人才，加快建设与学校发展目标相适应的人才队伍

人是生产力中最活跃最根本的因素，实现学校长远、快速、健康发展，根本还是要靠人，靠一大批师德高尚、业务精湛、充满活力的高素质师资、管理以及工勤技能人才。

（一）把握人事人才改革动向

2016 年 3 月，中央印发了《关于深化人才发展体制机制改革的意见》（以下简称《意见》），对深化人才发展体制机制改革，加快建设人才强国作出全面部署。《意见》从推进人才管理体制改革、改进人才培养支持机制、创新人才评价机制、健全人才顺畅流动机制、强化人才创新创业激励机制、构建具有国际竞争力的引才用才机制和建立人才优先发展保障机制几个方面，对人才发展体制机制改革作出了部署，对长期困扰人才发展的重点难点问题提出了解决方案，为我国提高人才质量、优化人才结构、加快建设成为人才强国提供了顶层设计和制度保证。《意见》提出“全面落

实国有企业、高校、科研院所等企事业单位和社会组织的用人自主权”“创新事业单位编制管理方式，对符合条件的公益二类事业单位逐步实行备案制管理”“改进事业单位岗位管理模式，建立动态调整机制”“赋予高校、科研院所科技成果使用、处置和收益管理自主权”等重要改革举措，都与我们高校加强人才队伍建设有重要的导向和指导意义，值得我们仔细研究和把握。此外，我们还要积极关注将来高校取消事业单位编制对于学校人才引进和人才管理带来的潜在影响，积极稳妥地做好政策应对和制度设计。

（二）激发人才创新创造活力

人才兴，事业兴；人才活，全局活。学校事业发展的核心和战略重点是汇集和造就一支一流的人才队伍。当前，学校师资队伍能力、结构与学校发展需求还有不少差距，师资队伍整体基础薄弱，青年教师在学习能力、实践能力、国际交流能力和创新能力方面需要进一步提高。同时，高层次人才总量偏少，高水平创新团队和后备梯队数量不足，具有海外留学经历的教师比例偏低，教师学科专业分布还不够合理。此外，受多种因素制约，培养和引进高层次领军人才及其作用发挥还不完全理想，有利于优秀拔尖人才脱颖而出的体制机制与环境建设仍需加强。我们要抓住人才使用与考核评价的“牛鼻子”，按照“简单、易行、有效”的原则，加快建立一套有利于尊重和保护创新思想、符合不同类型不同层次人才特点的考核评估体系。考核方式和考核指标要有利于创新，有利于出高质量高水平的学术成果。简化学术评价环节，适当延长评价周期，使评价工作与教学科研工作的规律和特点相适应。对高层次人才的学术评价，要由单纯的数量评价向更重视质量评价转变。建立兼顾公平与效率的薪资、绩效体系，促进人才良性发展。

（三）统筹推进三支队伍建设

工作在学校专业技术岗位（包括教师和其他专业技术）、管理岗位或工勤技能岗位上的每一位教职员工，不论是否在编，不论是身处教学科研一线，还是后勤保障、安全保卫等岗位上默默奉献，都是北京印刷学院这个大家庭中的重要一员，只有大家齐心协力，协同配合，才保证了学校各项工作的正常运行，才为学校事业稳步发展提供了坚实基础（比如，特别令人感动的是，暑假期间，连降暴雨，在学校有关领导的指挥协调下，校办、后勤、基建、保卫等各部门通力合作，积极应对，力争将灾害的影响降到最低）。相信不少同志们看到过，暑假前不久，微信朋友圈流传着一个温情动人的故事，即“校长和农民工老哥的故事”，从一个细小事例中，体现了罗学科校长对参与学校建设发展的每位奉献者的关心、感恩和情怀。我们要以高水平师资队伍建设为重点，统筹协调好教学、科研、管理、后勤等各类各层人员的发展和利益，调动各方面的积极性，共同推进学校事业的发展；要坚持以人为本、民生为重，特别注意重视关心离退休人员、中青年教师、后勤服务职工、生活困难家庭等群体，切实帮助解决实际困难（工会、设艺学院举办教职工子女暑期培训班，赢得积极反响和好评）。要构建专业技术、管理、工勤技能 3 支队伍的合理流动机制，优化人才队伍结构，促进各类人才协调发展。

本次工作会也是一次收心会。会议之后，学校新学年各项工作将迅速展开。学校“十三五”规划已上报市教委和发改委并正在抓紧推进之中，新的学年，希望大家再接再厉，积极进取，为实现学校“十三五”良好开局和长远发展再创佳绩！

携手做实做强京南大学联盟平台*

尊敬的张雪书记、宇辉主任，尊敬的绪祥书记、志成区长，各位领导、嘉宾，老师们、同学们：

大家下午好！

在党的十八届六中全会即将召开之际，北京印刷学院近万名师生怀着喜悦的心情，迎来了京南大学联盟成立大会，并隆重发布京南大学联盟服务大兴行动计划。这是校地四方建设和发展历史上的一件大事、喜事。在此，我代表北京印刷学院对莅临大会的各位领导和嘉宾表示衷心的感谢！对京南大学联盟的成立表示热烈的祝贺！对过去一段时间为联盟成立和行动计划发布付出辛勤努力的各方面领导和同事表示诚挚的谢意！

当前，我们正处于一个开放、共享、合作、共赢的时代，要想谋大事、做大事、干成事，必须坚持开放包容，加强交流互动，深化协同创新，推动互利共进。正是基于这样的理解和高度共识，以“融合、创新、发展”为宗旨的京南大学联盟今天应运而生，并以《京南大学联盟服务大兴行动计划》为主要载体，勾画出三校一地优势互补、互惠共进、共谋发展的决心和美好愿景。北京建筑大学、北京石油化工学院、北京印刷学院的数万名师生员工工作、学习、生活在大兴区这片热土上，以自身的

* 这是 2016 年 10 月 23 日刘超美在京南大学联盟成立大会暨《京南大学联盟服务大兴行动计划》发布仪式上的致辞。

2016 年 10 月 23 日，京南大学联盟成立大会暨《京南大学联盟服务大兴行动计划》发布仪式在北京印刷学院举行

人才、科技、智力优势参与大兴的经济与社会发展，这是我们共同的、义不容辞的责任与使命。京南大学联盟的成立，标志着我们京南三校在深度融合各自特色和优势，精准对接和服务大兴经济社会发展需求方面迈上了一个新的台阶。特别是在上周举行的 2016 年全国大众创业万众创新活动周上，大兴区首次发布《推进大众创业万众创新实施意见》，“建筑梦工厂”已被科技部认定为国家级众创空间，未来将着力打造国家级“互联网+”双创示范区，为京南大学联盟助力大兴产业发展提供了更加广阔的空间。我们有信心有能力通过产学研融合、校企地合作的有效方式，把京南大学联盟这个平台做实做强，为促进区域发展和国际一流和谐宜居之都建设作出应有的贡献和努力。

作为京南大学联盟成员之一，北京印刷学院立足大兴办学已有将近 40 年的历史。在长期的交流、交往与合作中，我校与大兴区委、区政府以及社会各界形成了良好的互动，促进了双方的发展，结下了深厚的友

刘超美致辞

谊。特别是历届区委、区政府领导班子高度重视北京印刷学院的发展，为北京印刷学院校园基本建设、周边综合治理、干部挂职交流、学生实习实践和创新创业教育等诸多方面提供了鼎力支持和帮助。对此，每一名北京印刷学院干部师生都心存感激，并通过深入研究大兴区相关产业发展状况为政府决策提供智力支持，深入发掘自身学科特色和专业优势为大兴区文化事业发展添砖加瓦等实际行动回馈属地各界的关心与厚爱。下一步，我们将携手北京建筑大学和北京石油化工学院，紧密围绕区域规划发展目标，全力以赴建好京南大学联盟，落实好服务大兴行动计划。为此，我们将做到：

第一，共同维护联盟章程。要遵守联盟各项协定，积极发挥校际联席会议议事、协调功能，确保京南大学联盟起好步、开好头，尽快实现优质高效运行。

第二，共同建设开放平台。要秉承开放性思维，不断巩固和扩大“朋友圈”，大气包容地吸纳一切有利于增强联盟贡献度和竞争力的组织和个人为我所用。

第三，共同服务区域发展。要以更加积极主动的姿态，聚焦大兴发展需求，开展重大课题研究和前瞻性、可行性咨询论证，努力实现精准服务、可靠对接。

第四，共同实现发展共赢。要努力寻求校地四方的最大公约数，打造你中有我、我中有你、更加紧密的“命运共同体”，在更高层次上共享改革发展成果。

作为首任联盟轮值秘书长高校，我们深感重任在肩，同时也充满信心。衷心祝愿我们的友谊与合作不断升华，早日结出丰硕的成果！

抓改革促发展　抓班子带队伍 抓党建改作风*

2016年，学校领导班子全面贯彻落实党的十八大和十八届三中、四中、五中、六中全会精神，深入学习贯彻习近平总书记系列重要讲话精神和毛泽东同志《党委会工作方法》《中国共产党章程》《中国共产党关于党内政治生活的若干准则》《中国共产党党内监督条例》等重要著作和文件精神，团结带领全校师生观大势谋大局，抓改革促发展，抓班子带队伍，抓党建改作风，各项工作稳中有进、稳中提质、稳中增效。现将一年来的主要工作报告如下。

一、准确把握新形势新任务新挑战，不断增强谋事创业的思想自觉和行动自觉

一是加强理论学习，努力提升政治站位。制定《党委中心组学习制度》，全年12次开展党委理论中心组学习，先后3次专题学习党的十八届六中全会精神，1次专题学习研讨全国高校思想政治工作会议精神，6次学习习近平总书记重要讲话精神，2次学习《准则》《条例》；以开展

* 这是2017年1月10日刘超美所作的北京印刷学院领导班子2016年工作总结及述职报告。

“两学一做”学习教育为契机，与人民出版社联合开发“党员小书包”，建立了“学管考评”教职工党员学习的新媒体平台，带领全校上下读原文、学原著、读党史；结合学校办学特色，深入学习研究习近平总书记在庆祝中国共产党成立95周年大会、全国宣传思想工作会议、中央新闻单位调研、新闻舆论工作座谈、全国高校思想政治工作会议等重要场合围绕“新闻出版行业人才培养”提出的一系列新观点、新精神、新要求，提高了领导班子办好传媒类特色大学的思想自觉和政治站位，深刻认识到北京印刷学院具有的鲜明意识形态和文化属性。深入贯彻全国高校思想政治工作会议精神，成立马克思主义学院，围绕思想育人和专业育人开展人才培养。班子成员结合学习体会在《中国高等教育》《前线》等主流刊物发表理论文章9篇，政治理论素养水平进一步提升。党委班子的政治意识、大局意识、核心意识、看齐意识、首善意识更加坚定，坚持北京印刷学院办学特色、办好中国特色社会主义大学的决心更加坚定。

二是注重深入调研，制定“十三五”发展规划。深入研究和思考学校改革发展面临的内外部环境，把学校发展放到国家、行业和京津冀协同发展的大格局中谋划，成立“十三五”规划起草工作组，先后开展领导班子务虚会集体研讨、3个学科专业专题研究、校内外十几次调研，历时一年半时间，制定出“十三五”发展规划，对今后5年主要发展目标和各项任务进行全面部署，明确提出要实现由服务传统印刷包装出版产业向服务传媒文化创意印刷包装及相关重大需求产业转变，由教学型向教学研究型转变；实现工、文、艺、管多学科格局的进一步优化，印刷包装、出版传播、设计艺术特色优势的进一步提升；力争“十三五”末学校综合实力达到国内同类行业院校一流水平。

三是认真贯彻党委领导下的校长负责制，凝聚党建和事业发展合力。强化党委管党治党、办校治学主体责任，努力提升班子把方向、管大局、作决策、保落实的能力和水平，在重要干部任免、人才使用、阵地建设、发展规划等重大事项方面坚持党委集体研究决定，形成了党委统一领导、党政分工合作、协调运行的工作机制；增强校级班子成员抓党建责任意

识，建立党员校领导干部联系基层党组织制度，形成了党委书记负总责、党员校领导分工负责、党委委员协调配合、党委职能部门具体落实的党建工作格局；全年共召开 26 次党委常委会、23 次校长办公会、2 次党委全委会，强化会前调研和议题论证、把关工作，由学校班子成员对所分管工作议题进行严格把关，加强党委全会和专项工作领导小组对专项工作研究论证，不断提升班子科学民主决策能力和水平；以大学章程为统领完善学校制度体系，修订或新制定意识形态责任制、“三重一大”决策等 50 余项核心业务制度。校领导牵头加强对“三重一大”事项决策落实情况的评估检查和监督力度。

四是牵头发起成立“京南大学联盟”，不断提升开放办学水平。紧抓首都城市功能定位调整和推进京津冀协同发展的战略机遇，联合北京石油化工学院、北京建筑大学以“融合、创新、共享”为宗旨，发起成立“京南大学联盟”，实现首都南部区域的教育、科技、文化、人才资源的优势互补，融入北京新机场临空经济区和亦庄“设计瑰谷”发展，助力首都“高精尖”经济结构和北京全国科技创新中心建设；紧抓“一带一路”国家战略和“新闻出版走出去”重要机遇，招收“一带一路”沿线国家印度、巴基斯坦等 100 多名学生，实现历史性突破。在“一带一路”国家开设孔子学院取得积极进展。

五是严格落实中央“八项规定”，持续深入改进作风。班子成员带头落实中央“八项规定”精神，严格执行学校领导班子成员晚值班、接待日、听课、联系基层制度，班子成员全年参加支部活动 54 次、现场听课 48 次、坚持轮流每天值班到晚上 10 点，全年晚值班 251 次，利用晚值班时间深入实验室、学生宿舍调研座谈，加强对师生反映强烈、涉及师生关键利益的热点问题信息收集与解决处理。加强对校院两级干部的严格教育和管理，严格执行请休假制度、个人重要事项报告制度，对校级干部出国出差严格控制，保证每位班子成员的主要精力用在学校事业发展上。实现校院两级办公用房整改到位，平稳实行公车改革。严肃党内政治生活，落实谈心谈话制度，加强相互批评监督、提醒告诫，对违反相关规定的干部进行严肃处理，处级干部中免职 1 人，通报批评 3 人，诫勉 1 人，函询 2 人。

二、主动作为，深化学校综合改革

一是深化教育教学改革，提高人才培养质量。改革人才培养模式，加强优质教学资源共享力度，深入落实教风学风责任制，营造全员育人氛围。新增 2 个本科专业，一本招生省份拓展至 18 个。充分发挥班主任和辅导员队伍育人功能，围绕“社会主义核心价值观以及思想引领、立德树人”，将传播弘扬红色正能量融入学生活动中。以举办北京印刷学院创新创业大赛和大学生科技节为契机，积极建设北京印刷学院学子创新创业项目库，首次入围全国挑战杯决赛，首次进入“互联网+”大赛北京总决赛，新媒体作品《桐乡竹韵》获联合国教科文组织文化大奖，工业设计专业师生进入文化部、财政部双创人才重点人才库。2795 人获校级以上荣誉称号，20 多个班集体受到团中央、北京市表彰。

二是深化科研改革，努力提升服务首都、行业的能力和水平。加强科研项目和经费管理改革，激发科研积极性；获批国家基金项目 13 项，创历年最好成绩；“印刷包装综合创新实践基地”入选北京市校内创新实践基地，“国家数字复合出版系统工程实验室”落地我校，“新闻出版领域关键技术应用研究与服务综合实验室”获首批新闻出版业科技与标准重点实验室，建立中国编辑学研究中心；承担中宣部出版局《出版机构社会效益评价体系研究》课题、新闻出版广电总局《新闻出版人才“十三五”规划》课题、人力资源和社会保障部《新闻出版专业技术人员职称改革》课题，发布《中国快递领域绿色包装发展现状及趋势报告》，受到《人民日报》等主流媒体的广泛关注。

三是深化职称和考核制度改革，激发人才活力。以绩效工资、职称评定为抓手深化人事制度改革。出台职称评聘新政策，增设教学型与科技成果转化型教授、副教授等岗位，开通职称评审“直通车”，改革收入分配体制，实行绩效工资与考核结果挂钩，激发教师队伍活力。1 人入选北京市百千万人才工程；3 人入选首批北京市“高创计划”；1 人获北京市政府特殊津贴；1 人获巴黎国际发明展银奖；学校博士后队伍获得多项国家和北京市的项目资助。

四是深化管理改革，改善办学条件。精简机构、整合资源、提升效率，合并后勤基建等部门，新设新闻中心等机构，改革成立研究生院等机构。成立新媒体学院，推动实现服务传统印刷、包装、出版产业向服务传媒、文化创意、印刷与包装及重大需求产业转变。改革预算机制，建立健全财务治理、预算管理的规范性制度及信息化建设，完成“1+X”预算拨款试点改革准备。改革招投标、政府采购流程管理，完成校区功能调整过程中的资产调拨和资源统筹配置。校区功能布局进一步优化，康庄校区与西校区相关单位按期完成搬迁，实验教学楼完成消防验收，体育场看台完成竣工，绿色大使完成封顶。加强食堂、物业等标准化改革建设，校园面貌焕然一新。

三、落实党委主体责任，加强党建和思想政治工作

一是深入开展“两学一做”学习教育。按照中央和北京市委部署，围绕全面从严治党主线认真制定方案，学做结合，扎实推进“两学一做”学习教育。班子先后开展 5 次“两学一做”专题学习，8 位党员校领导带头到基层单位讲党课 12 次，党委书记和校长给本科生上形势政策课，深入教学一线了解学生思想动态；结合“两学一做”学习教育，党委班子组织、带领全校上下深入学习研讨党章、廉洁自律准则、新形势下党内政治生活若干准则等系列文件以及党的十八届五中全会关于五大发展理念、六中全会关于全面从严治党、毛泽东《党委会的工作方法》、党章党规党纪等系列重要文件精神；紧密结合财务审计整改、中层干部办公用房检查、制度建设、校区空间布局调整等中心工作，改进干部作风，边学、边查、边改、边做，切实在学习教育中解决问题、推动工作。

二是加强意识形态工作。牢固树立意识形态主体责任意识，出台《意识形态工作实施细则》，建立健全研究报告制度、考核监督制度、意识形态工作责任追究制度，健全学校网络舆情的管理机制，收集和监控信息6000余条。坚持每年2次师生舆情调研，及时掌握师生思想动态，开展有针对性的思想引导。加强学校意识形态阵地日常管理，严格审核审批检查校内各类讲座、论坛、媒介传播平台、微平台等。召开3次意识形态通报会，传达通报倾向性问题，积极稳妥、依法依规处置突发事件。

三是加强教师思想政治工作。加强宣传舆论引导，举办专题培训班，组织院系级党组织书记和教师赴古田和井冈山进行理想信念教育。面向全体师生定期举办思想政治理论学习讲座和报告会，邀请行业专家学者来校做“六中全会精神辅导报告、学习廉洁自律准则与纪律处分条例、学好党的历史坚定四个自信”等系列报告，增强广大教师党性修养和立德树人的责任感和使命感。注重运用新媒体加强思想引领和政治引导，充分利用学校新闻出版领域的特色优势，利用微信、微博等多种新媒体平台通过课上课下、线上线下、校内校外多种途径，加强正面引导，积极营造网络正能量。学校获评2016年度宣传工作先进单位等称号。

四是加强党的基层建设。坚持每月定期由党委书记、校长、副书记、组织部长碰头议党建，努力提升班子成员抓党建的意识和党建履职能力水平；选优配强基层党组织书记，现二级单位党组织书记74%为高级职称，教工党支部书记高级职称比例61%。加强基层党建工作引领指导，学校全年召开4次二级党组织书记例会。加强基层党建工作专题调研，在全校18个院系级党组织实行全覆盖谈话调研。加强凝练办学特色与增强党建工作实效深度融合，持续开展“育才工程”“先锋工程”等12项党建创新品牌活动。以社会主义核心价值观教育和纪念“红军长征胜利80周年”为主题开展各种实践主题活动40余次，参与学生过千人。承担北京市教工委等党建和思想政治研究课题21项。坚持把思想入党作为培养和考察的重要指标，共发展党员297人，其中教师党员2人。

五是建设平安、和谐、美丽、文化校园。结合纪念中国共产党成立

95 周年、纪念长征胜利 80 周年等重要时间节点，开展网络安全文化月、首届传媒文化节、青春榜样宣讲等红色正能量活动，与团市委联合举办“西沙英雄与首都青年面对面”，培育和践行社会主义核心价值观，赢得人民网等主流媒体和社会广泛关注好评；举办“书香印苑”“读书圆梦”等多种主题鲜明的阅读推广活动，提升学术服务与文化引领功能；通过“互联网+安全微课堂”等多种途径开展新生安全常识教育，开展日常安全知识防护培训及消防演练，加大日常安全保卫巡逻及隐患查找，确保校园安全；关注教职工身心健康，维护教职工权益，认真落实离退休同志政治、生活等各项待遇，努力提升教职工的幸福感和满足感。

四、以新一届干部换届为契机，严格干部选拔任用工作

学校党委认真落实《党政领导干部选拔任用工作条例》和 4 项监督制度，做好干部换届调整和选拔任用工作。2016 年选拔任用调整处级干部 10 名，其中正处级干部 6 人，副处级干部 4 人。先后赴上海、深圳、北京等地 10 余所京内外高校调研，历经 1 个多月，对全校二级单位和部门进行深度调研，个别谈话 754 人，占在编教职员工的 93. 55%，共收集 245 条意见建议，最终研究形成了既符合中央、北京市相关文件规定，又适合学校实际情况的有关换届调整系列文件，换届共设置 90 个岗位。这次换届调整工作具有 5 个特点：一是坚持群众路线，注重民主集中。本次换届调整工作坚持问政于民、问计于民、问需于民。个别访谈全覆盖，多次召开座谈会，改进推荐方式，切实在干部换届调整工作中尊重民意、顺应民心，真正选拔一批组织放心、群众满意、干部服气的优秀干部；二是注重组织把关，加大转岗交流。严格执行党章规定的干部条件和总书记提出的好干部标准，把对党忠诚、敢于担当作为重要的政治标准。在这次换届调整中，实行任职回避，注重交叉任职，加大转岗交流，将干部放在最合适的岗位上。三是改进党组织设置，配强一线书记。按照全国高校思想

政治工作会议精神，加强高校党的基层组织建设，这次换届调整实现了党组织全覆盖、配强党组织书记，提高党的基层组织做思想政治工作能力。四是坚持基层导向，选拔年轻干部。这次换届以优化班子结构、增强整体功能作为重要着力点。充分考虑个体素质、专业结构、年龄结构等实际情况，注重从基层发现干部，将那些想干事、能干事、会干事的年轻干部用起来，在干部队伍中补充了一批35岁左右的年轻干部。五是坚持事业为上，干部能上能下。这次换届贯彻落实中央《推进领导干部能上能下若干规定（试行）》有关精神，部分干部回归教学科研岗位或转为相应级别的职员。

五、深入落实党风廉政建设主体责任，积极推进正风肃纪

学校党委把党风廉政建设工作纳入党委重要议事日程，把党风廉政建设要求同其他工作一同部署、一同落实、一同检查、一同考核。在制定"十三五"规划时，专节列明党风廉政建设"十三五"规划目标和内容。制订《党风廉政建设责任制实施办法》等文件，并以学习《准则》和《条例》为抓手，对党员进行廉政教育，切实增强党员的纪律意识和规矩意识。加强反腐倡廉宣传教育总体部署，强化重点领域的廉洁教育，开展以"严明党的纪律，遵守党的规矩"为主题的党风廉政建设宣传教育月活动。按照巡视要求自行对2014年、2015年科研经费进行审计，发现问题并逐个整改。认真贯彻中央"有案必查、有腐必惩"的精神，成立了由党政主要负责人和纪检、组织部门负责人组成的案件线索处理领导小组，加强对案件线索的研判，处理信访件10件，处理3起违反党纪的案件，保持了惩治腐败的高压态势。

2016年，全校上下齐心协力、开拓进取，为过去的一年画上了圆满句号，实现了"十三五"的开门红。2017年，党的十九大即将召开，"一带一路"高峰论坛即将举办，全面从严治党持续深入，现代传媒产业蓬

勃发展，我们也要清醒地认识到领导班子在领导学校发展上存在不足：人才培养的政治站位不够高，从“思想引领、立德树人”的高度上对人才培养定位顶层设计不够，以社会主义核心价值观引领知识教育和师德建设不够；对高等教育综合改革、首都功能定位调整以及媒体融合发展带来的新机遇、新要求视野不够开阔、研究不够深入，将机遇转化为动力、优势转化为胜势的能力不足；敢“涉险滩”、啃“硬骨头”的改革勇气和“功成不必在我”的担当精神不足，密切联系群众和抓基层、打基础、利长远的务实作风有待进一步加强。对此，我们必须高度重视，并努力在今后的工作中加以改进。新的一年，我们要深入学习贯彻全国高校思想政治工作会议精神，既要观大势，时刻关注外部环境中的机遇，又要谋大局，凝练办学特色推动事业发展，以敢闯敢干、求真务实的作风，闻鸡起舞，登高望远，努力开创学校事业发展的新局面。

深入落实《京南大学联盟服务大兴行动计划》的三点意见*

今天，各位领导和新老朋友齐聚一堂，我感到由衷的高兴。我代表北京印刷学院，对各位的到来表示热烈欢迎！对京南高校联盟大家庭中的新成员——北京电子科技职业学院、首都师范大学科德学院表示热烈欢迎！

2016 年 10 月，我们以“融合、创新、发展”为宗旨成立了京南大学联盟。联盟成员以《京南大学联盟服务大兴行动计划》为主要载体，优势互补、互惠共进、共谋发展，在维护联盟章程、建设开放平台、服务区域发展、实现发展共赢等方面取得了积极成果，在深度融合各自特色和优势，精准对接和服务大兴经济社会发展需求方面取得了积极成效。

在深化高等教育领域综合改革、首都调整城市功能定位、京津冀协同发展等新时代形势和任务要求下，在大兴国际机场建成通航、临空经济区全面建设、“一北一南”科技创新中心空间布局等首都和区域重大战略机遇面前，京南大学联盟的意义和作用更加凸显。刚才盛伟同志汇报了京南大学联盟成立一年来的总体工作情况，大家就如何进一步推进联盟合作与发展进行了热烈讨论、提出了宝贵意见，我本人也深受启发。下面，围绕深入落实《京南大学联盟服务大兴行动计划》，全力服务好首都和大兴区

---

* 这是 2017 年 4 月 17 日刘超美在京南大学联盟第二次联席会议暨 2017 年轮值大会上的致辞。

2017 年 4 月 17 日，京南大学联盟第二次联席会暨 2017 年轮值大会在北京石油化工学院举行

刘超美（右）将轮值水晶杯移交给时任北京石油化工学院党委书记高锦宏（左）

“十三五”经济社会发展，我再谈3点意见。

一、发挥京南五校思想政治优势，以高度政治站位服务首都和大兴

2016年年底，党中央召开全国高校思想政治工作会议，习近平总书记在这次会议上发表了重要讲话，从培养中国特色社会主义合格建设者和可靠接班人的高度，着眼于我国高等教育发展的道路和我国高校鲜明特征，精辟阐述了坚持正确办学方向的重大问题。强调要“坚持不懈传播马克思主义科学理论”，强调要“加强理想信念教育，把马克思主义立场观点方法贯穿到各学科专业、各研究领域，让马克思主义主旋律唱得更响亮。”3月27日，北京市委教工委举办了北京高校党委书记、校长学习贯彻全国高校思想政治工作会议精神研讨班，蔡奇市长在专题报告中深刻阐释了市委建设“伟大社会主义祖国的首都，迈向中华民族伟大复兴的首都，国际一流、和谐宜居的首都”的决心；深刻阐释了首都高校加快推进“双一流”建设、发挥自身优势服务首都的重要历史使命。北京印刷学院作为一所为首都和新闻出版行业培养人才的高校，拥有鲜明的“政治文化和意识形态属性”。我们围绕贯彻落实全国高校思想政治工作会议精神，推进思想育人与专业育人的有机融合，在去年成立了马克思主义学院。京南五校都拥有较厚重的人文社科课程基础、较完整人文社科基础教育体系、较浓厚的人文历史积淀。“十二五”期间，石化、建筑、印刷三校轮流举办的“聚力论坛”等党建品牌活动也取得了积极成效和良好反响。希望未来我们五校可以围绕马克思主义教育和党中央治国理政新思想新理念新战略，以马克思主义学院和人文科学体系为基础，共同加强理论研究、凝聚整合、平台建设，共同研究探讨思想政治理论课改革创新计划，共同探索推动中华优秀传统文化和红色文化融入教育教学体系，扎根大兴这片热土，办好中国特色高等教育。

二、发挥京南五校鲜明“工科属性”优势，以优质创新和科研能力服务首都和大兴

首都“十三五”发展规划明确提出“加快建设全国科技创新中心、高校高精尖创新中心、首都新型高端智库，加快建设具有全球影响力的国家创新战略高地，成为国家自主创新重要源头和原始创新主要策源地”。“十二五”以来，京南高校充分发挥智力和科研资源优势，在技术服务咨询、经济人口普查、生物医药、新材料、新能源、新城规划、古建筑修复、机车动力装备、印刷包装、新闻传播、艺术设计等方面取得一系列科技创新成果。（比如，印刷学院开展环保包装材料与技术的研发，实现新型长效水果保鲜包装材料产业化；针对大兴区具有丰富桑叶资源优势，石化学院开展桑叶综合开发利用项目，完成桑叶中活性组分的提取工艺并得到小试产品和中试研发，有望实现产品产业化。北京建筑大学在城市雨水可持续利用、环保沥青路面新材料研发与工程应用、建筑垃圾资源化及高性能混凝土配制技术等科技研发工作中取得突破）。希望我们聚焦首都和区域发展的重大战略主题，围绕首都人才培养，共建符合新产业、新业态、新技术发展要求的新学科新专业，加强三校间思想政治学科的深度融合，促进学生的跨校交流与培养，开展拔尖创新人才选拔培养与试验，积极探索建设多学科组成的高端智库和开放式研究机构，努力建成具有较强国内竞争力、更具开放度、更具发展活力的协同创新体系。

三、发挥京南五校“首都门户区域”优势，利用各类资源建好教育共同体

4月11日，教育部与内蒙古、吉林、黑龙江、陕西、青海、青岛等6省（区）签署“一带一路”教育行动国际合作备忘录，统筹内外资源构建教育共同体，基本实现了教育部与“一带一路”主要节点省份共建教育行动国际合作平台的全覆盖，教育部将在双向留学、平台建设等7个方

面给予重点支持，并将协同推动数百个项目建设落地。这充分凸显重大国家战略对区域高等教育事业发展的重要影响和带动。而京南大学联盟也迎来了新的历史性机遇——4月1日，党中央、国务院决定设立河北雄安新区。雄安新区成为继深圳经济特区和上海浦东新区之后又一具有全国意义的新区，也是继规划建设北京城市副中心后又一京津冀协同发展的历史性战略选择，是千年大计、国家大事。3月27日在中央党校的研讨班上，蔡奇市长也详细介绍了中央建设雄安新区对纾解北京非首都功能、调整优化京津冀城市布局和空间结构的重大意义。大兴区位于连接首都中心和雄安新区的重要节点区域，正北中央首都、紧临世界最大机场、东南天津廊道、西南雄安新区，而大兴区“十三五”提出要建成“区域协同前沿区、国际交往门户区”，正是围绕优势地理位置作出的重要战略定位。新的重要机遇面前，希望我们秉承开放性思维，继续巩固和扩大“朋友圈”，共同建设开放平台，继续吸纳一切有利于增强联盟贡献度和竞争力的组织和个人，跳出联盟看联盟，跳出大兴看大兴，在更高层次上共享改革发展成果，共同实现发展共赢。

今天，我代表北京印刷学院郑重地将手中的接力棒传递给北京石油化工学院。希望通过我们的共同努力，把京南大学联盟这个平台做实做强，以优质和高效的社会服务开辟京南高校发展的新空间，为促进区域发展和建设国际一流和谐宜居之都作出新的更大成绩！

落实立德树人根本任务
奋力推进学校发展新局面*

为期两天的务虚会就要结束了。刚才休息的时候好几位同志说，好累啊！是的，开会比听会累，就像开车一样，坐车的人往往会感到累，开车的人因为要集中精力反而不觉得累。今天，我不准备照稿子念，就想谈谈自己这两天参会的几点收获和体会。

我们的务虚会原来仅局限在党委常委班子，自从罗学科校长来后扩大到校长办公会成员，再扩大到正处、副处，去年开始扩大到学术委员会成员，这次更是扩大到支部书记层面达100多人，这样有助于扩大共识、凝练思路、促进发展。我看到，这次务虚会开得很好！大家听得很认真！出勤好！学术委员会全体成员都来了，比开学时间提前两天来校，体现了关心学校发展、履行责任使命的良好作风。从政治意义上来说，这也反映了大家“四个意识”特别是大局意识的增强。

从昨天到今天，大家都表现出很强的组织纪律性和学习自觉性。大家反映会议信息量很大，也体现了确实都在动脑，跟着报告人讲的内容在想问题。对于校级领导班子成员的发言，我认为是历年来质量最高的，他们的发言全部聚焦在了会议主题。这个主题就是：落实全国和北京市高校思

---

* 这是2017年8月30日刘超美在北京印刷学院2017年暑期校级领导班子工作务虚会（扩大会）上的讲话。

想政治工作会议精神，把立德树人落实落小落地。所有发言人都聚焦在了这个主题，而且准备得十分充分，让我们听着十分提神振气。

就拿罗学科校长来说，他从放假起就开始做准备，涉及各二级学院的情况，他先后找到了所有的院长，还专门找到相关职能部门的领导交换了意见。校长这次发言有两个半小时有余，通过他的发言，我们可以站在全局的高度，清晰地了解学校发展情况及下一步的目标。会前，罗学科校长主动找我进行了半个多小时的沟通，谈得很深入很诚恳。我感觉，学科校长来校工作两年以来，对于印刷学院的了解可以说是逐步深入、全面了解，体现了一种学习精神，以及对行业的调查研究和能力把握水平，就是能站在全局的高度，凝练思想。他的发言，包括理念措施，都很深刻到位。

2017 年 8 月 30 日，北京印刷学院 2017 年暑期校级领导班子（扩大）工作务虚会

这次务虚会给我的印象有 3 点。第一个是自信。为什么要自信？一个民族没有自信，就没有未来；一个人没有自信，就没有进步；一个学校也同样如此。大家从不同角度畅谈自己对做好立德树人和推进学校发展的思路，分享心得，发言精彩纷呈，充满自信。第二个是苦练内功。以校长为典范，其他校领导的准备也都在暑假做了非常认真的准备，也都和我与罗学科校长进行了沟通，全都聚焦主题，结合实际，所以发言有高度、有深度、有广度，这也让我感到十分骄傲和自豪。不能说校领导本身有多高的水平，也是依靠学习，这种学习精神，给处级干部作了很好的榜样。习近平总书记讲过，“我们这个民族的发展依靠学习”。我们这个学校的发展也需要依靠学习，我希望这种学习精神能一直保持和发扬下去。第三个是上下互动。我注意到会上及中间休息时，台下一些同志进行了提问，发言的人也及时给予解答，大家相互间也进行了交流，我觉得这样很好，有交流才有共鸣，有互动才有碰撞。会后，我们还要组织讨论，各二级单位要借助党委换届问题组织讨论，拿出自己的思路和意见出来。也有很多人谈到北京、大兴、行业的发展变化，我们的定位怎么能更加精准，发展目标怎么能更加聚焦，实施路径怎么能更加科学，不少人都在热议这些问题，反映了大家主人翁精神的提升。这是务虚会给我的 3 点非常突出的印象，当然还有一些不太全面和准确之处。

同志们，我们比任何时候都更加接近中华民族的伟大复兴，我们学校比任何时候都更加快速发展，我们也比任何时候肩负更重的期待和希望。我们既然赶上了这个时代，就不要辜负师生对我们的期待和希望。无论年龄大小、职务高低，我们都是学校大船上的一分子、一个螺丝钉，需要团结一心，努力找准方向，推进学校抓住机遇，实现更好、更快的发展。下面，我综合各位的发言，结合自己的感想，谈 3 点意见：

一、学习领会习近平总书记“7·26”重要讲话精神

2017 年 7 月 26 日，习近平总书记在省部级主要领导干部专题研讨班上发表了重要讲话精神。各位校领导已经在暑期对这一讲话做了专门学习。讲话对学校在十九大前后，在党的政治生态将发生重大变化之后，如何进一步做好制度建党、从严治党，这对于我们如何办好社会主义大学都有着极大的政治指导意义。

时任中共北京市委研究室副主任朱柏成（上）、中国新闻出版研究院院长兼党委书记魏玉山（中）、中国音像与数字出版协会副秘书长王勤（下）分别作报告

习近平总书记的“7·26”重要讲话被公认为是党的十九大的总基调，各省级理论中心组也陆续进行了专题学习。8月3日，北京市委举行理论学习中心组学习（扩大）会，深入学习贯彻总书记“7·26”重要讲话精神。市委书记蔡奇同志在学习会上有这样一段发言，他指出：党的十八大以来党和国家事业取得的伟大成就，最根本在于习总书记这个坚强领导核心为全党掌舵。

在当代中国，最大的政治和首要的政治纪律，就是坚决维护好习总书记的领导核心地位，这是党和国家前途命运所系，是全国各族人民根本利益所在。要求北京市各级党员干部要把习近平总书记重要思想作为必须长期坚持的指导思想，要将习近平总书记“7·26”重要讲话以及两次视察北京时的重要讲话精神作为案头卷、工具书、座右铭，要带着深厚感情，持续深入地学。

我想，党的十八大以来国家所取得的成就，大家都感同身受、如数家珍，随便都能说出5条10条出来。学校组织部也已经给在座的每位发了习近平总书记关于北京工作的系列重要讲话。对总书记的讲话，需要细读，就能发现其中蕴含的重要意义，这个讲话对于我们党的十九大所要涉及的很重要的问题都进行定调。应该说，习近平总书记的讲话具有3个重大意义，包括政治意义、理论意义和实践意义。

习近平总书记“7·26”重要讲话的重大政治意义在于，是我们这个大国大党统一思想、凝聚共识、汇集力量的政治宣示，是中国共产党的最高层向全世界表明将长期坚持和发展中国特色社会主义的政治宣言，这一点对于我国从大国走向强国、在世界舞台上占有应有地位非常重要。习总书记要求全党“提高战略思维能力，不断增强工作的原则性、系统性、预见性、创造性，按照新要求制定党和国家大政方针，完善发展战略和各项政策，以新的精神状态和奋斗姿态把中国特色社会主义推向前进。”我想，提高战略思维能力，对于现在正处于关键发展节点的我们学校十分重要。这次务虚会很多领导的报告提出的都是战略性问题，都是放在国家和首都发展的大趋势下来思考的。我们要以新的姿态和奋斗精神制定符合学校发展要求的战略，提高精气神和针对性，奋力推进学校发展大局。

我们要求每个干部要有精气神，是有针对性的。有的中层干部，已经是“未老先衰”，这种“未老先衰”，不是指身体上而是指心理上，就是说什么都没有激情，动不动就是凑合。精神状态问题根本上说就是世界观、人生观、价值观的“三观”问题，就是“你是谁”“为了谁”“惠及谁”的问题。“你是谁”？你首先是一名高校的党政干部；“为了谁”？不是为了挣钱，而是为了崇高的事业和回报党多年的培养；“惠及谁”？要惠及我们学校 8000 名师生，让他们有幸福感、获得感，让学生永远热爱学校，在他们以后经过北京时，即使时间再短也还能想着看望你。我们有许诚那样的优秀党员，还有一名来自西藏的 2006 级藏族学生卓玛，今年获得了“五四”奖章，受到了习总书记接见。今年 5 月，她给我打电话说在北京，要来看我，那时我正好在美国，最后没有见成，但是这让我十分感动。我们怎么也能培养这样的好学生呢？因为我们有特色有优势。我们应该有这份自信和自豪，要带着这份自信和自豪，对学校发展进行战略性思考。

习近平总书记“7·26”重要讲话的重大理论意义在于，提出了许多具有开创性、标志性的重大思想和观点，比如四个全面战略布局、五大发展理念等，进一步丰富和发展了党的理论创新成果，是指引我们决胜全面建成小康社会、实现第二个百年奋斗目标的强大思想武器。

明年，我们将迎来办学 60 周年校庆，相信大家都十分关注。我近期也遇到很多已经退休的司局级领导同志，他们都是印刷学院毕业的校友，主动表明要参与学校校史校志的出谋划策，充分反映了印院学子的赤子情怀。我是 1987 年 10 月 5 日来学校报到的。我清晰地记得自己来学校上班看到的第一印象：当时的 1 号楼，一层是招待所、后勤处，二层是党政办公室，三层以上是学生宿舍。现在国际教育学院、食堂的一部分当时是一些大平房，也是一部分教室；现在设艺楼那边一个孤独的六层楼都是教室，剩下全是大工地、荒草地。我那时 29 岁，穿着高跟鞋，走在校园道路上不是石头就是黄土地，前后崴了两次脚。第二天我就不敢穿高跟鞋了，而是换上旅游鞋。进入房间，到处都是黄沙尘土，因为楼的周围都是田地或建设工地。

当时主管我校的原新闻出版总署副署长卢玉忆，5 年前他是分管和指导我校从无到有的发展的早期领导。到校长大厦开会时，出于感情特意看了我校。看完后，他给我打电话说，“我刚在印刷学院校园里转了一圈，感觉我们印刷学院真是变化太大了，我真是打心眼里高兴！”30 多年的时间，学校的变化可以说天翻地覆、今非昔比。从理论意义上讲，我们学校的巨大变化得益于我们党的正确领导，是走中国特色社会主义道路的受益者。莫斯科印刷学院一名老校长，对我们国家就特别羡慕，认为中国有个坚强的中国共产党，有个坚强的特别值得佩服的领导人。习近平总书记“7・26”重要讲话的理论意义更在于：党的十八大以来，我们党在不断进行理论创新、解决中国发展前进道路上的问题的同时，通过自我革新、自我修复、自我前进、自我约束，使从严治党问题发生了根本性的扭转，使国家在政治、经济、文化、社会、生态、军事、外交以及党的建设等方面都发生了巨大变化。

习近平总书记“7・26”重要讲话的重大实践意义在于，党中央科学把握当代中国和当今世界的发展大势，明确了党和国家未来发展的根本方向、战略部署和大政方针，是新的历史条件下推动实践新发展、夺取事业新胜利的行动指南，也是我们办好社会主义大学的政治指南。我国在由大国迈向强国的发展道路上，在提高国际地位、增强军事实力等方面已经走出了坚实的步伐。比如，军队改革坚强有力，从领导体制到作战素质，都成效显著，都得益于党的十八大以来的伟大实践。这种实践，促进我们国家、我们学校发生了巨大变化。

回顾我校在 2012 年第二次党代会以来的情况，更是深有感触。我今天特别带来了 2012 年 6 月 17 日我的前任郑吉春书记所作的党代会报告。对照报告所定目标，除了博士点因各种原因未成功申报外，其他硬任务都实现了，特别是留学生教育！自从罗学科校长来后更是提前超额实现。具体来说，我们学校这 5 年都实现了什么呢？当时我们提出的解放思想、抢抓机遇，已经成了我们这5年来工作的主旋律。而且，我们明确了实现由教学型向教学研究型大学的转变、创建国际知名、有特色、高水平的传媒类大学的建设目标。这样一个转变、一个创建，一直在激励和推动着学校的跨越式大发展，到现在已经变成现实，奠定了良好的发展基础。

面对新的任务，我校原来那种自由式的规模结构和效益发展的模式需要改进，需要进一步凝练办学特色。为了达到这个目标，我们不能满足于“一亩三分地”，就得要继续解放思想，进一步加强教学研究型大学建设，进一步提高党建和思想政治工作水平。我们必须准确把握高等教育发展趋势，瞄准服务首都功能战略定位、服务行业转型升级，增强责任感、紧迫感，到2020年初步建成国际知名、有特色、高水平的传媒类大学。我们能否在2020年完成呢？本次党代会报告对这一目标肯定会有延续，虽然会根据变化了的形势有一点文字表述性变化，但肯定不会有内涵的根本性变化。

为达到这个目标，第二次党代会提出了5大任务。

一是人才培养方面，全面提高教学质量。按照国家新修订的本科培养制度，以信息化技术为支撑，扎实推进学校发展，努力使数字出版等专业建成一流学科，提高学校人才培养质量，建立学科机制和主干课实践课体系，力争获得国家级教学成果奖。我们在3年前已经拿到国家二等奖。二是扩大研究生规模。5年来，研究生规模12年由300名增加到现在的800名，学位结构调整，全面改进研究生培养模式，强化完善实践为主体的专业硕士。关于留学生教育，当时提出“适时成立国际教育学院”的目标，到2013年年底就成立了。截至目前，留学生规模已达到400人，特别可喜的是中间有研究生教育，也建设了留学生公寓。当时只是转换了一下理念，就极大地推动留学生教育。记得在中央党校学习时，我和时任校长王永生与时任市委教工委书记的苟仲文同志进行了汇报沟通，提出争取外培计划，仲文书记当时就同意了，我们随后跟进落实，到现在已经实现了这一项目计划。三是全面提高学科建设水平，形成标志性成果。提出以绿色研究院为平台，形成科研品牌，全面提高科研水平和服务社会能力，这一

点，我们也确实做到了。四是改革体制机制。全面提高管理科学化水平，包括人事改革、学术委员会建设、职称评审等，这些改革已经在路上，且成果显著。五是统筹资源。这是当时的郑文红副书记提出的，包括校内外资源、教学科研资源、资金资源、校区建设资源、师生学习生活工作资源。这5个方面我们已经实现。总之，我们要继续解放思想，抢抓机遇，为创建国际知名、有特色、高水平的传媒类大学这一目标而努力奋斗！

回顾过去，是为了展望未来。我们现在学习习近平总书记“7·26”重要讲话，一定要站在国家和首都发展的新高度，来思考学校下一步的发展计划和目标，要找准每一个学科专业，要依靠每一位党员干部，齐心协力为学校作贡献。关于习近平总书记的“7·26”重要讲话，等开学后，学校还将邀请中央党校有关专家来学校进行专题讲解，组织大家开展专题学习，对讲话精神学深学透。

二、做好“两委”换届和党建检查

关于党代会和两委换届，在前天的动员会上，我已经讲了很多，在今天还是要强调一下。按照市委组织部、教工委的要求，所有已经到届并且又符合条件的，适时包括北京大学在内29所北京高校务必适时换届完，我校也在其中。在我印象中，这么多高校在同一时间同时换届，在历史上还是第一次，越是换届之时，越能看出一所高校的党建水平和干部素质，考验学校各级党组织和党员干部的一个重要契机。

我们这次“两委”换届，一是时间紧，必须在9月20日前交上换届报告。报告的完成，不仅是写作班子的事，也是全校智慧凝练的结晶。我们要在时间紧、任务重的情况下，保质保量地完成“两委”换届的所有工作。如果仅靠党委班子几个人，能力十分有限，远远比不上全体600多教工的集思广益、全员参与。我也希望与会学术委员会专家，发挥学术治校的作用，积极参与，建言献策。我们的报告，要体现立意高远、精准定位、目标抓得住看得见可实现，确保一次通过。二是要求严。关于党代表、“两委”委员的“三下三上”，一定要严格按程序来，不要嫌麻烦。要吃透文件精神，把学校最优秀的党员选到党代表中来，把最优秀的干部选到“两委”委员中来，把“两个一百年”奋斗目标与学校发展紧密结合起来。在这一过程中，大家要严格按照党委要求和意图，体现政治意识、大局意识、核心意识、看齐意识，并把“四个意识”体现到思想自觉、行动自觉、传递正能量上，圆满完成换届工作。

这次党建评估和“两委”换届同时进行，是检验我校“十二五”的这 5 年中、党的十八大以来，学校经过党的群众路线、“三严三实”和“两学一做”3 次专题教育活动后，党建和思想政治工作是否合格、全面加强的一次大体检，要保证重点放在全国高校思想政治工作会议精神的贯彻和落实上。党建评估，不能仅靠一堆材料，而要靠党委、党的工作部门和各二级学院党组织和全体党员干部共同努力。

就目前而言，有的单位很主动很自觉，材料已经准备差不多了，其他单位也要学习跟进。我们要通过这次党建评估，认真检视和凝练、梳理和总结 5 年来党建和思想政治工作的成绩、经验、创新成果和存在的不足，加以整改和建设，进一步提升学校党建和思想政治工作科学化、制度化、规范化水平。希望大家认真准备，深入思考，共同做好，争取达到优秀。

三、关于落实思想政治工作会议精神

这也是会议主题的落脚点，我们要以学校《关于加强和改进新形势下思想政治工作的实施意见》等 3 个文件为抓手，把“办对学生最好的大学”的学生工作理念落实落小落细，进一步强化育人意识、服务意识、精细化管理意识和为师生着想的意识，奋力推进学校发展新局面。

前段时间，有个学生通过微信找校长求助，此前也找过相关部门的老师，但总是被推诿、迟迟不解决。校长在第一时间帮助解决了。其实也就是一件小事，但很值得我们每个人来扪心自问：有没有把师生的事放在第一位？是不是学生一提意见就忙着推诿撇清？对此，我们以后要实行首问负责制。需要强调的是，“办对学生最好的大学”，不是说要哄着学生、放松要求，或者为学生开绿灯、讲人情，而是要严格要求，培养品德优秀、将来能对家庭负责、对社会有用的人。所以，在落实全国高校思想政治工作会议精神方面，我们学校作为市属院校也是文化属性和意识形态属性鲜明的院校，应该要有更高的标准、更严格的要求。

老师们，同志们，我们赶上了党的十八大以来国家发生重大变化、党的政治生态发生根本性改变、高等教育深刻变革、首都功能定位战略调整的崭新时代。我们要合着时代的节拍，适应发展趋势，推动北京印刷学院这艘大船，永远跟上时代的潮流。

落实“数字出版千人培养计划”推进数字出版产业的成长*

尊敬的张宏森副局长，各位领导，老师，学员朋友们：

大家好！

举世瞩目的中国共产党第十九次全国代表大会刚刚胜利落下帷幕，值此全党全国上下掀起宣传学习十九大精神热潮之际，“数字出版千人培养计划”试点培训会启动仪式在北京印刷学院隆重举行，我代表北京印刷学院对前来出席启动仪式的各位领导、嘉宾和学员们表示热烈的欢迎。

习近平总书记多次强调：文化自信是更基础、更广泛、更深厚的自信。中国有坚定的道路自信、理论自信、制度自信，其本质是建立在5000多年文明传承基础上的文化自信。没有高度的文化自信，没有文化的繁荣兴盛，就没有中华民族伟大复兴。文化的繁荣兴盛离不开新闻出版，传播手段的创新、传播能力的提高、国际传播人才的培养、高素质专业化干部队伍的建设等都是我们正在积极努力的方向。

中国特色社会主义新时代条件下，信息技术的高速发展让出版业进入了一个崭新的时代，出版业态发生了根本性变化，转型升级成为出版企业的必然选择。目前不少大出版集团都把数字化战略作为首要的发展目标来

* 这是2017年11月5日刘超美在国家“数字出版千人培养计划”试点培训启动会上的讲话。

2017 年 11 月 5 日国家“数字出版千人培养计划”试点培训启动会现场

抓。《2016 年新闻出版产业分析报告》显示“数字出版继续保持高速增长，对全行业营业收入增长贡献超三分之二。”数字出版全年实现营业收入 5720.9 亿元，占全行业营业收入的 24.2%，对全行业营业收入增长贡献率更是达到 67.9%，增长速度与增长贡献在新闻出版各产业类别中继续位居第一位，已成为拉动产业增长的“三驾马车”之首。出版企业转型升级、数字化转型成为出版业发展的关键，而适应数字化时代要求的复合型专业人才是关键中的关键。“数字出版千人培养计划”是适应当前出版新业态的需要，是总局推进实施《新闻出版“十三五”时期人才建设规划》的具体举措，也是《新闻出版业数字出版“十三五”时期发展规划》的五大工程之一，其任务就是推动新闻出版业人才建设步伐，培养造就一批面向新闻出版业未来发展需要的创新型、复合型高级人才和数字出版业务骨干队伍。

北京印刷学院作为一所具有鲜明行业特色的出版传媒高校，具有近 60 年的办学历史。目前，已逐步形成了适应行业和首都发展需求的以出

时任国家新闻出版广电总局副局长张宏森讲话

版与传播、印刷与包装、设计与艺术为特色的出版传媒学科和专业群，形成了从本科、硕士到博士后，分层分类、特色培养的“学术生态链”，去年新成立的新媒体学院更是学校加强在数字出版领域人才培养的重要举措。在整合高等教育资源的基础上，我们还与总局、与业界也建立起了紧密的联系。我校近期先后对接了总局数字版权保护技术研发工程、国家数字复合出版系统工程等重大工程，与中国科技出版传媒股份有限公司合作，建成国家级校外大学生实践基地；与总局信息中心建立了国家数字复合出版系统工程实验室等平台（各位将一同参与并见证总局领导为该实验室揭牌的仪式）。今年 7 月，我校在第七届中国数字出版博览会上举办“高校数字出版人才培养”分论坛，会上，与包括武汉大学在内的 6 家数字出版联盟高校和 7 家国家数字出版基地签订共建数字出版人才培养基地协议，共同探索政产学研协同创新的人才培养模式。

数字出版人才作为出版人才队伍的重要组成部分，在传播知识、传承文明，加快产业优化升级、提高企业竞争力、推动技术创新和科技成果转化等方面具有不可替代的重要作用。出版业的深化转型升级和创新融合发展无一不是依靠强大的数字出版人才给予的智力支撑。因此，一定要把数字出版人才资源的培养放在首位。

张宏森（左）、刘超美（中）、谢东晖（右）为“国家数字复合出版系统工程实验室”揭牌

总局数字出版司顺应行业发展需求，设计并实施了“数字出版千人计划”。北京印刷学院作为本计划的承办高校之一，我们充分认识到了本计划的重要程度与战略意义。担此重任，在深感压力的同时也感受到信任与荣誉的分量。因此，我们成立了由我与校长直接领导、相关职能部门参加的协调小组，在总局的指导下，先后召开多次协调会议，聚集各方面资源，为本次培训会做好了充分的准备。在此，我也代表学校表个态，我们一定集全校之力，做好本次培训的组织服务工作，为行业人才建设作出自己的贡献。

我国出版业数字化革命的浪潮扑面而至，为出版行业带来了巨大的发展机遇。在座的诸位，让我们携起手来，共同推进数字出版产业的成长，共创数字出版产业的美好明天！

预祝本届“数字出版千人计划”培训班圆满成功！

工 作 掠 影

2005 年 4 月 13 日，刘超美（中）出席大学生思想政治教育客座教授聘任仪式

2006 年 3 月 20 日，刘超美（右四）主持北京印刷学院大学生科技活动评审委员聘任大会暨 06 年大学生研究计划项目评审会

2006 年 11 月 9 日，刘超美（后排中）出席"潍坊华光精工"本科生导师制研究项目签约仪式

2008 年 9 月 12 日，刘超美（前排左）出席 2008—2009 学年处级干部会

2009 年 6 月 2 日，刘超美（二排左四）出席京冀高校优秀中青年干部挂职锻炼合作协议签署暨第一批挂职干部工作部署会

2009 年 11 月 30 日，刘超美（右四）随北京市高等教育学会访问团赴台访问

2013 年 4 月 17 日，刘超美（中间左一）出席继续教育专家指导委员会成立暨改革签约会

2013 年 11 月 26 日，刘超美（左）为时任国有重点大型企业监事会主席季晓南颁发客座教授聘书

2013 年 12 月 20 日，刘超美（右起四）带队调研北京出版集团

2014 年 5 月 22 日，刘超美（中）率队到首都新机场调研

2014 年 6 月 25 日，刘超美（右六）率队赴雅昌文化集团调研

2014 年 7 月 1 日，刘超美（右四）陪同时任中关村科技园区西城园管委会主任陈宁参观

2014 年 8 月 2 日，时任国家新闻出版广电总局副局长邬书林（左四）陪同国家汉办主任许琳（右四）到访北京印刷学院

2014 年 10 月 23 日，刘超美（左三）率北京印刷学院党委中心组赴人民网调研

2014 年 11 月 5 日，刘超美（右二）出席北京印刷学院“形势与政策”课程改革专题座谈会

2015 年 9 月 23 日，刘超美（左）为聂震宁颁发续聘新闻出版学院院长聘书

2015 年 10 月 26 日，刘超美（左）为人民出版社社长兼党委书记黄书元颁发兼职教授与硕士生导师聘书

2016 年 3 月 9 日，刘超美（右三）听取原社科部思政课改革汇报

2016 年 7 月 6 日，刘超美（前排左）为新媒体学院成立揭牌

2017 年 3 月 15 日，刘超美（右排中）出席《北京印刷学院史（1958—2015）》编撰座谈会

第四篇

DI SI PIAN

党的建设

关于北京印刷学院党员思想状况的调查报告*

1994年6月，北京印刷学院党委组织部对全院党员的思想状况进行了问卷调查，共下发问卷202份，回收187份，回收率92.6%。本次调查，较真实地反映了我校党员目前的思想状况，为今后进一步加强党的思想建设，探索在新形势下如何加强党员的思想教育，提供了一些依据。

一、我院党员的思想状况

1. 绝大多数党员在思想认识上具有正确的理论、信念和价值观

调查结果表明，我院绝大多数党员能够牢记党的宗旨。89%的党员认为，通过全心全意为人民服务来实现自己的人生观、价值观，把实现共产主义的理想作为自己毕生的奋斗目标；92%的党员认为，在社会主义市场经济条件下，更应该坚定共产主义信念。同时。绝大多数党员能够正确认识发展社会主义市场经济与坚持党的理想、信念、价值观的关系，认为要实现党的奋斗目标，离不开生产力的高度发展，而生产力的高度发展，有待于建立一种与其相适应的经济体制。我国经济发展的实践证明，只有建

* 这是刘超美1994年撰写的调查报告，发表于北京高校党建研究会《党建研究》第45期（1994年12月1日）。

立社会主义市场经济体制，才能进一步解放生产力，加快社会主义现代化建设，充分体现社会主义制度的优越性。共产党员只有投身到改革中去，在社会主义市场经济中发挥先锋模范作用，才能实现自己的人生价值，才能保证党的奋斗目标的实现。

2. 充分肯定邓小平同志建设有中国特色的社会主义理论的指导作用以及党在改革开放中的决定作用

党员们对邓小平同志建设有中国特色的社会主义理论给予了充分肯定。73%的党员认为这一理论丰富和发展了毛泽东思想，是当代中国的马克思主义，是建立社会主义市物经济体制的理论依据。中国只有根据国情实行改革开放，走自己的路，只有通过建立社会主义市场经济体制、进一步解放和发展生产力，才能以比资本主义更快的速度发展。87%的党员认为，“党在改革开放中起了决定性作用”，特别是以邓小平同志为核心的党的第二代领导集体，把马克思主义普遍原理与中国现代化建设具体实践相结合，实事求是地提出了适合我国国情的改革开放政策，取得了举世瞩目的成就。中国共产党所确立的社会主义市场经济体制，无论在理论上还是在实践上，无论在我国还是在国际共产主义运动史上，都是一个重大突破。

3. 党员有较强的组织纪律观念，但对党的组织生活提出了求新、求深、求实的要求

在调查中，80. 3%的党员认为，让社会主义市场经济条件下，党员应该定期过组织生活，这是党章对每个共产党员的基本要求。大家认为，通过高质量的组织生活，党员之同相互交流思想，提高思想认识，深入领会党的路线方针政策，对加强党员的组织纪律观念、增强党性锻炼、发挥党支部的战斗堡垒作用有十分重要的作用。同时党员对党的组织生活的内容、形式等方面也走出了新的要求。34%的党员认为现在党的组织生活枯燥、缺乏吸引力，主要是各支部组织生活形式比较单调，对党的路线方针政策的学习只停留在表面上，不能理论联系实际。有些支部生活与部门业务工作脱节的形象严重等，希望安排党的组织生活要注意从党员思想实际

出发，实事求是，生动活泼，克服形式主义。

4. 党员希望党中央进一步加强廉政建设，尽快使党风根本好转，提高党的威信，但对近年内党风根本好转信心不足

调查结果表明，党员对党中央反腐败、加强廉政建设等重大举措非常支持。96%的党员认为党中央深入开展反腐败斗争决心很大，很得人心，应该深入持久地开展下去，常抓不懈，这是关系到党的生死存亡的问题。同时，党员们也指出，在我们党内，确实有些干部以权谋私，腐败现象严重，直接影响到党的威信。在调查中，只有23%的党员认为“党的威信较高”，59%的党员则认为“党的威信一般”，而有14.7%的党员则认为“目前党的威信很低”。

通过调查，也反映出有相当一部分党员对党风在近年内根本好转信心不足。只有11.5%的党员“对近年内党风根本好转很有信心”，而62.3%的党员“相信会好转，但对近年内根本好转信心不足”，14.7%的党员“对党风根本好转缺乏信心”，造成党的威信不高。对党风在近年内根本好转缺乏信心的最主要原因，是党内腐败现象严重，有些党员干部利用职权谋取个人私利，贪污受贿严重，这些现象虽然只是党内少数干部所为，但却严重损害了党的形象，降低了党的威信。

5. 我院党员工作情绪比较稳定

调查结果表明，我院80.1%的党员很安心或比较安心本职工作，愿意留在高校工作，表现出较高的敬业精神。“凭党员的思想觉悟”“在学院能发挥自己的才能”等因素是安心工作的主要原因。除此之外，“学院基本上能解决绝大多数教师住房”“高校与企业相比，生活比较稳足”等因素，也是党员安心本职工作的原因。

但是，也有一些党员对本职工作不安心，这些党员大多数年龄在35—45之间，而且主要从事教育工作。在这些不安心本职工作的党员中，64%的认为“学院人际关系太复杂”，45%的认为“不能发挥自己的才能”。

二、在党员思想教育中，必须澄清党员思想中对以下几对关系的模糊认识

1. 社会主义市场经济与奉献精神的关系问题

随着我国由计划经济向社会主义市场经济体制的转变，人们的思想观念、价值取向、生活方式等等也发生了相应的变化，共产党员也面临着多元价值取向的选择。有些党员由于思想认识不高。平时忽视党性修养，个人主义、拜金主义、享乐主义有所膨胀，在发展社会主义市场经济与无私奉献的关系上产生了模糊认识。在调查中，11%的党员认为在社会主义市场经济条件下，党员适当提倡奉献精神就可以了，不应该只付出不索取；9%的党员认为“大利大干，小利小干，无利不干”符合市场经济规律。

社会主义市场经济条件下，党员也应该具有无私奉献精神。特别是在我国生产力还很不发达的基础上发展社会主义市场经济，以振兴中华为已任、以全心全为人民服务为宗旨的共产党员，更应该具有奉献指神。中国共产党是最先进、最有觉悟的党，是全国各族人民利益的忠实代表。江泽民同志《庆祝中国共产党成立七十二周年座谈会上的讲话》中强调，在新时期共产党员要做“艰苦奋斗、无私奉献、全心全意为人民服务的模范”。因此，作为共产党员，党的宗旨不能忘，无私奉献精神不能丢，坚决杜绝把等价交换原则引到党和国家的政治生活中来的现象，在社会主义市场经济中，带领人民群众，实现我们党的奋斗目标。

2. 社会主义与资本主义的本质区别及其相互关系问题

调查结果表明，有部分党员担心在建立社会主义市场经济任制过程中，社会主义与资本主义越来越趋同，14%的党员认为“21世纪的中国，将是共产党执政但不一定是社会主义国家”。这说明，在一些党员思想中，在如何正确认识我国市场经济体制的性质这一重大问题上，确实存在模糊认识。要澄清这个问题，必须克服部分党员思想中“左”的思想的干扰，使党员明确以下几个问题。

第一，必须明确社会主义与资本主义有着本质的区别。列宁说过，“社会主义即生产资料公有制和按劳分配”。这就是说，社会主义的本质特征是生产资料公有制和实行按劳分配。因此，社会主义与资本主义的本质区别就在于所有制性质和与之相适合的分配形式的不同。当前，我国正处在生产资料公有制和按劳分配为主、其他经济成分和分配形式为补充的社会主义初级阶段，在建立社会主义市场经济体制的过程中，虽然产生了一些非公有制和非按劳分配的因素，并得到一定程度的发展，但是，生产资料公有制和按劳分配的主体地位没有变，我们坚持的还是社会主义道路。

邓小平同志提出：“社会主义的本质，是解放生产力，发展生产力，消灭剥削，消除两极分化，最终达到共同富裕。”在这里，虽然没有出现公有制和按劳分配，但从社会经济角度看，“消灭剥削”“消除两极分化”“共同富裕”，所指的就是公有制和按劳分配，这与列宁对社会主义本质的概括，意义是相同的。

资本主义则是建立在生产资料私有制基础上的。它的主要分配形式是按资分配，是资产阶级无偿占有工人所创造的剩余价值，是两极分化日趋扩大的社会。另外，由于生产资料的私人占有形式与生产的社会化之间的矛盾，资本主义的生产关系必然严重阻碍生产力的发展，导致经济危机和社会动荡，客观要求改变生产关系以解放生产力，这是社会主义必然代替资本主义的根本原因。

第二，必须明确市场经济只是一种手段。它不是判断社会性质的标准。社会主义与资本主义在经济发展过程中也有某些相同的地方，当前最明显的是两种社会制度都以市场经济作为发展手段。有些党员之所以对社会主义市场经济产生错误认识，看到我们引进资本主义国家的生产设备、引进一些外资、借鉴一些资本主义的管理方法，就认为社会主义与资本主义越来越趋同，认为这样发展下去就会演变为资本主义。显然，在这些党员思想中“左”的思想还在作怪。同时，我们对实行改革开放和发展社会主义市物经济的客观要求及其必要性、对作为经济手段的计划经济和市场经济的实质还缺乏足够的认识。邓小平同志说："计划多一点还是市场多一点，不是社会主义与资本主义的本质区别，计划经济不等于社会主义，市场经济不等于资本主义。计划和市物都是经济手段。"

第三，必须明确社会主义一定能战胜资本主义，这是历史发展的必然规律。

3. 腐败现象与党风的关系问题

党内的腐败现象，的确是直接影响党风的重要因素，严重地损害了党的形象。但是，我们不能因党内存在腐败现象而对端正党风缺乏信心，应该用唯物辩证法来分析党风问题。既要看到目前党风的主流是好的，又要看到党风存在的严重问题。正如江泽民同志所说的，我们不能因为今天党内发生的某些消极腐败现象而看不到党的主流是好的，更不能因为党的主流是好的而对存在的问题视而不见，掉以轻心。

我们说，党风的主流是好的。其主要依据是：第一，党的十一届三中全会以来，党的思想路线、政治路线和组织路线是正确的，并得到了贯彻执行，取得了举世瞩目的成就。这是党的政治、思想、组织、作风状况的最明显的反映，是党风中极为重要的内容。第二，各级党组织在贯彻执行党的基本路线和各项方针方面、在团结和带领群众艰苦奋斗进行社会主义现代化建设中，发挥了应有的作用，从而使党风建设的实践更广阔和深入。第三，绝大多数共产党员和党的干部发挥了先锋模范作用。

另一方面，我们也应该看到，以官僚主义和以权谋私为主要特征的不正之风也相当严重，特别是腐败问题十分严重。为此，党中央特别强调在新时期加强廉政建设的重要性。十三届六中全会通过的《关于加强党同人民群众联系的决定》明确指出："在改革开放，发展商品经济条件下，共产党员更加需要自觉保持清正廉洁，坚决反对腐败行为。如果听任腐败现象蔓延，党就有走向毁灭的危险"。党中央已经把深入开展反腐败作为一场斗争来进行，而且要"深入、持久，更有成效地进行下去"。因此，作为一名共产党员，在认识到党风主流是好的基础上，更应该坚信，党风中的严重问题也会得到彻底解决。

三、对今后加强党员思想政治教育工作的几点思考

第一，深入学习邓小平同志建设有中国特色的社会主义理论，不断提高党员的思想认识。这一理论是建立社会主义市场经济体制的理论依据。只有深刻领会其精神实质，才能克服“左”的思想的干扰。澄清党员思想中的模糊认识，使党员统一思想，在建立社会主义市场经济体制过程中发挥先锋模范作用。

第二，增强党员思想政治教育工作的深度，克服形式主义。高校党员的特点是文化层次高，思想敏锐，对事物认识深刻。因此，在进行党员思想教育工作中，应该进一步增强思想教育内容的深度，做到求新、求深、求实。

第三，对党员的思想教育，一定要落实到党员的实际工作中。高校党员中绝大多数是知识分子，他们固然重视物质生活待遇，但他们更重视事业成就，更重视发挥自己的才能，希望受到尊重。因此，对党员的思想教育，要落实到如何调动党员的工作积极性上来，给他们创造健康和谐、齐心协力、心情舒畅的工作环境，使党的思想工作真正渗透在实际工作中。

从党员思想实际出发 认真抓好今后三年党内思想理论教育*

党的十四届四中全会《关于加强党的建设几个重大问题的决定》中指出，“要以提高素质，增强党性为目标，加强和改进党员教育及管理工作。从现在起，用三年的时间，在全体党员中有计划有步骤地开展一次建设有中国特色的社会主义理论和党章的学习活动。”为了掌握我院党员教职工在新形势下的思想状况，有针对性地进行党员思想理论教育，进一步提高理论教育的实效性，在党委的领导下，今年上半年我们会同各党总支、支部，通过个别谈心、专题座谈、问卷调查等形式，对党员的理想信念、世界观、人生观，贯彻党的宗旨，履行党员义务，行使党员权利以及党员发挥模范作用等情况进行了普遍的调查研究，并有重点地进行了典型剖析。现将这次调查的分析结果以及我院党委对今后三年如何抓好党员思想理论教育的几点意见汇报如下：

一、我院党员教职工队伍的基本状况（略）

二、我院党员队伍思想政治素质状况分析（略）

三、今后三年对党员进行思想理论教育的几点意见。

根据我院党员学习“特色理论”和党章知识调查问卷的统计结果以及对党员思想状况的调查分析来看，我们感到党的十四届四中全会提出用

* 此文发表于北京高校党校协作组《党校信息》1995 年第 3—4 期，作者为刘超美、马兴彦。

三年时间对党员进行“特色理论”和党章的学习教育活动是非常及时和必要的，为我们基层党组织创造了一个对党员进行教育的社会大环境，但是对党员教育的成功与否关键是看能否收到实效。紧密结合党员的思想状况和本单位的中心工作来进行，以“严、实、活”作为党员教育的“三字经”，应成为此次学习的活动的基本要求。

1. 把学习建设有中国特色社会主义理论，进一步坚定理想、信念作为党员教育的指导思想的中心内容，解放思想、实事求是作为建设有中国特色社会主义理论的精髓，是党性的一条重要原则。学习“特色理论”应主要引导党员学习和掌握它的立场、观点和方法，只有这样，才能正确地对待改革中出现的新生事物，也才能正确地认识和处理现实生活中出现的各种问题，在改造客观世界的同时注意改造自己的主观世界，不断坚定理想和信念。调查中49%的党员不知道我国现阶段的主要矛盾，30%的党员不知道建设有中国特色社会主义理论回答了一系列什么问题，3%的党员不能准确概括出社会主义本质。以上情况表明，不少党员对“特色理论”的学习还很不够，对社会主义发展道路、发展阶段、根本任务、发展动力、社会主义建设的外部条件、政治保证、战略步骤、领导力量和依靠力量、“一国两制”实现祖国统一等建设有中国特色社会主义理论的主要内容缺乏系统的学习和深刻的理解，这些问题只有紧密联系我国改革开放和现代化建设的实际，进行系统的理论学习后才能使广大党员具有正确的理想追求和坚定的信念。

2. 把学习党章和实践党章作为党员教育的工作思路。党章是规范党的各级基层组织和每名党员行为的最具权威性的大纲，学习党章不只是在入党之前，更重要的是入党之后还要在实践中不断学习。在进行党章知识问卷调查中，在“关于党员在党的会议上有哪些权力”时，57%的党员没有答全面。对党章中关于“党员吃苦在前，享受在后，克己奉公，多做贡献”的要求，66%的党员没有完全答准确。学习党章是加强党员党性教育和增强党员党性锻炼的理论基础，全心全意为人民服务是党性的核心。我们要求党的基层组织可通过开展通读一遍《党章》，进行一次党章学习的闭卷考试，召开一次《学习党章　做新时期合格党员》研讨会，并通过一些具体活动，不断赋予新的内容，做到常学常新，融进党员教育的每一个环节。

3. 党员教育必须把“严和实”结合起来抓，特别是需要有扎实的工作措施。对党员的实际情况做到“对症下药”。在发展社会主义市场经济的新形势下，党员的思想中会不断出现新矛盾、新问题，我们只有随着形势的发展变化，引导党员在学习中紧密结合自己的工作和思想实际，通过多种形式加强党员教育，党员的思想才能适应新形势的发展变化，党的生活才能生动活泼，富有吸引力，党的队伍也才能具有凝聚力、战斗力。总之，党员教育重在实效、贵在经常，理论联系实际“贵在联系”。

4. 在强调认真履行党员义务的同时，对一般党员来说必须加强正确行使党员权利的教育。在贯彻执行民主集中制的问题上，部分党员认为这是上级党组织的事，与自己的关系不大，这反映出他们还缺乏党员权利意识。也有的同志认为党组织决策大事，但在落实中大事要化解为许多小事，许多部门在抓小事中走了样，实际上是架空或否定了集中所产生的决策，这反映了一个监督的问题。一些党员在党风不正问题上，议论多、监督少，不负责地批评多，认真负责地建议少，这些问题反映出我们很多党员的权利和义务意识还很淡薄，需要在党章学习在不断增强。我们认为，党的民主集中制原则，赋予了党员权利和义务，对普通党员和党员干部要求侧重点不同，在实际工作中党员都应自觉地行使权力和履行义务，这要视其为一种基本觉悟。

5. 精心组织安排好每个专题教育，内容应紧密结合学校中心工作和党员最关心的热点问题，坚决克服形式主义，真正达到学有所获的目的。

6. 要求各基层支部注意调查研究，摸清党员中存在的主要问题，结合本部门实际制定出切实可行的学习计划和具体实施方案。

7. 重视培训学习骨干，要求基层党支部书记先学一步，为组织辅导党员学习做好准备。今年暑假院党校组织了各基层支部书记和党委机关各部门负责人参加的理论骨干培训班。从 7 月 16 日至 21 日，共计 6 天时间。为保证学习效果，培训班采取自学研读原著、辅导、参观、讲座、写书面收获等方法。先自学《邓小平文选》第三卷重点篇章和《建设有中国特色社会主义理论学习纲要》，组织大家收听吴树青同志的《关于社会主义市场经济体制的几个问题》和薛汉伟同志的《关于社会主义本质论断的几个问题》等报告录音。在学习中，大家紧紧围绕“什么是有中国特色的社会主义、怎样建设有中国特色的社会主义”等问题，基本上做到了认真研读，抓住精髓，弄懂本质，领会观点，把握体系，掌握核心，牢记根本任务。进一步加深理解了邓小平同志建设有中国特色社会主义理论。党委正副书记全部参加了培训学习，体现了党委领导对理论学习的重视。通过培训班的学习，提高了领导干部的理论水平。从本学期初起，党校又分期举办了学习邓小平建设有中国特色社会主义理论处级干部读书班，大家普遍反映收获较大。这为在全院党员和教职工中开展邓小平建设有中国特色社会主义理论的学习活动培训了理论骨干，奠定了思想基础。今年下半年，我们还要广泛组织全体党员开展理论学习和党性教育活动。今后，对这种有重点、分层次的学习形式，我们还要继续经常持久地坚持下去并在实践中积极探索更多行之有效的新形式。

我们相信，只要持之以恒，我院广大党员和干部的理论水平和政策素养就一定能够得到明显的提高。

论转型期领导干部决策之德*

决策，是领导活动最重要的行为方式之一，也是领导干部的根本任务之一，贯穿于领导工作过程的始终。任何一级领导，包括从中央到地方，从最高部门到基层单位都是如此。毛泽东同志把领导决策形象地比喻为"出主意"。

改革开放以来，在由计划经济向市场经济转轨的过程中，我国社会经济结构发生了深刻变化，各方面出现了前所未有的新情况、新问题，领导决策的外部环境较之计划经济时期更加复杂多变，领导决策的内容科技含量不断加大。领导决策面临着以下几个重要的转变，即从确定型决策向风险型决策的转变；从经验型决策向科学化决策的转变；从家长制决策向民主型决策的转变。在市场经济不断发展的新形势下，作为一名领导干部，要想使自己的决策努力适应以上几个重要变化，进而达到决策的系统化、科学化、综合化，不仅需要掌握丰富而又真实的第一手材料，具备一定的专业理论知识，而且需要讲求决策之道，要有强烈的责任感、广泛的知识面和海纳百川的胸怀。

---

* 这是刘超美2000年撰写的北京市委党校99行政管理硕士研究生班学习心得。

一、决策的目标性要求必须坚持人民利益高于一切的决策原则

领导干部决策品德的最基本的一条要求，就是坚持人民利益高于一切，坚持“三个有利于”的决策标准，坚持全心全意为人民服务的宗旨。这一要求，不仅体现在决策中的目标确定上，而且要体现在方案的制定、选优和实施的全过程之中。决策中要体现眼前利益服从长远利益，局部利益服从集体利益，个人利益和集体利益服从国家和全民利益的基本利益原则，决不允许有任何违背人民意愿，违背人民根本利益的倾向存在。

坚持人民利益高于一切的决策原则，是由中国共产党的性质和本质特征所决定的，是讲政治的重要体现。中国共产党是中国工人阶级的政党，是以工人阶级为基础，由工人阶级先进分子所组成。党的路线、方针、政策坚定不移地体现工人阶级和广大人民群众的利益和意志，党的根本宗旨是为人民服务，党除了广大人民的利益没有自己特殊的利益。江泽民同志关于“三个代表”的讲话精神是在新的历史时期对党的本质特征的进一步阐述，中国共产党代表广大人民根本利益的这一本质特征，决定了党的每一名领导干部必须按照这一本质特征的要求来改造自己的思想，规范自己的行为，时时刻刻把人民利益高于一切作为自己的决策原则和道德。

二、决策的风险性要求必须具有强烈的责任感

领导干部对自己所承担的职责具有强烈的责任感，高度负责，这是决策之核心，是做好决策工作的根本前提。没有这种强烈的责任感，就会使决策成为主观武断或者是导致决策实施后的落空。

决策，作为领导者为履行职能而进行的一种决定问题和采取对策的行为，具有一定的风险性，正如古人所云：“行车走马三分险”。在对外开放和市场经济条件下，我国同世界各国的经济政治文化等的交流日益频繁，相互制约、相互影响已成为当今世界各国交往的一个特点。我国社会

发展的速度进一步加快，社会的内部动力进一步激活，所蕴藏的能量释放的空间进一步加大。在这种情况下，社会运动的模糊性增加，决策的相关因素增多，决策的后果难以准确预测。这些都加大了决策的风险性，这就要求我们应当具有开拓进取、敢于冒风险的精神和胆量，这既是领导干部坚持解放思想、实事求是的党的思想路线的重要体现，也是考验领导干部水平和能力的重要标志，在没有先例可循的情况下，作出科学、准确、合理和及时的决策，这就需要领导干部有强烈的责任感。首先，有了强烈的责任感，就能增强敢冒风险、开拓进取的自觉意识，可以稳定情绪，促进思考，而且在一定认识的基础上，激发智慧，磨砺意志，提高洞察力和决策力，从而化险为失。其次，有了强烈的责任感，就能充分发挥决策能力，最大限度地发挥聪明才智，作出科学的决策。再次，有了强烈的责任感，就能有坚定的原则性。领导干部在决策中必须坚持以大局为量，出以公心，以党和人民的利益为重的原则，坚持对上负责和对下负责的一致性。如果在重大是非面前，不是服从真理，尊重事实，而是察言观色，见风使舵，“事不关己，高高挂起”，“明知不对，少说为佳”，这样不但不能作出正确决策，而且败坏党风，是典型的不“讲正气”的表现。

可见，风险性和责任感在决策中是一对矛盾。责任感越强，所遭受的风险就越弱；反之，就会“如履薄冰”，丧失决策能力或者作出错误决策。同时，领导干部要增强决策中的责任感。

三、决策的科学性要求具有广阔的知识面和复合的知识结构

人类已经进入 21 世纪，现代科学技术的巨大进步正在推动着传统的经验决策方式迅速转变为现代科学的决策方式。系统论、信息论、控制论和运筹学等新学科的发展，网络和多媒体技术的广泛应用，现代管理理论对决策各个环节的渗透等，这些都推动决策活动达到一个新的水平。因此，要做到科学决策化，既要有尊重科学，服从科学的精神，又要有驾驭

科学决策的能力。要做到决策科学化，决策者首先要有科学的思维方式，即要掌握马克思主义基本原理，以科学的理论为指导，按照严格的科学程序，去思考和认识问题、解决问题。二要重点掌握本专业的基本理论，努力学习新知识，改善知识结构，努力使自己成为“专家中的杂家，专才中的通才”，以指导科学决策。如果知识贫乏，势必会对问题判断不准确，在决策中举棋不定，甚至作出错误决策。如在当前市场经济条件下，从事经济工作的领导要作出市场竞争的决策，就必须掌握和了解市场竞争的表现形式，懂得产品、价格、宣传和服务四个方面的竞争，通晓有关经济法规等；三要通晓现代管理科学。当今时代，各种现代管理学科在交叉中发展，学习和掌握现代管理科学的基本知识对科学决策有着极大的催化作用。四要密切关注国内外政治、经济、文化、教育等发展形势，使作出的决策体现出宏观整体的战略性眼光。

四、决策的民主性要求具有海纳百川的胸怀

要做到决策的科学化，必须有决策的民主性做基础。而要做到决策的民主性，领导干部所具有的宽广胸怀是重要保证。

决策的民主性，简而言之，就是用集体决策来代替个人决策，决策集中体现集体的智慧，而不是个人或少数人说了算。为此要克服或注意以下几种情况：一是以个人或小团体的意见来代替集体决策；二是以感情代替原则和科学，即以“老战友、老上级、老部下、老同学”私情为准则决策；三是先入为主，哪种看法先到脑子里，就首先成为真理，后来者一概排斥；四是感情冲动，一意孤行，铤而走险；五是人云亦云，没有主见。

一个决策领导者的博大胸怀，主要表现在两个方面：一要正确对待自己，能够看到自己的错误和不足，并勇于自我批评，自我纠正。作为领导干部，自身主观上都希望所制定的决策符合客观事物的发展规律，但由于我们的认识水平和思想水平的限制以及事物本身的复杂性，也难免出现一些偏差。因此，适时发现和纠正偏差，调整那些不符合实际的部分决策，

也是领导者的重要职责。对一旦被实践证明是失误的决策，不论是整体性失误还是局部性失误，都要及时进行校正和完善，并要主动承担责任，决不可把责任推给别人，推给下级，更不能推给群众，这既是领导干部应具有的决策胸怀，也是领导干部坚持真理，纠正错误，“讲正气”的具体体现。二要正确对待下属和群众。李瑞环同志在任天津市委书记时，在同民主党派座谈时说道：“领导的高明之处，首先不在于自身具有的才智，虽然才智对领导是必不可少的，但更主要的是他善于把群众中好的意见集中起来，坚持下去。”决策的民主性不仅体现在广泛听取群众意见，而且更重要的是善于在听取各种意见的基础上集中正确的意见。在领导决策中，根据多数人的意见进行决策，这是比较容易做到的。但有一种倾向要引起特别注意，就是有的领导以尊重大多数人意见为名，不敢负责，放弃领导，缺乏坚持真理、力排众议的优良品质和作风，实际上这不是从群众中集中起来的正确意见，而是毛泽东同志曾经批评过的“尾巴主义”。这种决策的后果往往不是朝令夕改，就是缺乏政策的连续性和一贯性。

可见，在决策民主性上的博大胸怀，不仅是领导方法和领导作风问题，而且也是有道德方面的意义。

最近，江泽民同志在全国宣传思想工作会议上强调：“我们在建设有中国特色社会主义，发展社会主义市场经济的过程中，要坚持不懈地加强社会主义法制建设，依法治国。同时，也要坚持不懈地加强社会主义道德建设，以德治国。”这一讲话精神，对领导干部正确地认识和履行好决策的权力有着重要的现实意义。在社会主义市场经济条件下，领导干部不但要做到依法决策，同时还要做到以德决策，领导干部的决策之德事关党的思想建设，对精神文明建设起着重要作用。我们每一名领导干部要坚持法、德并重的决策原则，正确行使好人民赋予我们的决策权力。

浅谈高校组工干部新形象*

2013年上半年以来，一个以“公道正派”为主要内容的“树组工干部新形象”的集中教育活动，正在全国组织系统广泛开展。这是组织部门和组工干部兴起学习贯彻“三个代表”重要思想新高潮的重要载体，也是“非典”之后对党务干部形象的反思和总结。下面结合高校实际和自己多年组织工作经历谈几点体会。

一、开展这项活动的背景、目的和意义

公道正派是组工干部最本质的要求，是组工干部最核心的内容，是组织部门的职责和性质决定的。在高校，党委组织部不仅肩负着党的组织工作和干部工作的重要职责，而且还担负着知识分子工作。组工干部的形象，不仅代表个人形象，而且代表了党的形象。作为管干部的干部，管党员的党员，自身形象不好，就很难开展组织工作。综观古今中外，其政权丧失的根本原因大多源于吏治的腐败，这也是当前老百姓对用人上的不正之风深恶痛绝的原因所在。

公道正派是一个老话题，为什么老话重提？第一，老话要常讲，优良传统不能丢。第二，老话要常新，不断赋予公道正派新的时代内涵和内

* 这是2003年9月16日刘超美撰写的工作心得。

容。第三，当前存在的问题要引起高度重视，并切实加以解决。

结合我校实际，开展“树组工干部新形象”教育活动，不应仅限于组工干部，应包含全体党务干部。公道正派对于组工干部而言是最核心、最基本的要求；对其他党务干部来说，是更高层次的精神境界、道德理念和党性要求。

二、组工干部在素质方面应具备的特点

（一）对己清正：组工干部的立身之本

组织干部政治上要清醒、坚定，树立正确的世界观、人生观、价值观，任何时候、任何情况下，都要忠诚于党和人民，与党中央保持高度一致。思想上要坦荡，光明磊落，“清清白白做官，堂堂正正做人”。在干部人事问题上不搞封官许愿、拉拉扯扯、“跑风漏气”。对违反党的干部政策的错误行为和做法，敢于批评；对各种跑官风、说情风，敢于抵制。“守得住清苦，耐得住寂寞，受得住委屈”，“不为名利所惑，不为浮华所动”。

要在管好自己的前提下，处理好内外关系。对内要严格，组织部门是管党员、管干部的部门，这就决定对组织部门的干部要求应该更高、更严。有些话别人能说我们不能说，有些事别人能做我们不能做，有些场合别人能去我们不能去。严格出人才，出效率，出质量。组织部门的领导同志要敢于坚持原则，不做“老好人”，发现同志有了苗头性、倾向性问题，要及时提醒，把可能出现的问题解决在萌芽状态。对外要平等。由于我们工作的特殊性，各方面对组织部门比较尊重，往往“高看一眼”。越是这样，我们越要保持清醒的头脑，谦虚谨慎，平等待人，任何时候都不要忘乎所以。我们要以组工干部特有的人格魅力，进一步增强“党员之家”“干部之家”“知识分子之家”的亲和力。

自古以来，人们就把做官先做人看作是从政为官的美德。古人云“官德毁，而民德降，德不厚者，不可使民”。官德关系国家前途和民族

命运。胡锦涛同志在“七一”讲话中高度评价组工干部的楷模郑培民“做官先做人，万事民为先”的高尚情怀，并指出领导干部要着力解决好人品官德问题。一要注意提高品位（境界、眼界、胸怀），常修为官之德；二要守住本分，常想立身之本（以诚为本、以实为本、以公为本）；三要谨守防线，常思贪欲之害（慎交友，少应酬，不搞庸俗交往，真正把心思用在工作和学习上）；四要重视小节，常怀律己之心（勿以善小而不为，勿以恶小而为之）。

（二）公道正派：组工干部的党性原则

对人公正，是组工干部为人的基本要求。组工干部要出以公心，全面地了解干部，公正地评价干部，合理地使用干部。要坚持原则，实事求是，敢讲真话，敢于反映真实情况，敢于坚持正确意见，特别是当干部受到不公正对待时，要敢于讲公道话，主持正义。要按照德才兼备的原则，不拘一格把那些有开拓精神、肯干事、能干成事的优秀干部，选拔到重要领导岗位上来，同时也要合理使用那些长期勤勤恳恳、埋头苦干的“老黄牛”式的干部，不让“老实人不吃亏”。

公道正派是组工干部一切工作的准则，体现到干部工作中，就是认真贯彻中央关于选人用人的方针政策，着力构建选人用人的公正机制，确保选人用人公正机制的有效运行。公道正派需要良好作风来保证。具体到组织工作中就是用好的作风选人，选作风好的人。公道正派是组工干部高尚思想境界的具体体现。

（三）甘为人梯：组工干部的思想境界

（四）海纳百川：组工干部的宽广胸怀

（五）发展需要创新，创新必须务实

一个国家、民族、政党的兴衰成败无不与能否创新密切相关，创新就是与时俱进，与时俱进则存则兴，反之则衰则亡。唐朝初年，唐太宗李世民通过“动静必思隋氏，以为殷鉴”，改革吏制，励精图治，造就了有名的“贞观之治”。相反，清王朝经历“康乾盛世”之后，因为闭关自守，不思改革，最后国破家亡，任人宰割。

创新必须具有高尚的动机，科学的精神和务实的态度。近年来，“创新”的观念深入人心，广大干群意气风发，推动各项工作不断上新台阶。但是，也不能曲解了创新的科学内涵，不讲实效，不切实际，一味贪大求洋，这样的所谓“创新”，不仅不是创新，反而劳民伤财。

实践证明，创新之要，重在务实。不能务实，再好的思路，再美的规划，再新的举措，也只是一纸空文；不能务实，不但办不成事情，还会败坏党风政风阻碍社会经济的健康发展。只有说实话、办实事、求实效，说一句算一句，办一件成一件，才能搞得好工作，取信于民。

总之，发展需要创新，创新必须务实。作为一名基层领导干部，必须始终保持与时俱进的精神状态，在务实中撞击创新的思想火花。只有这样，才能不负党和人民的厚望，把“三个代表”重要思想落到实处。

二、新时期高校党务干部应具备的素质和形象

新时期高校党务干部应具备视野宽、境界高、能力强、仪表美的良好形象，通过修养，达到内在素质与外在形象的协调统一，努力改变过去群众所形容的“一根烟，一杯茶，一篇报纸读半天”“一支笔，一张纸，一篇文章管半年”的说教式形象。

（一）视野要宽。看问题不局限于就事论事，坚持全面的、联系的、发展的观点，增强做好工作的责任感和自觉性。

（二）境界要高。对待人和事不局限于一己私利，高校党务干部的精神境界体现在团结、敬业、务实、严谨、创新、奉献几个方面。

（三）能力要强。首先是认识能力要强，其次是业务能力要强，第三是协调能力要强，第四是亲和能力要强。

（四）仪表端庄。容貌要精神，着装要得体，谈吐要文明举止要有度。

总之，党务干部要在做好本职工作的同时，努力使自己成为研究型的干部，每个人都应经常问题自己这样一个问题，我一旦不干这个工作，我还能干什么？

以领导干部作风建设促进和谐高校的构建*

2007年1月9日，胡锦涛总书记在中纪委第七次全体会议上的讲话中强调，“我们要从党和人民事业兴衰成败的高度，从全面建设小康社会、构建社会主义和谐社会的全局出发，充分认识加强领导干部作风建设的极端重要性和紧迫性”。对高校来说，领导干部的作风将直接关系到和谐校园的构建，关系到内外的形象和学校健康协调科学发展。

一、领导干部作风建设在构建和谐高校中的关键作用

高校作为社会的一个基层单位，对构建和谐社会具有特殊的引领、示范和推动作用。近年来，我国教育事业的总体规模迅速扩张，老百姓受高等教育的机会大大增加，同时，由于教育投入缺乏制度保障，在政策上又出现了“产业化”的一些举措，导致了种种不和谐的现象。当前，构建和谐高校已经成为各个高校决策者的共识，并先后提出了构建和谐高校的目标和任务。在这种背景下，努力加强和改进高校领导干部作风建设，是贯彻落实科学发展观、构建社会主义和谐高校的根本要求。从一定意义上

---

* 这是刘超美撰写的2007年领导干部理论文章，获评中共北京市委宣传部2006年度北京市局级领导干部优秀理论文章二等奖。发表于《中国高等教育》2007年第19期。

讲，高校的和谐与否将直接关系到我国社会的稳定与和谐。因为它承担着为社会培养人才、科学研究和服务社会的三大主要功能，对构建和谐社会具有特殊的引领、示范和推动作用。

高校领导干部的优良作风，是构建与影响校园和谐的基础。在高校的各项建设工作中，和谐校园建设是一个重要的组成部分。而实现校园的和谐，人际关系和谐则是关键。和谐的人际关系有利于全面贯彻党的教育方针，有利于营造培养高素质人才的学习环境。应该说，领导干部的作风对学校的风气有着非常重要的影响，管理者的一言一行，教师的一举一动，服务人员的举手投足，都折射着领导干部作风的好与坏。因此，高校领导干部优良的作风是构建与影响校园和谐的基础，也是实现学校发展目标的重要条件。

高校领导干部优良的作风，比较集中地体现在如何处理好师生的利益关系上。高校中的利益群体主要包括领导干部、教职工、学生三类以及由此形成的干群和师生等两大内部关系。没有和谐的干群关系就不可能有和谐的师生关系。要处理好这两大内部关系，领导干部必须把事情办得公开、公正、公平，因为师生的信服是高校和谐不可或缺的因素。从一定意义上讲，一所高校的干群关系和师生关系是高校领导干部的作风的直接体现和间接反映。和谐的干群关系需要高校领导干部以优良的作风去营造，只有教职员工感受到了真正信任和关爱，他们才能用心关爱学生，继而达到师生和谐，取得最佳的教育效果。

高校领导干部的作风建设，有利于师生形成符合时代要求的、能够凝聚师生共识的主流价值观念。全球综合国力竞争对高校师生产生了直接影响，各种不同意识形态的斗争使高校党员干部、师生的思想认识更加复杂化和多元化，改革深化引起社会各种利益关系的调整使得师生、党员干部的思想呈现出不稳定性和多样性，社会上的消极腐败现象也不可避免地渗透到高校中来。这些因素的作用，使高校领导干部的作风建设面临许多新的情况和严峻的挑战。因此，高校领导班子要根据社会的发展和变化，从转变领导干部的作风入手，进一步增强执政能力，树立科学的政绩观，用良好的政德影响师生，从而形成符合时代要求的、能够凝聚师生共识的主流价值观念在此前提下，使学校成为发展学术、弘扬文化、传播文明的精神园地，切实为构建和谐高校提供有力的软环境保证。

二、当前高校领导干部作风建设存在的主要问题

第一，部分高校对新形势下加强领导干部作风建设重要性的认识还不到位。有的高校领导干部，在办学指导思想方面存在着“六重六轻”问题：即重外延，轻内涵；重硬件，轻软件；重科研，轻教学；重智育，轻德育；重教书，轻育人；重投入，轻产出。有的“双肩挑”高校领导干部不能正确处理领导工作与业务工作的关系，讲业务工作头头是道，谈校风讲作风却无话可说。由于认识不到位，少数领导干部的理论水平和领导水平不能完全适应工作要求。有的高校领导班子中心组理论学习质量不高，直接影响了领导班子的战略研究能力和科学谋划水平。

第二，思想解放不够、实事求是不够的问题，在高校领导班子和领导干部中还不同程度地存在。一些高校领导干部对事关学校发展全局的大事思考不深，站得不高，看得不远。有的高校领导班子对办学理念和办学指导思想问题重视不够，缺乏宏观思考和战略研究，没有很好地结合地区、行业和本校的实际，科学地制定好“十一五”规划。一方面，有的高校没有找准自己的位置和发展目标，没有形成自己的办学特色，在改革与发展、办学规模与办学效益、招生数量与教育质量等关系上处理得不够好，在发展速度、招生规模、基本建设等方面超越实际，盲目攀比，贪大求全、讲排场、比阔气；另一方面，有的高校尤其是起点低、基础较差的高校在发展问题上顾虑重重，谨小慎微，求稳怕乱，畏惧困难，回避矛盾、“等、靠、要”的思想还比较普遍。

第三，形式主义和官僚主义在高校领导干部中有所上升。有的高校领导班子不能正确认识和处理好规模与质量、结构、效益之间的和谐关系，高等教育发展规律与市场经济发展规律之间的和谐关系，服务社会与坚持

大学品格之间的和谐关系，学校生存质量与师生生活质量之间的和谐关系，高校与地方、行业之间的和谐关系。有的高校领导干部不认真领会中央精神，不深入了解学校情况，不能形成有效的办法和工作思路；有的想问题、办事情、作决策不能以学生为本，侵害学生的根本利益；有的对广大师生员工的呼声听而不闻，引起群众不满，干群关系紧张；有的服务社会意识不够，没能很好地与地区和行业沟通联系。

第四，学术造假和学术腐败问题在一些高校呈上升态势。一些高校领导认为现在高校也是一个小社会，与社会的联系越来越多，有一些不正之风也难免。有的利用职权搞学术腐败；有的高校受利益的驱动，乱收费、乱办班、乱发文凭，有的甚至直接跃入商潮，导致许多与商业有关的不良现象、投机心理等都涌入校园，使大学的育人功能和精神面貌发生了变异；有的领导干部缺乏接受监督的意识，律己不严，在课题申报、学校基建、项目投资中以权谋私或弄虚作假，甚至触犯刑律；等等。

三、以领导干部作风转变促进和谐高校建设

改进思想作风，要在创新求是上下功夫

面对高校面临的新形势和新任务，必须进一步增强贯彻科学发展观的自觉性。一方面必须要解放思想，即创造性地开展和谐校园建设，要把高校工作放在构建社会主义和谐社会的大局中去认识，放在实施科教兴国战略、培养社会主义事业合格建设者和可靠接班人的使命中去谋划。要结合地区、行业、本校改革发展的问题，加强宏观思考和战略研究。要因地制宜、因校制宜，要科学谋划、整体布局，抓紧制定和谐校园建设的整体规划，为和谐校园建设提供科学的行动指南。另一方面，必须强调实事求是，即坚持一切从实际出发，把对上负责与对下负责结合起来，在社会主义和谐校园建设中，提出切实可行的落实措施和办法，并能有效地推进工作。

第一，改进学风，要在学以致用上下功夫。当前，我国高等教育已经

步入大众化阶段，面临的新矛盾、新问题层出不穷，特别是高等教育质量还不能完全适应经济社会发展的需要，高校教育观念、人才培养模式、教学内容和方法需要进一步转变，高校教师队伍水平亟待提高，高校毕业生就业面临较大压力。在这样的情况下，高校领导干部如果不在学习和工作中不断提高自己，就难以肩负起历史责任，甚至难以在高校立足。

第二，改进工作作风，要在务求实效上下功夫。当前，我们要抓住学校发展这个重点，一要根据经济社会发展需求，合理确定办学规模，调整学科布局和专业设置，切实提高办学质量；二要以学生为本，深化教育教学改革，加快紧缺人才培养；三要提高教师队伍的整体素质，注重培养学生的社会责任感、实践能力和创新能力；四要推动高校科技创新与人才培养相结合；五要加强学校内部管理，推进校风学风建设。对在工作落实中涌现出的踏实肯干、政绩突出、群众拥护的干部要注意重用，使实干者荣、空谈者耻、造假者辱，从而促进工作作风的根本好转。

第三，改进领导作风，要在服务师生上下功夫。为实现构建和谐高校的各项任务，高校领导干部必须“深怀爱师生之心，恪守为师生之责，善谋发展学校之策，多办利师生之事”。具体而言：一要增强群众意识，以深入细致的思想工作和模范行动，把建设和谐校园的战略部署转化为广大师生自觉认识和积极行动，成为和谐校园建设的强大力量；二要坚持群众路线，畅通渠道途径，注意倾听师生的意见和呼声，及时掌握群众的愿望和要求，合理采纳他们提出的意见和建议；三要强化服务师生意识，多为师生办实事办好事，努力为学生成长、教师的发展提供良好的服务。

第四，改进生活作风，要在拒腐防变上下功夫。一是“筑牢拒腐防变的思想道德防线”。作为文化教育层面的高校领导干部，更应坚定共产主义理想和信念，不断改造世界观、人生观和价值观，提高思想修养和文明程度，自觉做到勿以善小而不为，勿以恶小而为之，于细微之处规范自己的一言一行，做到防微杜渐，警钟长鸣，在思想上高筑拒腐防变的大堤。二是乐于奉献，甘于吃苦。党的形象和威信的树立，在很大程度上取决于领导干部的奉献精神。高校领导干部只有与师生员工同甘苦、共患难，他们才会从心底相信党，拥护党，各项工作才能得到他们的拥护和支持。三是保持清正廉洁，勤政为民。领导干部必须把人民赋予的权力用于为高校师生谋利益上，若以权谋私，既给国家和人民利益造成损失，自己也会身败名裂。

发挥巡视工作在高校领导班子建设中的重要作用*

——北京市局市管高校巡视工作的实践与思考

建立和完善巡视制度，是党的十六大作出的一项重大决策，是加强和改进党内监督制度的创新，是新时期加强领导班子建设的有效途径，是加强党员干部监督工作的一项重大举措。党的十七大把巡视制度正式写进党章，以党内根本大法的形式确定下来，标志着党对各级领导班子和干部的监督步入了制度化的轨道。

为了贯彻落实《中共中央纪委、中央组织部巡视工作的暂行规定》（中纪发［2004］18 号）的精神，北京市委教工委于 2007 年下发了《北京高校领导班子建设巡视制度（试行）》（京教工［2007］14 号），启动了对市属市管高校的巡视工作。目前，已完成对北京舞蹈学院等 5 所院校的巡视工作。笔者有幸参与了北京舞蹈学院的巡视工作，下边结合巡视工作实际，谈一些自己的认识。

一、充分认识巡视工作在高校领导班子建设中的重要作用

近年来，各高校内部的纪检、监察部门在查处违纪违法案件中，对中

* 这是刘超美撰写的 2008 年领导干部理论文章，发表于《北京教育（高教版）》2009 年第 3 期。

层干部和教学科研负责人在财务、基建、仪器设备和图书教材采购、科研经费的监督，以及规范招生收费等方面做了大量工作，为高校的党风廉政建设和反腐败工作作出了重要贡献。同时也应看到，高校内部监督部门对领导班子监督“软”和上级党组织对高校领导班子监督“远”的现实问题仍然存在。

巡视作为上级党组织对高校领导班子监督的一种有效措施，对于促进高校领导班子建设和各项事业健康发展将会起到重要的推动作用。

1. 开展高校巡视工作，解决了监督“软”和“远”的问题。实践证明，领导干部只有在监督中才能健康成长，离开监督的权力就可能产生腐败。巡视工作好比是对干部进行定期“健康体检”，是对被巡视高校领导班子和领导干部最大的爱护。开展对高校的巡视工作，通过发展党内民主、健全监督制度、完善权力制约机制，促使高校领导干部严格按制度办事，少犯或不犯错误，解决了“上级监督远、同级监督软”的问题。

2. 开展高校巡视工作，促进了被巡视学校领导班子建设。巡视组在基本把握学校领导班子建设状况的基础上，比较全面、客观和深入地了解领导班子成员特别是党政“一把手”，找出了领导班子及其成员特别是党委书记、校长在学校工作中存在的不足之处，提出了针对性很强的意见和建议。通过巡视，发现了问题，提出了解决问题的思路和相关建议，进一步加强了班子思想作风建设，增强了班子凝聚力，提高了班子战斗力，同时也增强了领导班子及其成员主动接受监督、自觉维护班子团结的意识。

3. 开展高校巡视工作，助推了被巡视学校事业的健康发展。在巡视工作中，巡视组一方面会总结学校好的办学经验并给予充分肯定，促使学校在原有基础上更好发展；另一方面会掌握学校改革发展中存在的一些问题和隐患，有些问题提交给市委教工委和市教委帮助学校研究解决，有些问题反馈给学校进行整改，促进了学校事业的健康发展。例如，被巡视学校在整改报告中指出，巡视工作实际上是在全面指导、帮助学校，在促进学校发展中起到了其他形式无法替代的作用。

4. 开展高校巡视工作，督促了领导班子加强党风廉政建设。针对高校党风廉政建设在新时期存在的重点问题开展巡视工作，及早发现问题，及时提出反馈意见并督促认真研究解决，对高校领导班子及其成员既是一种有效的监督，也是一种积极的保护。在确保被巡视高校领导干部在复杂环境下政治平安的同时，督促高校领导班子特别是主要领导，注意抓好班子、带好队伍，抓好党风廉政建设和反腐败工作。

二、健全的工作运行机制是做好高校巡视工作的基本保障

高校巡视工作开展的质量如何，主要取决于领导特别是“一把手”的重视程度和工作运行机制健全与否。为此，要提高巡视工作质量，必须做到以下 3 点。

1. 完善领导体制。巡视工作要实行“一把手”负责制，市委教工委主要领导对巡视工作负总责，对重要工作和重大问题亲自抓。市委教工委相关处（室）设立专门巡视工作办公室，在市委教工委领导下相对独立地开展工作。同时建立市教委相关处室（发展规划处、高教处、审计处、财务处、监察室）参加的巡视工作联席会议制度，形成巡视主责部门组织协调、有关部门各负其责的领导体制和工作机制。

2. 健全工作制度。在总结经验和探索规律的基础上，进一步完善《北京市属市管高校巡视工作暂行规定》，设计巡视检查工作流程，明确巡视检查基本程序、工作步骤以及具体环节和操作规范，使整个巡视检查工作程序清晰、细节明确、要求具体。同时制定《巡视工作细则》《巡视工作报告、反馈、交办暂行办法》等补充性规定，进一步规范巡视情况报告、巡视意见反馈、巡视事项移交等关键环节。

3. 强化人员培训。目前，北京市属市管高校巡视组主要由市委教工委干部、已退休的高校党委书记以及在职党委副书记（纪委书记）等 3 方面的人员组成。除了巡视业务培训外，也可由联席会议相关处室负责人对已经生成的单项检查评估报告（如《政府审计报告》）进行介绍等，使

巡视人员提前了解与巡视工作有关的情况，从而提高巡视人员发现问题、分析问题的能力。

三、施行“阳光巡视”是提高巡视工作实际效果的重要途径

根据高校民主氛围相对浓厚的实际，施行“阳光巡视”，对巡视宜于公开的环节和内容让群众知情并充分发表意见，扩大征求意见范围和渠道，赋予干部和教师更多的知情权、参与权和监督权，是提高巡视工作实际效果的重要途径。在实际操作中可以采取以下措施：

1. 适当扩大巡视结果反馈的范围。在巡视工作过程中，从巡视组进驻被巡视单位召开见面会，到综合运用各种方法开展巡视工作，直到最终形成巡视报告，这些基本的工作步骤和环节一定要严格遵守巡视工作程序。但是，在巡视结果反馈环节不能拘泥于程序步骤，随着巡视工作的不断深入，要根据情况灵活运用巡视方法，对广大教职工要求了解反馈意见的愿望，要根据情况适当扩大反馈范围，使更多的人看到和感到巡视的实效，增加监督的透明度，增强巡视的影响力。

2. 适当拓宽巡视征求意见的渠道。一方面可以将巡视征求的意见和经常性考察谈话予以科学地整合，创造干部和教师敢讲真话、敢讲原则的氛围，鼓励群众特别是知情群众充分反映意见，采取启发式、沟通式、交流式谈话方式，进一步深入了解被巡视对象的真实情况；另一方面可以变封闭式考核为开放式考核，注重听取社会各界的意见、建议和反映，在了解和掌握真实情况上寻求突破。如在北京舞蹈学院巡视过程中，巡视组走出去，登门访谈了舞蹈界的专家，了解业界对北京舞蹈学院办学情况的看法，使巡视组人员提高了认识问题的高度。

3. 完善干部的综合考核评价机制。将巡视与干部综合考核科学整合，改进和完善干部考核评价方法，综合运用多种办法考核评价干部，对民主测评、民意调查、实绩分析、个别谈话的结果进行全面分析和多角度对比

印证，与纪检监察部门征求意见和平时了解的其他情况相互补充印证，确保考察结果真实反映考察情况和事实。被巡视高校的一位领导干部深有感触地说："经常性巡视检查工作拓宽了干部考察形式和途径，建立起不间断的监督机制，确实将各级领导班子和领导干部纳入了动态管理和监督之下。"

四、正确处理好"四个关系"是巡视工作有效开展的关键

巡视工作是一项需要多方配合开展的工作。因此在实践中必须注意处理好以下关系。

1. 正确处理好巡视组与学校党委的关系。巡视组在行使监督职权过程中，要加强与被巡视单位党政领导班子特别是主要领导同志的沟通与协调，尊重并听取他们的意见和建议，取得他们的支持与配合。被巡视单位领导班子及成员也要积极配合和支持巡视组的工作，实事求是地汇报工作，客观全面地反映情况，自觉接受巡视组的监督，为巡视组开展工作创造必要的物质条件和良好的政治环境。

2. 正确处理好巡视工作与日常工作的关系。在巡视工作中，巡视组要严格坚持"不承办具体案件、不干预被巡视单位的日常工作、不处理被巡视单位的具体问题、对涉及的紧急情况和重大问题不做个人表态"的"四不"原则。被巡视学校党委要认真履行好自己的职能，不能放下日常工作应付巡视组的监督检查，也不能因为巡视组的存在就畏首畏尾，该抓的工作不抓，该做的事情不做，该解决的问题不去解决。更不能把巡视监督看成是对学校党委的不信任，从而对本职工作消极应付，等待观望，影响正常工作的开展。

3. 正确处理好巡视工作与学校稳定的关系。巡视工作要坚持服从服务于教育教学这个中心，要以维护学校稳定为原则，认真研究解决群众关心的热点难点问题。巡视组要深入基层、深入群众，广泛听取干部群众的

意见，热情接待群众来信来访，对重要问题的反映要按照规定程序进行汇报和调查处理。学校党委也要认真排查问题，有针对性地做好干部教师的思想工作，不能让一些别有用心的人借巡视监督制造混乱，发泄个人私愤，达到个人的政治目的。

4. 正确处理好监督与被监督的关系。巡视组按照上级的要求履行对高校领导班子及其成员的监督职责，同时又是被监督者。因此，巡视工作人员也要增强党性观念，严守工作纪律，自觉接受各方面包括被巡视学校的监督，以自己的政治品格和工作实绩，树立起巡视人员可亲、可信、可敬的良好形象。

五、对进一步做好高校巡视工作的思考

通过为期 1 个月巡视工作的实践，笔者认为，建立巡视制度为新时期加强干部监督工作走出了新路子，为加强干部队伍廉政建设、促进廉洁自律开辟了新渠道，为扩大群众的民主监督权利探索了新途径。为进一步做好市属市管高校巡视工作，应注意以下几点。

1. 把握好巡视工作的“度”。巡视工作政治性、政策性很强，广大干部教师非常关注和敏感，应加大对巡视工作的宣传，引导广大干部群众正确对待和积极参与，避免造成工作神秘化。要切实把握好工作中的“度”，既要坚持原则，又要和风细雨；既要鼓励和支持敢于反映真实情况、勇于揭露矛盾问题的群众，落实好群众的知情权、参与权和监督权，又要对重要情况和问题认真进行分析甄别，实事求是地收集意见和反映问题。

2. 掌握好巡视工作的“面”。巡视的根本任务是要深入了解和掌握巡视对象的真实情况，特别是深层次的问题。要积极探索巡视工作的方式方法，坚持走群众路线，广泛听取干部群众的意见，加强与社会各界的联系沟通和交流，扩大了解情况的范围和渠道，有针对性地开展调查研究和了解情况，进一步提高巡视工作质量。

3. 运用好巡视工作的“果”。巡视检查通过了解和掌握基层领导班子和成员的具体情况，能够形成客观的巡视检查成果。要高度重视和有效运用巡视成果，建立督促检查机制，重点检查反馈意见是否落实，问题是否解决，切实起到总结工作经验、警示苗头倾向、解决存在问题、促进工作开展的目的；要建立完善巡视检查成果运用转化机制，为考察和使用干部提供更多真实可靠和有价值的参考依据，实现巡视情况与干部考察的相互沟通和综合利用。

4. 树立好巡视队伍的“貌”。巡视工作能否取得实效，在很大程度上取决于巡视人员的素质和能力。要选好配强巡视工作人员，合理搭配、优势互补。根据高校各自的学科特点，适当配备符合政治条件的“行家”，并进一步加强业务培训，提高巡视人员的能力水平和政治意识，以扎实的作风、勤奋的工作、高尚的操守和公正的原则，树立可亲、可信、可敬的巡视工作队伍风貌。

高校权力腐败案频发的成因与对策*

清水之地，圣洁之所，这是多少年来人们对高校的一般印象，很少有人会把“腐败”和“犯罪”等与之相联。然而，2009 年 10 月，某高校千万级腐败大案浮出水面，将民众的眼光吸引到高校这一曾经是神圣的“象牙塔”和纯洁的“清水衙门”。事实上在此案之前，高校腐败案频发已成为近年来一个不容回避的事实。

一、当前高校腐败案的新情况新特点

近年来，全国各地高校屡屡惊出腐败大案要案，从具有高校自身特点的学术腐败案逐渐向具有明显社会腐败特征的权力腐败等领域转移，并呈现出多样性、复杂性、群体性等新特点。与社会腐败类型所体现的形式单一相比，高校腐败的形式更是花样繁多，一批学者型的校领导先后成为“阶下囚”。

1. “单平事件”：“单平事件”起因于某高校炒股。2000 年初，某高校打算对校办企业进行股份制改造并争取上市。于是，学校有关负责人和某公司洽谈，在未进行可行性论证和未经校领导班子集体讨论、未报有关部门批准的情况下，便与该公司签订了委托其在证券市场运作的协议，并

* 这是刘超美 2009 年撰写的党的十七届四中全会精神学习心得。

将1亿元资金委托给该公司。该公司收到学校资金并购买股票后，将所购股票用于质押融资。2003年下半年质押的股票被相关证券公司陆续强行平仓，款项被划走，公司当事人潜逃。学校有关负责人在得知学校资金遭受重大损失后，即报案并通过民事诉讼等渠道追款，但仍造成学校所投资金重大损失。有关部门调查后认为，在这一重大资金损失案中，时任校长单平未经科学论证和民主决策，批准将校方巨额资金炒股，造成大量国有资产流失，负有失察责任，其行为已构成严重失职错误。有关部门对“单平事件”的调查发现，单平失职的一个主要原因是把本应由集体决定的重大事项变为个人独断。针对此类问题，教育部新闻发言人王旭明在一次新闻发布会上说，今后高校对大额度资金的使用，必须经过科学论证、经过领导班子集体讨论决定。有关专家表示，有关部门应该从“单平事件”中吸取教训，及时消除高校主要负责人一手遮天的现象，加强权力监督，防止高校因主要负责人权力膨胀而带来损失，同时给高校领导班子加强科学、民主、依法决策也敲响了警钟。为此，从2007年起，教育部直属高校领导干部离职前，必须将“经济责任审计报告”作为交接内容，说明任期内财务收支及有关重要经济活动的真实、合法和效益情况；重要经济指标的真实性及变化情况；各类资产的安全、完整情况；重大经济决策和经济事项决定的程序和效果情况；贯彻执行国家财经政策，建立内部控制制度情况。

2. 权力腐败“窝案”：近些年来，高校腐败大要案中“窝案”、商业贿赂案引人注目。譬如，2002年到2004年的3年间，某高校有7名校级领导干部受查处；1996年至2005年，某高校发生了包括校长在内的5人受贿“窝案”，在本校教学楼、学生公寓、图书馆、体育馆等多项工程项目招标投标及建设过程中为他人牟取利益，5人先后多次单独或共同收受贿赂人民币375.9万余元、美元5500余元；北京市海淀区检察院对辖区50多所高校从1997年到2007年职务犯罪情况做过一次调查，分析结果显示：案件总体数量有持续上升趋势，特别是贪污犯罪比例高，挪用公款、受贿犯罪快速上升。时任海淀区检察院副检察长、反贪局局长王长林

表示："学校的问题主要体现在入学、招生管理和经济活动等几个方面，反映出学校行业的特殊性，即在教育产业化思潮的影响下，在办学自主权的失范和滥用后产生的一系列问题，从而反映出在内部行政管理和监督方面存在着较为普遍的问题和漏洞。"

3. 高校腐败大案：近几年随着各地高校的加速扩张，大兴土木扩建校舍、建设新校区成为潮流，许多高校已经成为一个巨大的经济活动主体。与此同时，监管的相对滞后又导致了寻租空间的出现，作为教育大省的湖北，近几年先后有多名校级干部卷入基建腐败大案，不仅震惊教育界，也引起了社会的高度关注。从学术腐败到权力腐败，不少人惊呼，清净的大学校园如今也成了腐败的"高发区"。相关统计资料显示，目前落马的大学领导，七八成以上是因在基建工程招标时受贿，中纪委有关领导在公开场合明确表示，目前高校职务犯罪案件、涉案人员有所增加，校级干部违纪违法案件有所上升。

由上可见，高校权力腐败的形式多是部分干部利用职务之便贪污受贿或滥用职权徇私舞弊。高校的权力腐败大面积爆发于20世纪90年代末，特别是高校扩招后，各高校都普遍迎来了办学规模扩大、办学条件改善、办学投资主体多元化、学校社会地位上升的历史性机遇，这使高校中掌握人、财、物的部门权限被放大。在此情况下，因制度不健全，监督机制乏力，与职位对等的权力就容易出现一个真空地带，就容易出现腐败问题，这使高校成为我国权力腐败的又一重要领域。

高校权力腐败不同于一般的权力腐败，其特点是：一是犯罪主体特殊性。高校权力腐败的主体一般都担任了一定的领导职务且具有财产处置或行政动用职责，特别是高校处级以上干部，他们与高校的财产支配、管理紧密相连。二是高校权力腐败大都属于贪污贿赂、挪用公款、中饱私囊等经济类型的犯罪，这些案件的隐蔽性、欺骗性具备高智商特征，难以发现和查处。三是犯罪案件多发生在基本建设、招生、人事调配、物资图书采购、财务管理、总务后勤等关键环节。四是易发生同伙作案、串联沟通、波及面大。近年来由于各高校都加强了相关制度建设，一个人难以单独作案，因此部分人便千方百计地将相关人员拉下水，沆瀣一气，共同实施犯罪，给学校造成很大的损失。

二、高校权力腐败案频发的成因

近年来高校权力腐败大要案频发不是偶然的，大学整体管理体制的行政化是导致当前权力腐败的直接诱因。长久以来，高校作为特殊的事业单位，特别是直属高校，其行政权力不受地方制约，又远离主管上级视线，对这些高校的权力监管几乎处于真空，这给高校权力腐败提供了土壤和环境，使部分人有机可乘。社会大环境中某些消极因素不可避免地对高校一些领导干部造成影响，同时由于我国相关法律法规不健全，有法不依、执法不严、违法不纠等现象时有发生，加之高校在某些管理环节还存在漏洞。然而，主要原因还是在于少数高校领导在相关制度建设滞后的情况下，思想上放松警惕，未能经受权力和利益的诱惑，利用监管乏力的制度性缺陷，滥用手中的权力，大搞钱权交易，以权谋私的结果。

1. 思想上放松要求，贪图利益。这是少数高校领导干部走上违法犯罪道路的主观原因。某校原常务副校长一直主管财务和后勤工作，原常务副书记曾获中央组织部“全国优秀党务工作者”称号，他们涉嫌受贿金额之大，违法违纪情节之恶劣，都前所未有。为什么两位正局级干部置党纪国法、学校声誉、自身地位于不顾？是腐败成本过低？还是学校腐败难以监管？究其根本原因是思想觉悟上发生了松懈，放松了对自己的严格要求。面对社会上不良思潮和不良商家的“两面夹击”，一些人心理失衡，便利用手中权力为自己“谋划”新生活，没有充分权衡和分析自己职、权、责的辩证关系。经济因子的渗透力造成干部对责与权衡量的非持平，这种不平衡逐渐形成一种自我心理，它一旦形成，很难改变不利用权力之便徇私利己的意识形态；再者，当不良外部因素和缺失的内部制度共同起作用时，他的徇私情节形成了一种状态、一种逻辑、一种心理结构。故而，造成了某些领导干部心理失去平衡，在经济利益的驱动下，世界观、

人生观和价值观扭曲，使理想信念发生动摇，对腐蚀诱惑放松警惕，失去抵制和防御能力，把手中的权力视为交换的筹码，产生以权谋私，权钱交易的现象。

2. 外部权力监督机制缺位。随着我国独立法人地位的确定，高校参与市场的机会和活动领域日益拓展，可供调配的资源日益增多，高校在招生录取、经费使用、基础建设物资采购等方面拥有的自主权越来越多，高校领导的权力越来越大，但对于权力的约束却没有及时跟进。在腐败条件充分的情况下，高校的腐败甚至比一些党政机关还要严重。这主要是因为，我国的高校，在领导决策和管理体制方面很像机关，而在管理制度和监督体制方面却不如后者严格。所以，在党政机关出现过的腐败类型在高校都有。计划经济条件下的经验式管理以及管理程序所产生的漏洞给不法行为以可乘之机，加之体制上的过度集权、缺乏透明度都为高校腐败留下了空间。目前，我国高校校级干部受到的权力制约主要来自政府教育主管部门和自身内部的监督机制。然而，由于教育主管部门并不常驻高校，因此，对于高校的重大决策难以起到及时的监督作用，往往是“东窗事发”之后才介入调查；高校的党政领导任免权在上级组织部门，高校纪检监察部门基本上起不到监督作用。可谓是“上级监督远，同级监督软，纪检监督为时过晚”。

3. 内部权力制约机制缺失。高校内部监管制度建设滞后于形势的发展。过去高校一直是单一的上级财政拨款，收支状况简单明了，被称为“清水衙门”，在较长时期都是心灵修行和涵养高尚之地，权力腐败几乎无从听说，这使高校对纪检、监察、审计等环节的重视不够，监督机制不健全，资源配备不够，影响了工作效率。随着高校办学经费筹措的多元化、办学形式的多样化，高校经济活动呈现多样性，高校办学经费的来源，已从过去的单一渠道转化为多渠道、多方位的筹资，除国家拨款外，还有社会捐助、科研经费等，与教学资金来源多样化相比较，高校并没有及时建立与其改革发展相配套的监管制度，这为犯罪主体提供了机会。另一方面，现行的监管制约机制存在缺陷，很多制度流于形式，不能从根本上对手中握有一定权力的人进行有效的监督和制约。有的高校“一把手”集人财物权于一身，权力设置过于集中，监管难度比较大，内部制约机制很薄弱。此外，高校的投资体制存在弊端使犯罪分子有机可乘。高校建设经费靠政府拨款和部分自筹、贷款，建设项目、投资计划、资金投放额度、投资效益及效能监察，除政府拨款项目外，自筹与贷款的项目，受政府财政制约小，许多重大项目资金使用、支付，不按合同计划和付款计划执行，有些重大项目开支，往往是少数领导说了算，缺乏政府职能部门的监督制约，这就为高校的腐败提供了机会与空间。

4. 依法民主办学意识缺乏。高校民主监督的途径和渠道不畅通，一般党员群众对领导干部的监督积极性不高；法律意识缺位也是高校权力腐败高发的一个重要原因，说明高校不少领导的法律素质还不能适应依法治校的要求。依法治校要求树立正确的法制观念，通过学习法律知识，确立适应社会主义市场经济和民主法制建设需要的法制观念，是防止高校领导干部权力腐败的关键。

三、预防遏制高校权力腐败的对策

党的十七届四中全会指出，要健全权力运行制约和监督机制，推进权力运行程序化和公开透明。这是我们党对权力本质认识的进一步深化，是在加强权力运行制约和监督方面的重要探索，对健全高校权力运行制约和监督机制，预防遏制高校权力腐败具有重大的现实意义和深远的历史意义。

1. 思想上构筑权力腐败的防线。高校快速发展的过程中，权力腐败与反权力腐败的斗争会变得越来越激烈，这就对高校领导干部提出新的要求，也是合乎常规发展的本质需要，他们面临严峻的廉政考验是高校前进的基石。对此，主管高校的政府部门和高校党委要加强对反腐倡廉形势的认识，要多进行对策性研究，加强对领导干部的思想政治教育，做到警钟长鸣，防微杜渐。要对党员干部进行世界观、人生观、价值观的教育和引

导，牢固树立正确的权力观和利益观；要对党员干部进行党纪国法教育，使他们更知法和守法，进而突出高校知识性的依法治校特色，坚持惩治从严，这才是预防和遏制权力腐败的有力保障，尤其是领导干部法制教育应重在法律意识的培养上，要使广大高校党员干部树立法律信仰，自觉地抵制腐败。

2. 制度建设堵塞权力腐败的漏洞。高校权力腐败主要发生在少数与人财物有关的职能部门，因此，首先，应将防控重点集中在这些部门，进一步完善财务制度，特别是要建立财务管理、物资采购、工程管理、资金使用等有关的规章制度和行为规范，通过规范管理、建章立制来制约权力的滥用；其次，要创新管理体制，要对“职权”进行科学设置，解决好对权力的监督和约束问题，要对领导干部的“财权”“事权”和“人权”进行监管，防止权力过分集中出现失控的现象；最后，要深化干部人事改革，建立健全科学的干部人事任用制和监督管理机制，全面实行民主推荐、竞争上岗、任前公示、干部交流等制度，防止干部人事任命上的不正之风，确保选拔优秀的领导干部，从源头上治理腐败。

3. 内外联动预防权力腐败。高校作为反腐倡廉的责任主体，应采取综合治理的方针，不仅要注意强化自身的监督功能，增强免疫功能而且还要加强同校外检察机关的合作。与检察机关的合作可以有效解决高校反腐工作中资源配置不够，工作力量薄弱等问题。检察机关与高校携手预防权力腐败，才能从根本上把高校校园内的权力腐败降低到最低限度；司法机关可以协助高校建立健全各项反腐倡廉规章制度，对可能诱发权力腐败的关键环节，如重要人事任免、大额资金使用、大宗物资采购、建设工程管理等提出监管建议，并对资金管理、工程管理等提供法律跟踪服务。加强对权力腐败的预防工作，积极完善监督管理制约机制，把领导干部特别是“一把手”的权力置于上级党委和广大干部群众的监督管理之下，以约束和规范其权力的运作从而消除权力“寻租”现象，消除权钱交易赖以生存的土壤和条件，最终从源头上防范腐败的发生，进而形成以重视观念塑造为基础、以加强权力制约为主轴、以问责制为保障的大学内部自律机制和以依法自治为前提、以政府合理干预为条件、以司法审查介入为补充的大学外部制衡机制相结合的腐败纠防体系，以遏制日益蔓延的高校腐败现象的良好局面。

4. 从严要求和管理高校领导干部。从高校腐败的金额规模等方面来看，也许高校并不比机关严重，但其危害绝不可小觑。因为高校是一个特殊领域，其产品是人才。高校腐败将污染自己制造的“产品”——国家和民族的精英。因此，国家、社会和高校应高度重视高校反腐工作，早日还高校一片净土。高校反腐倡廉工作，应当把对高校领导干部的从严要求与管理作为一项基础性和紧迫性工作抓紧抓好。笔者认为，当前高校从严管理干部应做到“四严”，把好“四关”。

一是严格选拔，把好入口关。从严管理干部应从源头抓起，严格选拔干部，提高选拔标准，把好入口关，防止“带病”任用或提拔。实行竞争性选拔，提高竞争性选拔干部的质量，推行差额推荐、差额考察、差额酝酿、差额票决，使竞选干部经受层层海选和淘汰。推荐全面覆盖，欢迎组织、群众推荐和个人自荐；加大考察力度，着重考察干部的德行，检验竞选干部是否忠于党和人民，实行集体讨论酝酿，从德、能、勤、绩、廉五方面全面分析评判每个竞选干部。

二是严格要求，把好教育关。加强对干部的教育培养，全面提高干部的党性修养、理论水平、业务素质、管理艺术和领导水平，尤其是要使干部坚定理想信念和工作作风，提高拒腐防变和抵御风险的能力，给干部时刻敲响警钟，预防干部走向腐败堕落，对新上岗的干部进行岗前培训、廉政谈话和试用期教育考察，使新上任干部熟悉岗位职责、工作规范和应该注意或避免的问题；对在岗多年的干部加强日常教育和养成教育，进行诫勉谈话，对招生、财务、后勤、基建等与经济活动密切相关的干部进行警示教育和廉洁自律教育；开展党委两级中心组学习和举办“干部之家”，使干部学习、教育和培训相互衔接连贯，走向一体化、常规化和制度化；校级领导干部自身廉洁自律，率先垂范。

三是严格管理，把好使用关。严格管理干部，使干部在规定的程序和

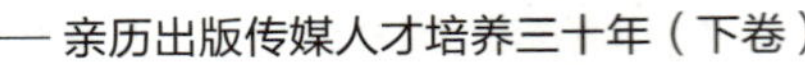

范围内行使手中的职权，管好干部的权、事和财；实行干部轮岗交流制度，树立大局意识、服务意识和团结协作精神。为使优秀干部脱颖而出，把干部放到风口浪尖或复杂环境中锻炼，有意识地在完成重大任务、应对重大事件等关键时刻考验干部。

四是严格考核，把好出口关。全面、严格考核干部，建立干部辞职降职机制，让考核不称职、工作或作风有问题的干部退出干部队伍。干部考核实行自评和他评，他评包括群众打分、部门同事打分和领导打分，公开述学述职述廉，接受领导、同事和群众的监督、批评和建议。同时邀请专业机构对招生、基建、后勤、财务等与经济活动紧密相关的部门进行年度审计。

总之，建立健全高校决策权、执行权、监督权，既相互制约又相互协调的权力结构和运行机制，是通过制度确保权力规范运行的重要任务。高校各级党组织要对领导干部从严要求，加强廉洁自律；从严教育，加强党性修养；从严管理，防范廉政风险；从严监督，规范权力运行。要进一步拓展教授治学的途径，强化学术本位，弱化行政本位，做到决策更加科学民主、执行更加顺畅、监督更加有力，更好地履行大学“为社会培养人才，引导社会发展”的社会责任。

参考文献：

［1］《中共中央关于加强改进新形势下党的建设若干重大问题的决定》。

［2］陆宏彬：《高等院校权力腐败现象透析》，《莱阳农学院学报》（社会科学版）2006 年第 6 期。

［3］任达轩：《高校“腐败门”背后的冰点沉思》，《北京教育》（德育版）2009 年第 11 期。

充分发挥高校巡视工作的作用*

近年来，高校开展巡视工作的实践证明，巡视工作极大地增进了上级党委对被巡视高校情况的了解，有力地促进了被巡视高校的领导班子建设，加强了高校党内民主建设和党风廉政建设，促进了高校各项事业的科学发展。

当然，也应该清醒地认识到，高校巡视工作还存在很多不完善的地方，主要表现在四个方面。一是巡视的对象、主要工作内容存在不够明确，不够突出的问题。巡视的内容涉及高校工作的方方面面，但在实际执行过程中却容易导致面面俱到，缺乏针对性。二是巡视干部的选用、培训、考核、激励等机制尚不健全。有些高校巡视队伍存在人员临时委派，不够专业的现象。三是巡视机构与组织、审计等其他部门的监督职责划分不明确，缺乏有效的衔接和配合，不利于工作的开展。四是巡视成果的运用还不够充分。重巡视、轻整改的问题不同程度地存在。

为使巡视工作在高校党风廉政建设和反腐败工作中发挥更大的作用，必须健全巡视工作领导机制，选好配强巡视干部，完善巡视程序和方式，紧密结合高校实际，加强和改进巡视工作。

首先，要明确巡视工作定位，突出巡视工作重点。巡视组是上级党委

---

* 这是刘超美所主持北京高校党建研究会 2009 年度课题《北京市属高校领导班子建设巡视工作研究》的研究成果，获评北京高校党建研究会 2008—2010 年度优秀研究课题。发表于《中国监察》2010 年第 23 期，作者为刘超美、雷京。

的“眼睛”和“耳朵”。为了确保巡视的客观性和可靠性，必须为巡视组营造良好的工作环境。一方面，要大力加强对巡视工作的宣传。巡视组能不能获得真实的情况，关键在于能否调动广大师生的积极性。而调动广大师生积极性的前提是让他们对巡视制度的定位有准确的认识。另一方面，要确保巡视工作的独立性和权威性。巡视组一经任命，其工作不受干扰。巡视工作的定位决定了巡视工作重点应该关注现有监察系统无力解决、问题暴露最多、广大师生最为关注的问题，例如民主集中制和党委领导下的校长负责制的贯彻情况，干部的选拔任用情况等。考虑到不同地区不同高校的情况不尽相同，可根据不同时期、不同阶段的工作重点，及时调整巡视的重点内容，把全面巡视与集中专项巡视结合起来。但无论侧重那个方面，都应围绕“一把手”的权力重心开展巡视。

其次，要优化巡视工作队伍，强化巡视人员管理。巡视工作队伍要确保专业化和精英化。高校巡视工作应该聘请那些党性观念强，具有丰富的高等教育领导工作经验、熟悉高等教育发展规律的同志作为巡视专员，让他们对高校的发展把脉建言。对巡视工作干部要根据形势的发展和工作的需要定期不定期进行专业知识培训和内部交流，不断更新和充实新的知识，提高工作技能和工作水平，适应不断变化的工作需要。同时，还需要建立必要的激励机制，重视对于巡视人员的考核和奖惩，建立巡视工作业绩考核制度、激励制度、问责制度。

第三，要健全巡视监察制度，提升巡视工作效果。巡视制度是为了弥补现有监督制度的缺陷而设立的，它与其他监督制度共同构成一个完整的制度体系。为了充分发挥巡视制度的功效，共同实现有效监督的目的，巡视组应该充分吸收组织、审计、财政、监察等其他监督部门的优秀人员参加，这样既可以解决巡视队伍专业化、结构化的问题，也可以解决巡视制度和其他监督制度的衔接问题。同时，巡视组应保持与其他监督部门的沟通和联系。目前，一些地方、企事业单位巡视中实行的联席会议制度在教育部门应大力推广，巡视组在出发前由组织、审计、财政等部门介绍情况，巡视组在巡视结束后在上述各部门参加的联席会议上通报巡视情况。

通过巡视制度与其他监督制度的有效结合，巡视组与各级党委、各个监督部门的有效配合，才能保证监督工作的统一性、协调性。

第四，要重视巡视成果利用，提高巡视工作成效。巡视结果转化为整改落实成果是巡视工作的根本目的，是取信于民、尊重高校广大师生监督权利的重要体现。为了进一步促进巡视成果的运用，可以采取进一步加大巡视情况反馈的力度，公开巡视报告等措施，通过把上级监督和群众监督相结合，促进巡视成果的运用；通过回查巡视，促使被巡视高校认真进行整改；可以建立巡视情况简报、巡视情况报告、要件专报等信息反映渠道，实现巡视成果在不同监督部门的共享机制等。

落实十七届四中全会精神 加强高校教工党支部建设*

一、党的十七大报告关于加强党的建设的总体部署

2007 年 10 月 15 日，胡锦涛总书记在党的十七大上作了《高举中国特色社会主义伟大旗帜　为夺取全面建设小康社会新胜利而奋斗》的报告。其中第十二部分“以改革创新精神全面推进党的建设新的伟大工程”中有两个关注点：

关于党的建设目标：必须把党的执政能力建设和先进性建设作为主线，坚持党要管党、从严治党，贯彻为民、务实、清廉的要求，以坚定理想信念为重点加强思想建设，以造就高素质党员、干部队伍为重点加强组织建设，以保持党同人民的血肉联系为重点加强作风建设，以健全民主集中制为重点加强制度建设，以完善惩治和预防腐败体系为重点加强反腐倡廉建设，使党始终成为立为公、执政为民，求真务实、改革创新，艰苦奋斗、清正廉洁，富有活力、团结和谐的马克思主义政党。

关于党的主要任务：深入学习贯彻中国特色社会主义理论体系，着力用马克思主义中国化最新成果武装全党；积极加强党的执政能力建设，着

---

* 这是 2010 年 5 月 19 日刘超美在北京印刷学院新任教工党支部书记培训班上的专题讲座要点。

力建设高素质领导班子；积极推进党内民主建设，着力增强党的团结统一；不断深化干部人事制度改革，着力造就高素质干部队伍和人才队伍；全面巩固和发展先进性教育活动成果，着力加强基层党的建设；切实改进党的作风，着力加强反腐倡廉建设。

二、党的十七届四中全会坚持并展开了关于党的建设的总体部署

党的十七届四中全会审议通过的《关于加强和改进新形势下党的建设若干重大问题的决定》是对十七大党建总体部署的具体展开，特别的亮点是提出了“提高党的建设科学化水平”这一崭新命题，提出了“四个着眼于”“五项建设”“六项任务”、重申了党的建设目标，即着眼于继续解放思想、坚持改革开放、推动科学发展、促进社会和谐，着眼于提高党的执政能力、保持和发展党的先进性，着眼于增强全党为党和人民事业不懈奋斗的使命感和责任感，着眼于保持党同人民群众的血肉联系，突出重点，突破难点，全面推进思想建设、组织建设、作风建设、制度建设和反腐倡廉建设，提高党的建设科学化水平，进一步把党建设成为立党为公、执政为民，求真务实、改革创新，艰苦奋斗、清正廉洁，富有活力、团结和谐的马克思主义执政党，确保党始终是中国工人阶级的先锋队、同时是中国人民和中华民族的先锋队。

党的建设的“六项任务”是：

1. 建设马克思主义学习型政党，提高全党思想政治水平；

2. 坚持和健全民主集中制，积极发展党内民主；

3. 深化干部人事制度改革，建设善于推动科学发展、促进社会和谐的高素质干部队伍；

4. 做好抓基层打基础工作，夯实党执政的组织基础；

5. 弘扬党的优良作风。保持党同人民群众的血肉联系；

6. 加快推进惩治和预防腐败体系建设，深入开展反腐败斗争。

三、北京市委及教工委关于落实党的十七届四中全会精神的有关举措

1.《关于推进学习型党组织建设的实施意见》：

（1）坚持用中国特色社会主义理论体系武装头脑。

（2）深入学习实践科学发展观。

（3）学习践行社会主义核心价值体系。

（4）深入学习建设“人文北京、科技北京、绿色北京”和建设世界城市的重大战略部署。

（5）学习掌握推动首都科学发展所需要的各方面知识。

2.《关于加强和改进新形势下高校党的建设的意见》：

（1）加强思想理论建设。

（2）加强党内民主建设。

建立党员意见和建议受理回复机制；推行和完善党委会讨论决定重大问题票决制；建立党代提案制；探索公推直选等基层党内选举制度。

（3）加强领导班子和干部队伍建设。

（4）加强基层党组织建设。

探索系（教研室）党支部书记参与决定本单位重要问题的方式方法，充分发挥系教研室党支部的战斗堡垒作用。

（5）加强作风建设。

进一步完善校领导接待日制度、领导干部联系院系和高级专家制度、校领导联系民主党派制度。

3.《北京高校党代表大会代表任期制实施细则（试行）》：

党代表大会代表要认真学习宣传贯彻党的理论和路线方针政策模范遵守党的章程、党内各项规定和国家法律法规，维护党的团结和统一，认真学习宣传贯彻党代表大会精神，密切联系党员和群众，在各方面发挥表率作用，认真行使职权，自觉接受党员和群众的监督，不得利用代表身份谋

求任何私利和特权。

4.《北京高校党代表大会提案制实施办法（试行）》。

5.《关于进一步加强高校党务公开工作的意见》：

（1）建立健全学校党委统一领导、学校党委办公室牵头抓总、职能部门各负其责、党员群众广泛参与、纪委监督检查的工作机制。

（2）对于具有长期性、稳定性的事项要长期公开，对于在一定时期内相对稳定的事项要定期公开，对于动态性的事项要随时公开。

（3）在建立健全党务公开主渠道的基础上，积极探索建立党委新闻发言人制度、党代表大会代表列席党委会（常委会）制度等。

6.《关于进一步加强和改进新形势下高校教师党支部建设的若干意见》：

（1）把全面贯彻党的教育方针、培养社会主义建设者和接班人贯穿高等学校党组织活动始终，发挥党组织在推进教育改革、搞好教书育人、加强教师队伍建设中的领导核心作用。

（2）教师党支部书记原则上应具有副高级以上专业技术职务，一般应兼任本单位行政职务。

（3）坚持按照党员年人均不低于 100 元的标准核定党支部工作和活动经费，列入学校经费预算，从行政事业经费中列支。

7.《2009—2013 年北京高校党员教育培训工作规划》：

（1）教职工党员每年培训时间一般不少于 24 学时，教职工党支部书记（含副书记），院（系）党组织的委员，每年培训时间一般不少于 40 学时。

（2）学生党员每年培训时间一般不少于 16 学时，学生党支部书记（含副书记）每年培训时间一般不少于 40 学时。

（3）对新任职的党支部书记及时进行任职培训。

（4）预备党员在入党后一年内要至少参加一次集中培训，培训时间一般不少于 24 学时。

四、我校基层党组织现状分析

1. 我校基层党组织现状。

（1）基本情况：我校现有10个党总支，8个直属党支部，69个基层党支部，其中，34个在职教工基层党支部，9个退休基层党支部，26个学生基层党支部（本科21个，高职1个，研究生4个）。

（2）支部书记情况：我校共有43名教工党支部书记，其中，34名为在职教工党支部书记，9名为退休党支部书记。20名教学单位教工党支部书记中具有副高以上职称11人，占55%；14名机关教工党支部书记中担任副处以上职务4人，占28.6%；教工党支部书记中具有硕士以上学历的12人，占总人数的35.3%。

（3）基层党建创新点：党员导师制；DV大赛；科学发展观建言献策论坛；“七一”和春节期间帮扶困难党员；党员电教片。

2. 我校基层党支部“公推直选”换届工作整体情况。

此次换届工作共涉及8个党总支、33个基层党支部、362名党员。通过换届，共选出33名基层党支部书记、13名副书记、39名支部委员，全校教工、退休基层党支部数量由39个调整为43个。

（1）各基层党支部党员人数设置更加均衡。我校原基层党支部党员人数分布不均，5人以下（含5人）的支部有4个，占支部总数的14.2%，20人以上的支部有6个，占支部总数的21.4%。换届后，通过结构优化组合，人员设置更加合理，30个支部的党员人数集中在6至16人之间，占支部总数的90.9%。对于党员人数超过20人的党支部，如学团党支部，则增设副书记和1名支部委员，协助书记开展日常工作，并下设2个党小组，便于党员集中和对口管理。

（2）具有高级职称、担任副处以上职务和科室负责人的书记比例增加（退休党支部除外）。在15个教学单位基层党支部新当选的书记中，具有副高以上职称的8人，占53.3%，比换届前提高了3.3个百分点：在9个机关基层党支部新当选的书记中，具有副处以上职务的4人，科室负责人 4 人，共占 88. 9%，比换届前提高了 16. 2 个百分点。

（3）学历层次普遍提高（退休党支部除外）。换届前，党支部书记具备硕士以上学历的 9 人，占总人数的 39. 1%。换届后，党支部书记具备硕士以上学历的 13 人，占总人数的 54. 2%，同比增加 15. 1%。

（4）年度考核总体情况良好（退休党支部除外）。在新当选的 24 名在职支部书记中，近三年，年度考核获得全优的为 3 人，占总人数的 12. 5%，获得两次优秀的为 7 人，占总人数的 29. 2%，获得一次优秀的为 10 人，占总人数的 41. 7%。合计 20 人，占总人数的 83. 3%。

（5）“公推直选”候选人集中度高。广大党员群众响应党委号召，积极主动参与“公推直选”换届选举工作。此次换届，支部书记候选人推荐人选集中度高，绝大多数候选人推荐票数在 95% 以上；参与“直选”党员人数比例高，除个别特殊情况外，均全部参与“直选”工作；“直选”票数的集中度高（退休基层党支部除外）. 22 个基层党支部书记全票通过，占基层党支部总数的 91. 7%。

3. 当前高校教工党支部存在的普遍性问题。

（1）党性观念淡薄、党员意识弱化、责任感和使命感不强。

（2）宗旨意识不强、群众观念淡薄、工作作风漂浮、先锋作用发挥不够。

（3）组织纪律观念不强、联系服务群众不够。

改进措施：模范履行党员义务，争当优秀共产党员，努力做到“五带头”；一是带头学习提高；二是带头争创佳绩；三是带头服务师生；四是带头遵纪守法；五是带头弘扬正气。

五、创新我校基层党组织建设，促进学校科学发展

一是优化党支部设置。根据学科专业建设和管理工作需要，把党支部设置与行政建设相对应。

二是选配高素质的党支部书记。首先，明确党支部书记的条件；其

次，严把选人用人关；第三，加强工作指导，在党总支建立两周一次的党支部书记例会制度；第四，建立激励机制；第五，落实支部书记待遇，支部书记减免一定的工作，并在出国进修、业务培训和岗位交流等方面适当倾斜。

三是以党内民主带动人民民主，推进党务公开，实行党的代表大会任期制。

四是改革党内选举制度。改进候选人提名制度和选举方式，推广基层党组织领导班于成员由党员和群众公开推荐与上级党组织推荐相结合的办法，逐步扩大基层党组织领导班子直接选举范围。

五是拓宽党员服务群众道。构建党员联系和服务群众工作体系，健全让党员经常受教永葆先进性长效机制。

做好新时期高校群众工作的实践与思考*

新时期，群众工作的重要性、复杂性和紧迫性与日俱增，不仅在社会上，而且在大学校园里也出现了不少新情况和新问题。因此，如何做好新形势下的群众工作，成为摆在高校领导干部面前的新课题。本文从党的群众路线的历史回顾入手，结合笔者近年来分管组织人事和学生工作的实践，提出以下几点思考。

一、党的群众工作的内涵和历史发展

（一）党的群众工作的内涵

党的群众工作特指中国共产党为实现自己的政治路线，从维护群众的利益出发所进行的宣传群众、教育群众、发动群众、组织群众等工作的总和。

我们经常谈到的群众观点是指马克思主义的群众观点。马克思主义认为：人民群众是社会物质财富和精神财富的创造者，是推动社会发展的决

* 这是刘超美撰写的2010年领导干部理论文章，发表于《北京教育（高教版）》2011年第7—8期，在“首都高校纪念中国共产党成立90周年”征文活动中荣获三等奖。

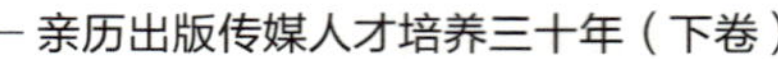

定力量。

群众路线是党坚持和运用马克思主义群众观点于党的全部活动中，所形成的一套独具特色“从群众中来、到群众中去”的科学领导方法和工作作风，是党的根本工作路线和政治路线。

（二）党的群众工作的历史发展

人民群众是我们党的力量源泉和胜利之本。中国共产党90年的奋斗史，是马克思主义群众观逐渐形成的历史，是党的群众路线得以创立、继承和发展的历史，是密切联系群众为实现党的历史任务团结奋斗的历史，是党的群众工作反复探索、逐步深入、不断升华的历史。

以毛泽东为代表的中国共产党第一代领导集体，在艰苦卓绝的革命战争年代，创立了具有中国特色的群众路线理论。1943年，毛泽东在《关于领导方法的若干问题》中将群众工作方法浓缩为“从群众中来，到群众中去”，标志着我党群众路线已具备了完整的理论形态。1945年，党的七大将群众路线概括为党的三大作风之一，成为区别其他任何政党的一个显著标志。

邓小平在领导改革开放和社会主义现代化建设的实践中，对马克思主义人民群众观作了进一步的阐发。他指出，党的领导干部应该腾出主要时间做好群众工作。他认为，始终保持党同人民群众的血肉联系，直接关系到党的兴衰成败；密切联系群众，则任何困难都能克服；脱离群众，则有亡党亡国的危险。邓小平在《高级干部要带头发扬党的优良传统》一文中说：“很多同志根本不去同群众接触，一个学校的负责人，不去跟学生谈话，甚至于跟教员都不大接触。我们的历史经验是，越是困难的时候，越要关心群众。只要你关心群众，同群众打成一片，不仅不搞特殊化，而且同群众一块吃苦，任何问题都容易解决，任何困难都能够克服。”这对当前高校群众工作的方法，具有很大的借鉴意义。

江泽民进一步丰富和发展了党的群众路线的思想内容，围绕群众观点、群众路线和群众工作，提出了一系列新思想、新观点、新论断，形成了体现时代性、把握规律性、富于创造性的关于群众观的完整体系。其中“三个代表”重要思想中“始终代表最广大人民的根本利益”，是江泽民同志群众观的核心内容。他提出，始终代表最广大人民群众的根本利益，首先应当考虑和满足最大多数人的利益要求，同时又必须体现和兼顾好不同阶层、不同方面群众的具体利益。江泽民以与时俱进、开拓创新的科学态度和理论勇气，把马克思主义群众观提高到了一个新的水平。

以胡锦涛为总书记的党中央，站在新的历史起点上，始终保持清醒的头脑，沉着应对来自国内外的压力及困难，及时化解风险，始终将党的历史使命与当前群众最关心、最直接、最现实的问题统一起来，形成了以落实科学发展观为根本方法的群众工作内容。党的十七届五中全会通过的《中共中央关于制定国民经济和社会发展第十二个五年规划的建议》指出：“各级领导干部要坚持全心全意为人民服务的根本宗旨，坚持党的群众路线，始终保持同人民群众的血肉联系，树立正确的政绩观，努力作出经得起实践、人民、历史检验的实绩。”此外，十七届五中全会还将环境、卫生、文化、经济和政治等和群众利益相关的内容扩充到党的群众工作中来，大大丰富了群众工作的内涵。

二、当前高校群众工作的新特点

新时期，随着社会主义市场经济体制的逐步建立，我国社会结构和利益格局发生了新的分化和组合，社会阶层出现新的变动，社会主体的思想观念、行为方式、价值取向、利益诉求等都呈现新的变化。由此党的群众工作面临许多新特点和新挑战。高校作为社会单元的重要组成部门，是教育事业的重要阵地，是社会精英的聚集之区，是人才培养的生产基地，是区域文化发展的引领之地。因此，高校的群众工作，除了具有普遍意义上的群众工作的特点之外，还具有自身的新特点。

（一）高校工作环境的复杂性使群众工作更具有挑战性

1. 近些年来受到社会风气的影响，高校也难免沾染上名利之气，这给新时期高校党的群众工作带来新的挑战。一方面，随着社会主义市场经济的深入发展，高校教师有一定程度上的功利化趋向，如论文剽窃事件和学术腐败问题，让高校教师在社会上的形象受到一定的影响。另一方面，大学生之间贫富差距显著，影响校园的和谐稳定。当前社会贫富差距拉大是一个不争的事实，这种社会分层也逐渐体现在校园里，决定了校园中不同学生的生活和思维方式（特别是在低年级的学生中表现较明显）。家庭经济贫困学生的自卑情绪和来自富裕家庭学生的自傲情绪主要在低年级表现出来。

2. 科技和文化的发展影响高校党的群众工作。在高校环境下，无论是教师还是学生，接受新鲜事物的能力明显比社会上其他人员要强，主要表现在科技和文化两个方面：在科技上，QQ、SNS 网络社区、手机媒体和微博等信息媒体工具被广泛应用在教师与教师之间、教师与学生之间、学生与学生之间的交流。以北京印刷学院印刷与包装工程学院为例，90%的本科生均在人人网上进行注册，并长期活动，发表感想，或与他人交流；85%的 35 岁以下青年教师都有开心网和 SNS 社区账号。在文化上，流行文化、网络文化和国外某些文化对高校的影响也较为深刻，如各类网络用语首先在大学校园里进行追捧和跟风，美国 NBA 球赛和美剧（如《越狱》）也成为校园热门话题之一。如何掌握这些文化趋势，利用群众喜闻乐见的语言，进行正确的教育和引导，也是我们应该注意的问题。

（二）高校工作对象的相对性对群众工作要求更高

高校群众工作对象不同于一般意义和社会上的工作对象。这是因为：

1. 高校中无论是教师还是学生，都是或即将成为社会相对优秀的成员之一，人员素质较高。他们共同的特点是具有较强的独立思考能力，对待事物会有自己的判断。对于高校教师，他们往往在社会上具有较高的威望，社会影响力较大，对国内外环境变化的感知容易向学生反馈，这种感知主流上与党和国家的政策保持一致，但支流上难免有一定的偏差。这些偏差一旦在课堂上对学生进行传播，所产生的负面影响不可低估。因此，做好高校教师，特别是其中的高级知识分子的群众工作，更显突出和重要。另外，“90后”大学生逐渐成为大学生的主体，他们具有个性张扬、思想独立、心理脆弱和容易冲动等特点，熟练掌握手机、网络等新媒体技术，接收信息途径广泛，同时接收信息和表达信息的意愿强烈。有调查数据表明，90%的大学生会主动通过各类渠道了解时事情况和其他文化、体育等方面的动态。2010年10月，因抗议日本挑起钓鱼岛主权争端，西安3万名大学生走上街头，举行约3个小时的大规模反日示威游行，更是“90后”大学生特点的鲜明写照。

2. 高校中党员比例较高。以北京印刷学院为例，学校在岗教职工党员比例约为55%，大学生党员比例为12%（与北京市大学生党员比例持平），研究生党员比例为50%以上。党员比例较高，对于党的群众工作来说，既是优势，也是难点。优势在于组织优势，这是因为高校的党组织结构完整，容易对非党员群众开展一对一的帮扶服务，党员联系群众工作开展的更有成效。劣势在于党员素质参差不齐。在高校党员中几乎一半是党龄不到1年的新党员，接受党的教育较少，对党的理论掌握不深，对群众工作的理解不透，因此他们也应该成为群众工作的对象。

3. 高校教师中统战对象多，干部比例高。当前，高校中民主党派人士、党外高级知识分子、少数民族学生及教师等统战对象相对于其他社会单元人数较多。统战工作是党的特殊的群众工作。进一步密切党同党外人士的联系，是加强党同人民群众血肉联系的重要内容，也是尊重、维护和照顾同盟者利益的具体体现。高校领导干部应该深入基层、深入群众，倾听党外人士的呼声，了解党外人士的情绪，关心党外人士的疾苦，积极帮助党外人士解决工作、生产、生活等方面的困难和问题。

此外，高校中具有干部身份的教职工比例很大，占全体教职工的95%以上，处级干部占全校教职工比例的10%以上。也就是说，非党员或非干部的教职工很少。这就意味着，在高校这种特殊的语境下，群众工作的对象具有一定的相对性，群众工作的内涵应该进一步扩大和充实。

（三）多样化的利益需求要求高校群众工作要更加注重针对性和实效性

当前，我国正处于社会转型期，社会阶层的分化及多样化，社会矛盾的复杂性，也一定程度上在大学校园里体现出来。

1. 高校教师关心的问题。当前高校教师关心的热点、难点问题，既有职业发展、学科和专业发展、工资待遇等硬问题，也有心理健康和理想信念等软问题，涵盖了学校发展和个人发展的方方面面。例如，北京印刷学院在2010年9月成立了北京绿色印刷包装产业技术研究院，以加强学校科研力量的发展和科研团队的建设，广大教职工对此研究院的成立抱有很大期望，主动寻找自身优势和研究院工作的结合点，努力将学校发展和个人发展相结合。这说明高校群众对学校发展的关心程度并不亚于对自己的关心程度，说明群众工作者在帮助教师做好围绕学校发展制定个人发展的生涯规划工作中大有可为。

2. 中层干部关心的问题。中层干部对于学校校领导，可作为较为特殊的群众群体。中层干部向上承担着学校政策的贯彻与落实，向下要对基层群众负责，是真正意义的桥梁与纽带。对于校领导，中层干部是一个特殊的群众群体。他们关心学校的事业发展，积极投身于教育事业，责任心较强，对应的工作压力也加大，相当一部分中层干部处于亚健康状态。同时他们也关心自己的职称晋升和学历深造等问题，希望自己的事业能够更进一步。

3. 大学生关心的问题。据统计，当前大学生最关心的是职业规划、情感管理和人际关系3个问题。在职业规划方面，大学生往往对自己的定位不够准确，对社会的需求信息掌握得不够充分，对专业知识的学习提不起兴趣等；在情感方面，主要是如何作为一个成年人与恋人交往，与家人交往；在人际关系方面，主要是与同学、教师之间的人际关系。这些问题都是群众工作需要关注的问题。

4. 学生之间贫富差距问题，主要是指由于社会转型期间带来的社会分层，对学生产生的负面影响。以北京印刷学院为例，每天自行驾车上学的学生在 30 人左右，而每日生活费用不足 15 元的学生占在校生总数的 1/3，由此产生的宿舍内部或班级内部的矛盾已非鲜见。这种社会分层带来的大学生不同的生活态度更值得党的群众工作者的注意和思考。

5. 少数民族学生的服务和管理。少数民族学生，特别是来自偏远地区的少数民族，生活习惯、语言文化和学习基础与内地学生大不相同。群众工作者如何按照党的民族政策更好地服务和管理少数民族学生，值得下功夫研究。

6. 当地生源的房屋拆迁问题。以北京印刷学院为例，学校地处大兴，正处于高速发展期，拆迁房屋较多。学校北京生源中大兴生源比例较大，面对房屋拆迁带来的种种问题，作为党的群众工作者，应该发挥高校的组织优势，为地方经济发展服务。

三、高校领导干部群众工作水平亟待提高

（一）高校领导干部在群众工作的认识上还未到位

高校领导干部，特别是行政领导干部，具有繁重的行政工作和业务工作，通常认为群众工作是党务工作人员应该做的。他们忽视了群众工作的重要性。高校的群众工作应该是每一位党政领导干部所要遵循的工作方法，应该时时刻刻贯穿于工作始终，潜移默化地影响广大师生。做好学校的一切工作，都应该组织群众、宣传群众和服务群众。

（二）高校领导干部在群众工作的能力上存在不足

高校领导干部一般具有较高的专业知识水平，相对于其他领导干部，这既是优势，也存在一定问题。一方面，高校领导干部更了解高等教育的发展规律，对高校发展中存在的问题十分清楚，通常也能够利用自身在学术上的影响力来做好群众工作；另一方面，高校领导干部基层工作经验较

为欠缺，对于处理十分复杂、关系到群众切身利益的核心问题政策宣传不到位，服务意识不够强，调查研究不够深。

（三）高校领导干部群众工作的方式方法需要进一步改进

高校领导干部理性思维较为丰富，感性思维尚显不足。高校领导干部大多数具有较强的学术背景，理性思维成为一种定势和习惯。然而，党的群众工作是一项崇高的政治使命，也是一门复杂的沟通艺术，必须掌握一定的方法和技巧，要善于运用感性的方式进行交流和沟通，善于运用人文关怀和“情绪管理”方法。所以，在任何时候都不能忘记要关心群众内心的感受，与之多一些“面对面”的拉家常，少一些“文对文”的死命令。

四、做好新时期高校群众工作的实践与思考

（一）创新工作理念，牢固群众意识

1. 从领导群众到服务群众。党的群众路线，包含组织群众、宣传群众和教育群众，更重要的是服务群众。党对群众的领导，应该是带领和引导，而不是强迫命令。对高校党组织来说，领导干部首先真正愿意为学校的教育和科研事业发展服务，真正为广大教职工谋利益，就能够赢得群众信赖和支持。

2. 从行政治学到民主治学。高校中一些领导往往不够重视群众工作，凡事“布置”了事。在他们看来，高校的广大师生都是文化人，都懂的道理，不需要多说。他们忽视了文化人也是人，在思想文化方面感情更复杂，可塑性难度更高，靠简单的行政命令是不能解决问题的。高校实行的是党委领导下的校长负责制，应该坚持民主集中制的原则，充分发扬民主，实行现代大学的办学理念，民主治校。

3. 从因循守旧到改革创新。高校的党员干部具有较高的知识层面和

较宽广的眼光，在如何借鉴西方某些政党开展民众工作、处理党群关系的经验中，理应先走一步，既要看清西方民众工作与群众路线的本质区别，又要注意大胆吸收，合理扬弃，把好的经验和做法带到高校来，探索适合市场经济和全球化背景下的群众工作新路子，为在新形势下做好党的群众工作开辟一个新天地。

（二）站稳群众立场，培养好人才，为群众谋利益

1. 以学生为本，从学生的利益出发，做好教书育人工作。高校对学生做的群众工作，就是要在做好教书育人的基础上，切实关心和爱护学生的根本利益，解决他们所关心的重大问题，帮助他们做好职业生涯规划，为家庭经济困难学生解决勤工助学岗位和贷款问题，维护同学之间团结稳定的大好局面；同时，要注意做好少数民族学生工作，促进不同民族学生之间的融合和交流。注意引导校园风气，营造一个互敬互爱的良好局面。

2. 以教师为本，从教师的利益出发，做好管理服务工作。高校对教师的群众工作，就是从学校的中心工作出发，做好教师的管理与服务工作。一是要关心中青年教职工的住房、职业规划、子女上学等问题；二是要帮助经济生活困难群众，予以适当补贴；三是要组织和宣传广大教职工，让他们把自身优势和学校的发展方向结合起来，创造学校和个人发展双赢局面；四是多深入基层与一线教师谈心，实地了解他们的需求，做好教师的思想政治工作；五是要关心离退休教职工的空巢问题，使之精神上有所寄托、物质上有一定保障；六是要关心、爱护并严格要求中层干部，既要关心他们的成长，帮助他们解决工作压力、职称晋升、学历深造等现实问题，也要严格要求，让他们经常性的深入基层一线做好其他群众的工作，扮演好中层干部的角色。

（三）创新工作方式方法，提高工作实效

1. 注意利用新媒体技术。新媒体技术层出不穷，传播手段和效率也不断提高。作为高校的领导干部，应该了解一两项新媒体技术和其传播特

点，既要把新媒体作为与群众沟通的方式，也要把新媒体作为群众监督的途径；既要占领新媒体的思想文化阵地，也要注意引导新媒体上的负面情绪。

2. 多以“面对面”的方式做群众工作。“面对面”的方式与群众交流，可以像亲人、朋友那样与群众谈思想、谈感情，也可以在第一时间、第一现场解决问题、化解矛盾，还可以学会运用真理的力量、人格的力量、情感的力量引导教育群众，并根据工作对象的需要，采取恰当的方式方法促进问题和矛盾的有效解决。

3. 灵活运用群众语言。所谓群众语言，实质是用群众容易理解的语句，采用当前热门话题的事例，表达党的方针政策，达到党的群众工作的目的。对于社会中活力最强的大学校园，这种表达方式是不可或缺的。近些年来，高校很多校长开始利用网络语言和流行歌曲同学生交流，达到的效果也是非常显著的。

总之，面对新形势、新任务，高校领导干部要善于研究和把握群众工作特点和规律，创新工作方法，把群众工作做深、做细、做实，增强群众工作的亲和力和感染力，切实提高群众工作的针对性和实效性，努力开创高校群众工作新局面。

北京高校党支部共建模式构建研究*

党的十七大指出："基层党组织要扩大组织覆盖、创新活动方式，充分发挥基层党组织推动发展、服务群众、凝聚人心、促进和谐的作用。"《国家中长期教育改革和发展规划纲要（2010—2020年）》指出："高校要牢固树立主动为社会服务的意识，全方位开展服务，推进产学研用结合，加快科技成果转化。"党支部共建正成为新时期高校党建工作的理论增长点和实践创新点，也成为高校基层党组织应对挑战、整合资源、促进发展的重要途径。目前，党支部共建已形成校内外共建两大类型和多种内容，并取得显著实效，党支部的活力进一步焕发，党员思想认识水平和综合素质得到明显提升，党支部与社会的联系进一步密切，党群关系和师生关系进一步改善。然而，北京高校党支部共建也存在一些不足之处，如思想认识还不够到位，深入研究和系统指导还不够，制度保障和经费投入还不足等。构建符合时代发展新需要的高校党支部共建模式，成为许多北京高校党建工作的重要课题。

一、高校党支部共建模式的理论分析

1. 概念解析

党支部共建是指不同基层党支部之间联手开展党建工作的特殊形式，

---

* 这是刘超美所主持2011年北京高校党建研究会课题《北京高校党支部共建模式研究》的研究成果，获评北京市党的建设研究会2012年度自选课题优秀成果一等奖。发表于《北京教育（高教版）》2012年Z1期。

有助于不同党组织之间既互相独立又互相联系，构成新的有机互联的组织系统，具有优势互补、资源共享、合作共进的特点和优势。高校党支部共建，则是指高校基层党支部之间、高校与校外各种类型的基层党支部之间联手开展党建工作的形式。研究高校党支部共建模式，就是要全面梳理高校党支部共建的做法和经验，在千变万化的形式中找出其共性，总结归纳出可供推广的规律，以此规范高校党支部共建活动。

2. 高校党支部共建的现实意义

一是深化履行高校自身职能和使命的迫切需要。高校具有人才培养、科学研究、服务社会和文化传承创新的职能使命，党支部共建正是高校深化履行上述职能使命的重要途径。从人才培养来看，党支部共建能调动更多资源，提高人才培养的针对性和实践性；从科学研究来看，党支部共建能整合和优化资源，促进学科交叉和科研协作；从服务社会来看，党支部共建能充分发挥高校的人才和智力优势，更好地与行业、社会对接，提升高校服务社会的能力和水平；从文化传承创新来看，党支部共建能够把中国优秀思想文化、制度文化、组织文化等发扬光大，发挥高校在文化传播和创造方面的基础性作用。

二是加强高校基层党组织建设的必然要求。党支部共建是高校基层党组织面对转型社会的客观社会现实不断改进工作方式和活动方式，不断巩固和扩大党的基层组织的有力举措。高校党建工作的现行纵向组织管理模式，组织严密、纪律性强，对党员能起到很好的管理和教育效果，但也容易造成党员主体性不强、党内生活缺乏互动、党组织的服务性难以体现等问题。党支部共建有助于完善基层党组织工作体系和工作机制，使党支部通过开展内容丰富、形式多样的实践活动，在服务人才培养、教学科研等中心工作，服务社会发展和行业发展中发挥更大的作用，进而增强基层党组织的生机活力。

三是提升高校党员队伍素质的重要实践途径。经济全球化和科学技术的迅猛发展，使当今社会各要素不断融合，新问题、新情况不断出现。相对于传统党支部活动而言，党支部共建更具有实践性、更能与教学科研等中心工作紧密结合、更贴近育人工作实际，因而成为许多高校党支部的选择。在共建活动中，党员的主体地位得到彰显，党员个体的特长得到发挥，党员与外部环境的联系得以加强，党员的服务意识和能力也得以提升。因此，党支部共建成为提升党员队伍素质的重要途径。对北京24所高校进行的问卷调查显示，73.0%的被调查者认为党支部共建能“加强党员队伍建设，提升党员服务意识和能力”。

二、北京高校党支部共建模式的构建思考

客观上说，北京高校有着依托首都、资源丰富、人才覆盖面广、社会影响力大等优势，在党建方面又有北京市委教工委的统筹领导，在开展党支部共建模式探索、推进基层党建工作创新、引领全国高校开展党支部共建中理应大有作为。为此，北京高校需要总结经验，凝聚共识，从以下几个方面着手党支部共建模式的构建：

1. 明确指导体系

一是指导思想。要以中国特色社会主义理论为指导，深入贯彻落实科学发展观的要求，牢固树立“大党建”理念；以切实履行好高校职能为核心，以加强高校基层党建工作创新为落脚点，以共同利益、共同需求、共同目标为纽带，以建立协调有序的领导体制和工作机制为保证，切实增强党员的服务意识和服务能力，不断提升党支部的工作活力。

二是基本原则。要坚持以下四项原则：第一，以人为本的原则。始终坚持把广大师生和人民群众的根本利益作为开展党支部共建工作的根本出发点和落脚点，找准大多数社会群众的共同利益与不同阶层具体利益的结合点，注意正确反映和兼顾各方面利益，不断提高服务能力，让社会群众共享社会发展成果。第二，因地制宜的原则。要实事求是，注重实效，坚持从实际出发，突出特色，尊重和支持基层大胆实践，积极探索为共建单位办实事、办好事的有效途径，切实增强服务社会群众的针对性和实效性。第三，优势互补的原则。充分调动党支部共建的积极性，发挥高校党

支部的理论优势、人才优势和智力优势，共同解决师生关心、社会群众关注的热点、难点问题。第四，促进发展原则。从有利于学校事业发展和社会经济发展的角度出发，充分发挥党员先锋模范作用，广泛调动各方积极性，主动参与、推进高校和社会各方面事业的发展。

2. 健全工作机制

适时研究制定《北京高校党支部共建工作指导意见》，调动北京高校党组织开展党支部共建的积极性、主动性、创造性；在政策上予以支持，以保障党支部共建的规范性和可持续性；加强党支部书记培训，组织交流研讨，提高他们开展党支部共建工作的技能；定期组织党支部共建理论研究和评比活动，及时总结经验，推广先进做法，不断丰富党支部共建理论体系，为高校党支部共建提供必要的理论支撑和智力支持。

3. 创新活动载体

一是结对活动型——围绕特定主题，开展互动交流。结对活动型，就是共建双方围绕一定的主题结对开展党日活动。这是目前北京高校党支部共建普遍采用的一种形式。这种载体往往适用于高校与高校、高校与社会企业单位和行业主管部门对口党支部之间，可以包含支部建设、文化建设等内容。调查显示，有72.1%的被调查者认为这是适合的共建途径。其重点在于议定好特定主题，安排好活动方式；其特点在于实践性强，主题设置灵活，方便不同党支部之间根据需要开展共建活动，党员之间可以充分地互动交流，经费比较容易得到保证等，对于不同党支部之间学习交流、增进感情很有帮助。

二是行业互助型——结合行业需求，互通信息有无。行业互助型，就是共建双方从适应新形势下行业发展和党支部建设的现实需要出发，以专业为纽带，以行业为平台，开展互助共建活动，为专业建设、行业发展创造良好的共生条件。这种模式往往适用于高校与企业之间，可以包含人才培养、社会建设、经济发展等内容。例如，北京印刷学院继续教育学院与西藏新华印刷厂开展“共建新雪域，共话新发展”的党支部共建活动，举办新华印刷厂印刷技能人才培训班，既有助于该支部开展服务性党支部建设，也显著地提升了该校行业影响力。这种载体特点在于共建双方的工作接触面广，便于共享行业资源，互通信息有无，对于企业发展和高校自身建设很有帮助，在今后社会经济发展中将大有作为。

三是项目合作型——开展项目合作，实现强强联手。项目合作型，就是共建双方发挥各自优势，开展项目合作，旨在促进科研交流和资源共享，拓展科技服务空间，促进重点产业技术进步。这种同行业互助型模式总体类似，但在共建主体的具体机构方面有所不同，前者侧重于产学结合，后者侧重于学研结合。这种模式往往适用于高校与企业。其主要特点在于专业背景类似，预期成效明显，工作相通性和可持续性强，双方参与的积极性高，对于具体项目的推动大有助益；采取这种方式，双方的投入和收益容易核算，能够达成互利共赢的效果。

四是基地共建型——搭建基地平台，促进资源共享。基地共建型，就是共建双方以培养适应生产、管理、服务一线需要的高素质、高技能人才为根本目的，对双方现有教育资源进行整合，建设育人实践基地。通过共建，双方都把对方的优势教育资源加以利用，形成“1+1>2”的效果。这种载体往往适用于高校与社会企事业单位之间，可以包含支部建设、人才培养、文化建设等内容。调查显示，有 64.2% 的被调查者认为这是适合的共建途径。其特点在于稳定性高，便于共建活动持续开展；理论和实践高度整合，实践居于主导地位；双方可以通过签订协议、制定计划、建立领导小组等方式将共建活动制度化、长效化。

五是研讨观摩型——关注典型示范，力求多点开花。研讨观摩型，就是共建双方在共建问题上注重走内涵化发展的道路，在共建过程中，突出一个“实”字，凸显“典型示范”，从而形成“一方实践多方研讨”“一方开花多方齐放”“同伴互助”的良好局面以及互学互帮的浓厚。这种载体往往适用于高校与高校、高校与乡镇之间，可以包含支部建设、文化建设等内容。在此种模式下，可以进行活动、资源、人员及党建信息等方面的共享，有利于双方或多方相互学习和借鉴先进的党建工作理念及创新性的做法。其主要特点在于灵活性强，不受时间、空间、经费、人员的限制，有利于提升双方的党建工作水平。

六是智力支持型——通过你中有我，我中有你，促进人员历练。智力支持型，就是共建双方根据自身发展需要，结合双方共同关心的问题和时代要求，经过双方协商或组织推荐，选派或互派专门性工作人员进入对方单位进行有针对性的知识传授、经验交流，帮助对方解决现实亟待解决的问题或学习对方先进理念，通过互相学习、沟通交流，促进双方共同发展和工作水平的提高。有时也称为“引智工程”“挂职锻炼”。这种载体，是新形势下高校深化实施“人才强校”战略的重要内容和方式，也是校企合作、校地合作的重要形式和内容，主要适用于高校与行业企业、上级主管部门之间，特别是行业型中比较普遍，也很受广大行业企业、各级政府的欢迎。

七是公益服务型——牵手奉献爱心，共树文明风尚。公益服务型，就是共建双方中的某一方通过为另一方提供社会性、公益性服务活动，增进双方感情和情谊。这种载体核心是在服务中献爱心，特点在于灵活性强，不受时间、空间、经费和人员的限制，有利于提升双方的党建工作水平。往往适用于高校与所在区县、乡镇之间，可以包含社会建设、文化建设等内容。与智力支持型不同的是，此种共建类型既能使对方得到便利和实惠，感受到爱心和尊敬，也有助于高校党员在献爱心活动中长本领、展才华、树风尚，培养良好的道德情操，如高校学生党支部与社区敬老院共建，学生党员在节假日走进社区敬老院，为老人提供力所能及的爱心服务。此种载体，能在很大程度上帮助和促进共建双方服务水平的提高和文化建设机制的健全和完善。

八是联系基层型——倡导“走转改”，服务面对面。联系基层型，就是工作上具有隶属关系的上级部门党支部与下级部门党支部之间开展共建，主要是高校机关、后勤、教辅部门党支部与基层教学单位党支部、教师党支部与学生党支部、后勤部门党支部与基层教学单位党支部、教师党支部与学生党支部、后勤部门党支部与机关教辅部门党支部开展共建。前面所说的几种载体往往适用于校外，而这一载体通常适用于校内，可以包含支部建设、文化建设等内容，既有助于高校上级部门了解、体恤基层情况，也有助于基层师生更好地感受上级关怀，接受职能部门的工作指导，这对于高校机关部门党支部改进领导方式、工作方式，促进和谐校园文化建设很有帮助。

4. 确保经费支持

高校党支部共建，离不开经费的支撑和保障。为此，一方面需要市委教育工委等主管部门针对北京高校党支部共建的需求，适度加大专项经费投入力度，将重点的党支部共建项目列入年度财政预算，实现专款专用，以保证党支部共建的可持续性。另一方面也需要高校党委在总经费预算中将党支部共建列入专项经费预算，完善党支部共建所需的软硬件设施，以满足党支部共建活动开展的基本要求。此外，高校基层单位也要开动脑筋，利用自身资源，拓宽经费渠道，提高自主筹费能力。同时，高校还需完善共建经费使用监督机制，做好共建经费的统筹管理与监督，避免经费变相流失。

5. 融入区域发展

截至“十一五”末期，北京地区已经初步形成包括文化创意产业在内的几大区域性支柱产业，《北京市国民经济和社会发展第十二个五年规划纲要》（简称《规划》）进一步提出，要“以更高的标准推动‘人文北京、科技北京、绿色北京’建设”。北京高校人才荟萃，学术资源和科研成果丰富，如不加以实践生产领域转化，就可能被束之高阁而无人问津造成资源极大浪费。北京高校理应结合《规划》要求，通过党支部共建纽带融入区域发展中，促进北京高校进一步加强与北京市、行业界的互动往来与应用合作，将高校现有的资源优势和科研能力转化为社会生产力，从而为北京“十二五”及中长期经济社会发展和文化改革发展服务。

在此基础上，上级主管部门也可结合相关精神和《规划》要求设定主题、统筹部署、分类指导，引领高校定期开展相关主题性党支部共建活动，打造共建工作融入区域发展的“快车道”和“大舞台”，从而形成上下互动、多方联动、全面推动的良好局面，共同促进党支部共建工作融入区域发展机制的不断健全和完善。

实践无止境，创新无止境。高校党支部共建作为新时期高校党建创新形式，在促进党建资源共享、推进基层党建和整体事业发展方面有着显著优势，也将是今后高校党建工作创新的理论增长点和实践创新点。北京高校理应充分发挥自身优势，整合各方资源，完善党支部共建模式，在北京市委教育工委的领导下，推动党支部共建生动活泼、富有成效地开展起来，在促进自身发展、服务“三个北京”建设、推进“科教兴国”战略、推进社会主义文化大发展大繁荣的伟大征程中作出新的更大贡献。

参考文献：

［1］《中共中央关于加强和改进新形势下党的建设若干重大问题的决定》，新华网，2009 年 9 月 27 日。

［2］《中共中央关于深化文化体制改革推动社会主义文化大发展大繁荣若干重大问题的决定》，新华网，2011 年 10 月 25 日。

［3］胡锦涛：《在庆祝清华大学建校 100 周年大会讲话》，新华社，2011 年 4 月 24 日。

［4］李江涛：《北京重视高校教师党员队伍建设》，《教书育人》2011 年第 27 期。

［5］《携手村官建设新农村》，中国共产党新闻网，2008 年 6 月 27 日。

［6］列宁：《怎么办》，《列宁选集》第一卷，人民出版社 1995 年版，第 241 页。

［7］《关于构建共驻共建社区党建工作新格局的意见》，《黑龙江日报》2006 年 9 月 13 日。

［8］毛泽东：《为争取千百万群众进入抗日民族统一战线而斗争》，《毛泽东选集》第 1 卷，人民出版社 1991 年版，第 277 页。

［9］饶斌：《推进行业党建与社区党建融合的探索与思考》，《上海党史与党建》2007 年 9 月。

［10］付晨光：《新形势下加强高校党员教育管理、服务保障工作的思考》，《思想理论教育导刊》2008 年第 7 期。

探索“三围绕三服务”推进服务型基层党组织建设*

北京印刷学院深入贯彻落实党的十八大精神，坚持“服务行业、服务首都、服务师生”的方法，深入推进服务型基层党组织建设，不断增强党组织的凝聚力、创造力和战斗力。

一、围绕行业需求，发挥基层党组织作用，提高学校服务行业的能力

1. 与国家版权局（原国家新闻出版总署，以下简称“总署”）开展党支部共建活动。总署机关党委下属各司党支部积极与学校有关党总支、党支部开展共建活动，采取参观考察、座谈研讨、专题报告、交流挂职、课题合作等方式开展活动，真正达到了互利共赢的目的，为学校更好地服务行业人才培养、服务区域经济社会发展起到了牵线搭桥的重要作用。例如，信息与机电工程学院党总支及下属各支部与总署机关部分业务司支部开展共建，该项活动荣获北京市委教工委创先争优创新项目；新闻出版学院党总支及所属党支部与总署科技与数字出版司、继续教育学院直属党支部与出版产业发展司、印刷与包装工程学院党总支的数字印刷支部与雅昌

* 这是刘超美2013年撰写的服务型党组织建设思考心得，发表于《北京教育（高教版）》2013年第7—8期。

彩印有限公司党支部开展共建。署校共建以来，学校与总署各司局成立课题组成功申报并承担行业软课题5个以上。通过与总署共建党支部，为师生了解服务行业搭建了平台。

2. 按照学科专业背景配强二级学院党总支书记。学校选配了具有较强学科专业背景的教授担任二级学院的党总支书记，围绕行业产业开展党组织活动，改进了内容和活动方式，为发挥基层党组织政治核心作用，提高二级学院学科、学术和管理水平，充分利用社会资源提供了组织保障。

3. 长期选派干部到行业、地区挂职锻炼。多年来，学校选派中青年干部赴总署及内蒙古、新疆、西藏等边远地区挂职锻炼，为边远地区开设研究生班，提高当地干部专业水平。既丰富了干部、教师的工作阅历，提升了干部、教师的实践能力，又密切了学校与上级主管部门、行业及区域的联系。

4. 搭建服务行业平台，提高学校协同创新能力。北京绿色印刷包装产业技术研究院党支部坚持以推进产学研结合为目标，积极探索“三贴近三促进”，搭建了校企合作的有效平台。研究院党支部通过贴近企业发展，了解企业发展之所需，充分发挥学校优势，联合国内科研院所、高校和骨干企业，帮助企业解决行业重大关键和共性技术难题，为入孵企业提供政策咨询、技术转移和科技成果转化等综合服务，把窗口作用发挥得淋漓尽致，从而为校企合作搭建了高效便捷的平台，促进了校企双方的共赢。同时，研究院党支部将高校科技创新的文化深深渗透进企业中，让企业深刻地认识到，没有创新，企业就无法生存；没有创新，企业就不能发展，引导企业把自身的发展战略与学校的“十二五”发展战略紧密结合起来，借助高校科技东风，加快转型升级步伐。

二、围绕“世界城市”和“三个北京”建设，发挥基层党组织作用，服务首都和区域发展

1. 与北京市多个区县开展党支部共建活动。学校各支部先后与大兴

区、海淀区、石景山区的村、镇、社区等15个单位开展20余项共建活动，覆盖学校10余个师生党支部，涉及文化下乡、科技培训、普法宣传、美化市容、敬老爱幼、农民工文化需求调查与送书等多项服务活动，增强了党员的服务意识、群众意识、责任意识，党员创先争优意识得到进一步激发。

2. 与大兴区开展多方位交流合作。学校以开展党支部共建为纽带，主动参与区域文化传媒领域建设，推进学校和区域事业的发展。积极促成了大兴区与学校共建的“北京绿色印刷包装科技产业园”；主动与周边的北京石油化工学院、北京建筑大学开展“京南高校科技园”共建活动，深入推进了产学研用一体化进程。总署部分司的党支部与学校党委联合以“走进新农村，感触新农业，传承文化精髓，共话城乡文化建设”为主题，探索“三围绕三服务”推进服务型基层党组织建设与大兴区委、魏善庄镇党委和羊坊村党支部共同开展了党日活动。

3. 学生党支部参与社区文化活动。新闻出版学院学生党支部与海淀区建委的党组织共建，共同开展“送法进工地、情系农民工”的普法宣传和“农民工阅读兴趣问卷调查”。结合创先争优活动，该党支部还与兴盛园社区开展共建，开展了“采、编、导、演话剧”等系列活动，宣传社区创先争优与精神文明新风尚。广告专业的学生党支部在与石景山区寿山福海敬老院的共建活动中，开展“牵手社区·共创和谐”文艺演出，在慰问孤寡老人活动中献爱心。学生党员在志愿服务中学习了很多革命传统以及敬业创业精神，丰富了他们的人格魅力、思维方式和人文知识，学到了在校园内、课堂上学不到的宝贵知识。

4. 选派干部到北京市交流挂职锻炼。选派中青年干部赴大兴、密云等区县挂职锻炼，为地方发展提供人员和智力支持。参加挂职锻炼的干部，有的为挂职单位完成了重要科研课题，有的为区域和单位作出了积极的贡献，有的在区域单位留任，真正实现了干部个人成长与挂职单位业务推进相辅相成的双赢。

三、围绕学校发展和师生需求，发挥基层党组织作用，服务广大师生

1. 注重打造党支部品牌活动，激发基层党组织活力。各基层党组织结合自身特点和优势，广泛开展了服务师生、形式多样的党建品牌活动。例如，信息与机电学院学生党支部坚持开展“红帆”活动15年，形成了学生党员值班、学生党员宿舍挂牌、书记（院长）接待日等系列活动，受到广大学生的欢迎。经济管理学院教工党支部实行“党员科研导师制”，组织党员教师带领学生做科研、写论文，取得了一批丰硕成果，该项目获得北京市优秀党建成果三等奖。

2. 基层支部明确为师生服务的目标和任务，增强党组织的凝聚力和战斗力。学校党委将基层党组织服务师生情况作为重点检查内容，人心思干、人心思进，推进学校中心工作取得突破性进展。在北京市级教学成果奖的评选中，学校共获得4项一等奖、2项二等奖，还有1项联合申报一等奖，填补了学校市级教学成果一等奖的空白，为学校下一步冲击国家级教学成果奖奠定了良好基础。2012年，学校与总署共建绿色印刷检测实验室，与方正集团、雅昌集团等单位共建研发机构，开展共性关键技术研发和战略研究。坚持以“一围绕两服务”为主题，充分发挥基层党组织对中心工作的促进作用。例如，许多教学单位党总支（党支部）普遍开展了包括讲课比赛、教案评比在内的教学基本功大赛及师德建设系列活动；教辅单位如教学技术与网络中心开展了“网络、计算机技术及多媒体课件制作现场咨询服务”；机关党总支要求每个职能部门制定本部门服务基层方案，切实改变机关工作作风；学生党支部开展了“我是党员一面旗，我为党旗添光彩”活动。

3. 努力为教职员工办实事，民生得到进一步改善。教职工工资收入稳步增长，人均年收入增长率为13.7%；制定《教职工住房物业费补贴办法》，为教职工提供物业补助；利用北京交通大学科研创新孵化基地项目为教职工提供253套价格优惠的住房；为每位教职工入意外伤害险；为

每位女教工入特殊疾病险；建立困难职工动态档案，开展“送温暖”活动；建立离退休人员“特困基金”和“空巢家庭关爱基金”，解决离退休老同志的实际困难。

4. 促进青年教师成长。结合青年教师特点，学校实施了一系列有利于青年教师成长的政策措施。建立教师教学发展中心，设置青年科研基金，制定《教师岗位人员在职进修培训管理办法》《校聘教授岗位聘任办法》《校级科研、教学团队选拔与培养办法》等，为青年教师创建了良好的平等竞争环境和脱颖而出的条件；通过开展青年教师导师制、挂职锻炼、参加社会及专业实践活动，担任辅导员班主任，举办教学基本功比赛、开展国内外进修和学术交流等，助力青年教师成长。学校新的发展目标是：到 2020 年，初步建成国际知名、有特色、高水平传媒类大学，基本实现从教学型向教学研究型大学的转变。面对社会主义文化大发展大繁荣、新闻出版强国建设的新机遇，面对“三个北京”、中国特色“世界城市”建设提出的新期待，面对全面提高高等教育质量提出的新要求，学校还需要进一步增强发展的紧迫感、责任感和使命感，进一步提升党建和思想政治工作的针对性、实效性和科学化水平。今后，学校将进一步加强新形势下党建和思想政治工作的规律性研究，建立健全创先争优长效机制，使各级领导班子更加得力，队伍结构更趋合理，基层组织更具活力，党员先锋模范作用更加突出，为实现学校转型跨越发展提供坚强有力的思想和组织保证。

抓好党的群众路线教育实践活动为学校发展提供有力保障*

党的十八大作出了“围绕保持党的先进性和纯洁性，在全党深入开展以为民务实清廉为主要内容的党的群众路线教育实践活动”的重大部署。十八大以来，以习近平同志为核心的党中央，及时作出改进工作作风、密切联系群众的八项规定，并身体力行、带头执行，为全党作出了表率。为在全党范围内扎实有效地开展好本次教育实践活动，中共中央下发了《关于在全党深入开展党的群众路线教育实践活动的意见》，召开了专门工作会议，习近平总书记等中央领导同志作了重要讲话。北京市委、市委教工委也多次召开会议，对开展教育实践活动进行部署和安排。根据市委统一要求，包括北京市属高校在内的全市229家第一批教育实践活动单位，要在8月20日前完成动员部署工作。学校党委对教育实践活动高度重视，暑期放假前党委常委会就“认真落实中央和市委精神，做好教育实践活动”进行了专题研究，并成立了相关领导机构和工作机构。学校领导和有关部门还利用暑假时间进行了专题学习调研。目前，我校的教育实践活动《实施方案》已经制定，各项准备工作已经就绪。经市委

---

* 这是2013年8月20日刘超美在北京印刷学院党的群众路线教育实践活动动员部署会上的发言。

督导组研究同意，今天我们召开动员大会，正式开启我校教育实践活动。

2013 年 8 月 20 日，刘超美（前台左一）主持北京印刷学院党的群众路线教育实践活动动员部署会

抓好党的群众路线教育实践活动，是当前全校各级党组织和广大党员、干部首要的政治责任。以今天动员大会为标志，全校党的群众路线教育活动将正式全面启动。党委要求，全校党员领导干部要迅速把思想和行动统一到中央要求和市委部署上来，从自身做起，从现在做起，以更加强烈的政治责任感和更加扎实的工作作风，把教育实践活动组织好、开展好；全体师生党员要以饱满的政治热情和良好的精神状态积极投身教育实践活动，以作风建设的新成效凝聚起推动学校事业发展的强大合力，为建设国际知名、有特色、高水平传媒类大学提供有力保障。我们相信，在上级党组织的领导和督导组的正确指导下，在全校上下的共同努力下，我校的教育实践活动一定会达到让师生群众看得见、让师生群众真满意的良好效果。

刘超美（左）主持，王永生（中），市委第 32 督导组组长刘木春（右）讲话

暑假期间，学校后勤、基建、保卫、招就等部门不少同志冒着酷暑仍然坚守岗位，工作很辛苦。临近开学，迎新等各项工作也即将全面展开，希望各部门在抓好群众路线教育实践活动的同时，加强统筹协调，确保各项工作有条不紊地开展。

学习新党章　实践新党章*

一、十八大党章的新内容、新要求

党的十八大于 2012 年 11 月 8 日至 14 日在北京召开。大会通过的《中国共产党章程（修正案）》（以下简称“十八大党章”）分为总纲和条文十七章两大部分，共计 17200 字。十八大党章相比十七大党章，总纲部分改动了 35 处，其中增加了 24 处，删减了 11 处。条文部分增加 7 处，共 42 字。第一章“党员”、第五章“党的基层组织”、第六章“党的干部”中稍有变化。这些修改体现了党的理论与时俱进和丰富发展。十八大党章是改革开放 30 多年来接力探索，集大成的一部党章，将在推进党的事业和党的建设中更好发挥根本性规范和指导作用。

1. 《党章》总纲部分的新内容、新要求

第一，把科学发展观确立为党的行动指南，作出新的定位和阐述。

总纲部分第二段是这样写的，我们党把马克思列宁主义、毛泽东思想、邓小平理论、“三个代表”重要思想和科学发展观一道作为自己的行动指南。这里用了一个词叫“一道”，在酝酿的时候，曾有人提出是用并列的方式还是有先后的组成。请大家注意，现在中央统一的语言，就是“一道”。

* 这是 2013 年 9 月 7 日刘超美在北京印刷学院党的群众路线教育实践活动领导班子及中层干部集中学习会上的党课讲授提纲。

第二，坚持走中国特色社会主义道路，揭示中国特色社会主义从理论、道路和制度的全部内涵。

以往的党章提到坚持中国特色社会主义理论，十八大党章在总纲第八段中将“道路”和“制度”都加了进去，并用肯定性语句来强调我们开辟了中国特色社会主义道路，形成中国特色社会主义理论体系，确立了中国特色社会主义制度。

第三，将生态文明建设纳入中国特色社会主义总体布局。

十八大党章关于“生态文明”整个加了一段，作为总纲第十八段，一共200多字，在政治建设、经济建设、文化建设、社会建设后面加了生态文明建设，称为“五位一体”，作为党的纲领、奋斗目标和中国特色社会主义建设布局，这在全党、全国及全世界都引起热烈反响。

第四，加入“纯洁性建设”，把纯洁性建设、先进性建设、执政能力建设一起称为党的建设的主线。

相比以往党章，十八大党章新加进“纯洁性建设”五个字。纯洁性的问题对于中国共产党来说，可以说从来是题中应有之义。为了保持党的纯洁性，我们党也付出了很多努力，但随着时代的发展变化，党的纯洁性面临着诸多挑战以及更多问题，所以十八大党章专门作了强调。

第五，对于党的建设，重新明确了学习型、服务型、创新型。

关于学习型、服务型几年前就提了，我们认为，创新型的意义在于要不断创新，强调服务型，对于一个执政党来说很重要。当年毛泽东有一个交代，“党内要严，党外要宽”。新中国成立以后，中央又提出“治党要严、治国要宽”，这在党内引起很多人的震动，当时我们对党员的要求是很严格的。邓小平也有个交代，“这个党该抓了，不抓不行了”。关于服务，党的宗旨就是全心全意为人民服务，但“服务”这个概念相对较弱，为此十八大党章用“服务型”作了进一步强调。

2.《党章》条文部分的新内容、新要求

党员

——第三条第一项第一句修改为“认真学习马克思列宁主义、毛泽

2013 年 9 月 7 日，北京印刷学院召开党的群众路线教育实践活动领导班子及中层干部集中学习会

东思想、‘三个代表’重要思想和科学发展观。引导广大党员干部增强学习和贯彻落实科学发展观的自觉性和坚定性。”

党的基层组织

——第三十一条第一项增写了积极创先争优的内容。

——第三十一条第二项第一句修改为“组织党员认真学习马克思列宁主义、毛泽东思想、邓小平理论、‘三个代表’重要思想和科学发展观”。

党的干部

——第三十三条增写了干部选拔监督的内容。第一款强调选拔干部要坚持德才兼备，以德为先的原则，坚持五湖四海、任人唯贤；第二款增写了党重视监督干部的内容。

——第三十四条第五项增写了党的各级领导干部必须具备的基本条件内容，强调党的各级领导干部要坚持原则，讲党性、重品行、做表率。

党章是党的根本大法，其基本内容要保持连续性和稳定性，也要根据形势和任务的发展变化进行必要修改。形势和任务的变化主要是三方面：一是党的理论的与时俱进和不断创新；二是党和国家事业发展的新要求；三是党的建设伟大工程不断有新创造和新经验。

现行党章主体是1982年党的十二大制定，十八大党章修改是党诞生以来第16次修改。把党的理论创新和实践发展重大成果写入党章，顺应时代潮流，集中全党智慧，体现人民心愿，更好地贯彻落实党的理论和路线方针政策。

十八大党章的意义，在于它是建成全面小康社会目标决定时刻的党章，体现了进步性、契合性和内在需要性。

第一，体现了党具有与时俱进的进步性。

现行的党章经中共十二大通过后又经过多次修订，其中每一次的修订都凝结了共产党与时俱进，锐意进取，不断改革发展的新经验。十二大制定的党章，首次明确规定了党必须在宪法和法律范围内活动，也是首次作出了党禁止任何形式的个人崇拜的规定。在这之后的每一次修订，都是伴随着当年全国人民代表大会的召开而注入新的元素，这使党章不断保持着其与时俱进的进步性。如今，将十八大写入党章，对于正处于在全面建设小康社会的关键时期和深化改革开放、加快转变经济发展方式攻坚时期的中国，意义重大，影响深远。

第二，体现了党具有与时代高度的契合性。

不断保持党章与时代背景和要求相契合，对推进党的工作、加强党的建设具有根本性的规范和指导作用。根据形势和任务发展变化，对党章进行适当修改，把党的十八大报告确立的重大理论观点和战略思想写入党章，不仅充分体现了马克思主义中国化最新成果，也是继承了党的十七大以来中央提出的重大战略思想，更是发扬了党的工作和党的建设的新鲜经验，这样做有利于全党更好地学习党章、遵守党章、贯彻党章、维护党章，更好地把中国特色社会主义伟大事业和党的建设伟大工程推向前进。

第三，体现了党自身发展的内在需要。

新中国成立特别是改革开放以来，中国不断向世界大国、经济强国迈进，逐步在全世界处于举足轻重的地位。党的代表大会，不仅是中国共产党和中国政府至关重要的决策性会议，其决策更是决定着未来中国的发展方向，同时也肩负了向西方世界展现中国发展实力的重要任务。尤其是近年来，大会逐渐接受中外记者的采访申请，在世界直播，十八大的任何一项决策以及动向都时刻受到全世界的广泛关注。十八大的报告确立的战略思想将是中国未来发展的指导性决策性思想，中国共产党作为中国的执政党，将十八大报告中确立的重大理论写入党章也是中国共产党发展的内在需要。

二、从党章看群众路线的形成和发展

群众路线是党的根本工作路线，是毛泽东思想活的灵魂之一，是中国共产党最根本的工作路线。坚持党的群众路线，这是党在长期革命和建设中制胜的法宝。

1. 党的群众路线的解析

核心：“一切为了群众，一切依靠群众，从群众中来，到群众中去。”

党的群众路线的基本内容是“一切为了群众，一切依靠群众，从群众中来，到群众中去”。这四句话是一个不可分割的整体，前两句阐述的是党的群众观点，也是核心内容；后两句是党的群众观点的具体化，也即如何将群众观点落到实处。前两句体现的是世界观，后两句体现的是方法论，二者的有机结合构成了党的群众路线的整体内容。

当前，全党正在开展党的群众路线教育实践活动，突出为民务实清廉主题。那么，什么是党的群众路线？科学、完整、规范、权威表述是什么？到哪里去找呢？我认为，要到《中国共产党章程》里去找。

党的一大纲领和二大至六大党章都没有关于群众路线的明确表述。但从党的事业发展实践来看，党对群众工作早就有要求。

中国共产党刚一成立，就在党纲中明确地提出：“党的任务是为中国广大人民利益而奋斗，革命活动要联系群众，发动群众，开展群众

运动。”

1922 年 7 月 16 日至 23 日，党的二大在上海召开，通过了《世界大势与中国共产党》等 9 个决议案和《中国共产党章程》，《关于共产党的组织章程决议案》提出“党的一切运动都必须深入到广大的群众里面去”，“我们要‘到群众中去’要组成大的‘群众党’”，提出重视群众工作问题。

1925 年 1 月，党的四大在上海召开。通过了《中国共产党第二次修正章程》，制定的《对于职工运动之议决案》指出，要“尽力发展我们自己党的组织，力求深入群众。”

党的群众路线在土地革命战争时期红军初创时开始孕育。1928 年 11 月，李立三在与江浙地区党的负责同志的谈话中首先使用了“群众路线”这个概念。1929 年 9 月，周恩来起草《中共中央给红军第四军前委的指示信》（史称“九月来信”）中正式提出了“群众路线”这个概念，“关于筹款工作，亦要通过群众路线，不要由红军单独去做”。

毛泽东十分重视群众工作，在使用这个概念后，在他的一系列文章、指示、报告和讲话中多次阐述和强调深入群众、动员群众、组织群众、相信群众、依靠群众、尊重群众、关心群众的问题。当时，关于红军是否要做群众工作，群众工作在党和红军工作中处于怎样的地位等问题，在党内和红军中有不同的认识，思想并不统一。而这方面问题又直接涉及红军的性质，涉及军事和政治的关系如何处理，以及红军应该采取什么样的战略战术等重要问题。毛泽东在说明和解决这些问题的过程中提出和阐发了党的群众观点的思想。1929 年 12 月，他在起草的《中国共产党红军第四军第九次代表大会决议案》（也称“古田会议决议”）中强调：“红军决不是单纯地打仗的，它除了打仗消灭敌人军事力量之外，还要负担宣传群众、组织群众、武装群众、帮助群众建立革命政权以至于建立共产党的组织等项重大的任务。”“一切工作在党的讨论和决议之后，再经过群众路线去执行。”党的群众路线正式提出。党内其他同志也受此启发，重视起群众工作和群众路线。1935 年，林伯渠在长征日记中提到了红军如何得到“群众拥护”的问题。群众路线问题，就历史地、不可回避地提出来了。

毛泽东在党的七大上作了《论联合政府》的书面政治报告和《愚公移山》的闭幕词讲话。他在报告和讲话里都着重强调了党的群众路线问题。他指出：“每一个党员都必须理解党的利益与人民利益的一致性，对党负责与对人民负责的一致性。每一个党员都必须用心倾听人民群众的呼声和了解他们的需要，并帮助他们组织起来，为实现他们的需要而斗争。每一个党员都必须决心向人民群众学习……”这些关于群众路线的基本精神，集中反映在七大通过的党章中。

刘少奇在所作《关于修改党章的报告》中，首次对党的群众观点与党的群众路线的关系深刻阐述：党的群众路线“是我们党的根本的政治路线，也是我们党的根本的组织路线。”党的群众观点“即一切为了人民群众的观点，一切向人民群众负责的观点，相信群众自己解放自己的观点，向人民群众学习的观点。”“有了坚固的明确的这些群众观点，才能有明确的工作中的群众路线，才能实行正确的领导。”

七大党章对群众路线有关理论阐述为：

“中国共产党人必须具有全心全意为中国人民服务的精神，必须与工人群众、农民群众及其他革命人民建立广泛的联系。并经常注意巩固与扩大这种联系……”

“凡党员均有下列义务……为人民群众服务，巩固党与人民群众的联系，了解并及时反映人民群众的需要……”“支部的任务是：（一）在人民群众中进行宣传和组织工作，以实现党的主张和上级组织的各种决议。（二）经常注意并向上级机关反映人民群众的情绪和要求……”这是我们党第一次在党章中系统阐述群众路线问题，标志着群众路线的正式确立。

1956 年 9 月，中共八大上，邓小平同志在《关于修改党章的报告》中对党的群众路线作了新的概括，系统阐述了党的群众路线两个方面的意义：一是人民群众必须自己解放自己，党的全部任务就是全心全意为人民服务；二是党的领导工作能否保持正确，决定于它能否采取“从群众中来，到群众中去”的工作方法，党必须根据群众的实践来检验自己的工作。党的八大党章作为党在全国执政之后的第一部党章，在总纲部分第一次写入“群众路线”：“中国共产党的一切主张的实现，都要通过党的组织和党员在人民群众中间的活动，都要通过人民群众在党的领导下的自觉的努力。因此，必须不断地发扬党的工作中的群众路线的传统。”但对什么是党的群众路线没有给出定义，也没有进行概括提炼。

党的九大党章、十大党章在总纲中都取消了对“群众路线”的表述。党的十大党章只保留了党的三大作风的表述。党的十一大党章讲到了全党必须保持和发扬群众路线、实事求是的优良传统和党的三大作风问题，但对什么是党的群众路线？没有论述，更没有具体地展开。

刘超美（左上）、郑文红（右上）、纪委书记宋海宁（左下）、工会主席雷京（右下）分别领学

1981 年 6 月，党的十一届六中全会通过的《关于建国以来党的若干历史问题的决议》（以下简称《决议》），对于“群众路线”进行了高度概括，就是：“一切为了群众，一切依靠群众，从群众中来，到群众中

去”。这是党的文献中第一次从定义的角度对党的群众路线进行的阐述和概括。

1982 年 9 月，党的十二大党章恢复七大、八大党章许多内容，增加许多新内容，成为此后三十年奠基性党章。十二大党章对于“群众路线”做了这样的表述：“党坚持用共产主义思想教育群众，并在自己的工作中实行群众路线，一切为了群众，一切依靠群众，把党的正确主张变为群众的自觉行动。”

这个表述在《决议》基础上，减少了两句“从群众中来，到群众中去”，又增加了一句“把党的正确主张变为群众的自觉行动”。

1987 年 10 月 25 日至 11 月 1 日，党的十三大在北京举行。大会阐述了社会主义初级阶段理论，提出了“一个中心、两个基本点”的基本路线，制定了“三步走”的战略，提出政治体制改革任务。十三大党章完全继承十二大党章对“群众路线”的表述，为体现党的“三大法宝”理论联系实际、密切联系群众、批评和自我批评，对少数条文作了部分修改，但总纲部分没有变化。

1992 年 10 月 12 日至 18 日，党的十四大确定建立社会主义市场经济体制的目标。

十四大党章恢复了党的十一届六中全会《决议》中的“一来一去”两句话，对“群众路线”做了如下表述：“党在自己的工作中实行群众路线，一切为了群众，一切依靠群众，从群众中来，到群众中去，把党的正确主张变为群众的自觉行动。”这个表述体现了改革创新要求，一直沿用至今。

以上五句话的经典表述，一直沿用到党的十五大至十八大党章中，形成了我们党关于“群众路线”的准确、完整、规范、权威的表述。十五大党章、十六大党章、十七大党章，在总纲阐述党的群众工作和党与人民群众关系时，还与时俱进地充实增加许多新内容。

十八大党章指出：“党在自己的工作中实行群众路线，一切为了群众，一切依靠群众，从群众中来，到群众中去，把党的正确主张变为群众

的自觉行动。”十八大党章关于群众路线的最主要内容就是“两个一切”“一来一去”。这个表述是迄今为止我们党对党的群众路线作出的最准确、最完整、最规范、最权威的表述。

以习近平同志为核心的新一届党中央在全党深入开展党的群众路线教育实践活动，旨在贯彻党的十八大精神和十八大党章要求，坚持党要管党、从严治党，顺应群众期盼，加强学习型服务型创新型马克思主义执政党建设。

习近平强调：“群众路线是我们党的生命线和根本工作路线。实现党的十八大确定的奋斗目标，实现中华民族伟大复兴的中国梦，必须紧紧依靠人民，充分调动最广大人民的积极性、主动性、创造性。开展党的群众路线教育实践活动，就是要使全党同志牢记并恪守全心全意为人民服务的根本宗旨，以优良作风把人民紧紧凝聚在一起，为实现党的十八大确定的目标任务而努力奋斗。”

综上所述，历代党章对群众路线的表述中，“两个一切”强调的是党的最根本的群众观点，“一来一去”强调的是党的群众工作的主要领导途径和工作方式方法，二者集中到一起，构成了党的群众路线的最主要内容。

关于党的群众观点，改革开放以来的新时期又有新的丰富和发展，例如提出和提炼了“牢固树立人民群众是历史创造者”的观点、“干部的权力是人民赋予”的观点、“对党负责与对人民负责相一致”的观点、“立党为公、执政为民”的观点、“群众利益无小事”的观点等等，这些都是“两个一切”根本观点的拓展、延伸和丰富、完善，是对党的群众路线的继承、创新和发展。

三、认真学习党章，践行群众路线

习近平总书记提出：“认真学习党章、严格遵守党章，是加强党的建设的一项基础性经常性工作，也是全党同志的应尽义务和庄严责任，对强化全党党章意识，增强党的创造力、凝聚力、战斗力具有极为重要的作用。要以党的十八大党章修正案颁布为契机，在全党兴起学习党章、遵守党章的热潮。”“党员领导干部要做学习党章、遵守党章的模范。凡是党章规定党员必须做到的，领导干部要首先做到；凡是党章规定党员不能做的，领导干部要带头不做。”“要坚持党的群众路线，从群众中来、到群众中去，深入基层调查研究，亲近群众，联系群众，服务群众，做好新形势下的群众工作，朝气蓬勃地带领人民为全面建成小康社会、坚持和发展中国特色社会主义而共同奋斗。”

当前，全党深入开展党的群众路线教育实践活动，我校也进入了转型跨越发展阶段，正朝着国际知名、有特色、高水平传媒类大学的建设目标而努力，对我校党员干部贯彻落实群众路线提出更高要求，要求我们认真学习党章，践行群众路线，在作风方面作出表率。

温故而知新，学习是保证。我们要认真学习党章，就要注意新内容、新要求，重点是这两个“新”，这对于我们深化践行群众路线很有启发。我校在践行群众路线方面整体是好的，但对照中央下发《党员干部在作风方面的突出问题》和教育部下发《“四风”问题在直属高校的具体表现》，也存在一些不符合“为民务实清廉”要求的问题。

我校在“四风”方面存在以下问题。

一是在形式主义方面，存在着重部署、轻落实，以会议落实会议，以文件落实文件的现象，对于办学理念、思路原则及行业特色型大学办学规律的研究还不够透彻；“十二五”规划的具体配套措施还需要进一步完善，统筹推进的力度还需要进一步加大；有的不能沉下心来做打基础、利长远的事，等等。

二是在官僚主义方面，有的领导干部联系师生不够广泛，一线调研不够深入，缺乏深入广泛听取意见，有时“拍脑袋”决策；有的部门服务意识不强，“门难进、脸难看、话难听”，涉及师生反映的问题不放在心上，不及时解决，遇到困难就躲，互相推诿，等等。

三是在享乐主义方面，有的领导干部精神懈怠，安于现状，不思进取，认为学校专业性强，在业内是“老大”，竞争压力小，对加快转型发展思想认识不足，乐于“小富即安”、小打小闹过日子，面对难题总是从客观上找原因，不从自己的思想观念上找差距；有的领导干部不敢担当，领导不催不落实，大小问题找领导，等等。

四是在奢靡之风方面，有的缺乏勤俭节约意识，盲目购置设备，管理粗放；教学科研资源利用率较低，投入与产出不成比例，等等。

总体思路和努力方向：

高举中国特色社会主义伟大旗帜，以邓小平理论、“三个代表”重要思想和科学发展观为指导，坚定不移地走中国特色社会主义文化发展之路，深入学习贯彻党的十八大精神、十八大党章和习近平总书记一系列重要讲话精神，深入学习宣传中华民族伟大复兴的中国梦，认真学习贯彻落实全国宣传思想工作会议精神，胸怀大局，把握大势，着眼大事，牢固树立新的文化发展理念，以解放思想、强化服务，深化管理、推动发展为主线，着眼于新闻出版人才队伍建设需求，始终坚持将群众路线作为推动学校发展的根本动力，始终坚持将以人为本作为推动学校发展的核心理念，始终坚持将思想和作风建设作为推动学校各项工作的组织保障，始终坚持将服务行业科学发展作为推动学校发展的主攻方向，充分调动学校党员干部和师生群众两个积极性，努力推动学校工作的跨越式发展。

工作措施：

1. 切实加强思想政治工作，树立正确的群众观是非观政绩观利益观。

一是，要树立正确的群众观。班子成员对查摆出来的问题改什么、怎么改、改得怎么样，要有明确的工作规划，让群众看清楚，接受群众监督，切实将各项改进工作落到实处。

二是，要树立正确的是非观。深入开展一次是非观教育，教育班子成员时刻牢记党的宗旨，是非分明，在关系群众切身利益的问题上不打官腔，对不良风气给予坚决抵制。

三是，要树立正确的政绩观。一是讲实话，对成绩不夸大，对问题不缩小；二是出实招，要主动面对矛盾、解决矛盾；三是求实效，要增强主动性，减少盲目性，克服片面性。

四是，要树立正确的利益观。强化工作协调配合，遇事多沟通商量，对于手中的权力和分管的工作，务必保持清醒。

2. 做好组织建设，强化凝聚力战斗力创造力。

第一，加强思想教育，努力提高班子成员的思想政治素质。健全理论中心组学习制度，引导把好人生“总开关”；深入开展“四个强不强”教育活动，即党性原则强不强、组织纪律强不强、群众观念强不强、大局意识强不强主题教育。

第二，增强素质，不断提高领导水平和管理能力。完善学习型党组织建设，增强科学判断形势的能力；把握高等教育规律，提高办学治校的能力；增强法制观念，提高依法执政的能力；善于创造性开展工作，增强总揽全局的能力。

第三，加强民主集中制建设，实现决策的民主化科学化。一是要模范执行民主集中制，加大执行和维护民主集中制的力度；二是认真坚持集体领导和个人分工负责相结合，搞好班子团结，保证民主集中制有效落实；三是加大监督力度和制约措施，促使民主集中制的顺利实施。

3. 务实推进作风建设，改进学风、文风和工作作风。

一是，要树立终身学习理念。用党的先进理论武装自己，从自身做起带动师生群众，以良好的学习风范为事业发展营造良好氛围。

二是，要加强文风建设。贯彻中央八条规定和学校党委贯彻中央八条的意见，将文风建设置于重要位置，以改文风、促学风、转作风。

三是，要认真总结经验。将批评和自我批评作为思想武器，将师生的急事要事难事当作自己的急事要事难事办，切实转变工作作风。

4. 抓好制度建设，健全联系、服务群众长效机制。

一是，要建立班子成员联系点、蹲点工作制度。深入一线调查研究，健全民意表达制度，通过设置公开意见箱、电子政务网等信息网络手段，建立师生民意反应平台和载体；对涉及多数群众切身利益的大事，要广泛征求群众意见，对群众反映的情况，要及时进行反馈。

二是，要畅通群众利益诉求表达渠道，将其纳入制度化规范化轨道。在一些与师生群众生活密切相关的领域，公开有关办事政策、办事规程和办事结果。提拔和使用党员领导干部必须严格按照党的原则和规定程序办理，广泛听取意见，体现群众公认。

三是，要建立健全相关制度。切实提高群众工作的科学化规范化水平。

5. 夯实反腐倡廉工作，反对各种消极腐败行为。

一是，要强化教育引导。从思想上高度认识消极腐败行为的危害性，使班子成员面对消极腐败“不想为”。

二是，要加强制度建设。重大决策全面推行“票决制”，有效分解权力，克服权力过分集中，使党员干部面对消极腐败“不能为”。

三是，要强化监督机制。让师生群众参与到监督中来，形成群众监督合力，使班子成员面对消极腐败“不敢为”。

结 束 语

群众是真正的英雄，而我们自己则往往是幼稚可笑的，不了解这一点，就不可能得到起码的知识。

——毛泽东：《〈农村调查〉的序言和跋》（1941 年 3 月、4 月）

群众路线是我们党的组织工作中的根本问题，是党章中的根本问题，是需要在党内反复进行教育的。

——邓小平：《关于修改党的章程的报告》（1956 年 9 月 16 日）

人民，只有人民，才是我们工作价值的最高裁决者。

——江泽民：《做一个新时期合格的领导干部》（1995 年 6 月 30 日）

坚持以人为本、执政为民，始终保持党同人民群众的血肉联系。

——胡锦涛：《在党的第十八次全国代表大会上的报告》（2012 年 11 月 8 日）

人民是历史的创造者，群众是真正的英雄。人民群众是我们力量的源泉……每个人的工作时间是有限的，但全心全意为人民服务是无限的。

——习近平：《在新任政治局常委与记者见面会上的讲话》（2012 年 11 月 15 日）

用好批评和自我批评的武器
发挥好校级班子作用*

今天，是我第一次以书记身份主持召开学校党委常委会。刚才，我们听取审议了学校党的群众路线教育实践活动前一阶段的进展情况和下一阶段的主要安排，讨论通过了校级领导班子“四风问题”对照检查材料。在开始观看电视教育片《苏联亡党亡国20年祭——俄罗斯人在诉说》之前，结合正在进行的教育实践活动，以及国庆前夕市委专题工作会议有关精神，与班子各位同事交流一下看法和体会，顺便谈一些想法和基本考虑。

一、关于市委专题会议精神

9月29日上午，北京市委召开了教育实践活动第一批单位工作会。市委常委、组织部部长姜志刚主持会议。会议传达了习近平总书记到河北省全程参加并指导省委常委班子专题民主生活会的新华社通稿《坚持用好批评和自我批评的武器提高领导班子解决自身问题能力》和近期中央、市委教育实践活动有关会议精神。

我和王永生校长参加了这次会议。会后我的一个深切感受就是在教育

---

* 这是2013年10月10日刘超美在北京印刷学院2013年第13次党委常委会上的讲话。

实践活动中我们下一步要把“如何开一次高质量的民主生活会”提到特殊重要议程上来，围绕这次民主生活会我们要精心做好各项准备工作，包括前期的学习教育、查摆问题、谈心谈话等，也包括今天常委会讨论的两个重要议题。综合考虑上级总体部署要求和班子各位成员时间安排，我和王校长初步商议争取在 10 月底至 11 月初合适的时间召开，赶早不赶晚，具体日期由教育实践活动办公室和市委督导组沟通确定。我的基本考虑是，要把这次民主生活会当成一个契机，把平时不方便说、不适合提的问题谈出来，敞开心扉、坦诚相见，有话讲在当面，力求谈开谈透，通过充分沟通和交换意见，增进理解，达成共识；要按照习近平总书记“坚持用好批评和自我批评这一有力武器”的重要指示精神，结合督导组反馈的意见和通过各种渠道征集到的意见，既要诚恳地讲自己的不足，也要勇于指出班子其他成员存在的问题；既要负责任地提出批评意见，也要有肚量、有胸怀接受别人的批评意见，努力做到知无不言、言无不尽、找准不足、点到要害，真正达到“团结—批评—团结”的目的。当然，我们也要坚持实事求是，出于公心，注意方式方法，把功夫放在会前、放在交流谈心上，放在充分沟通和交换意见上，以利于达到帮助同志、增进团结、促进工作的目的。我也真诚地希望，在今后的日常工作中，班子每一位成员都能以学校大局、事业发展和师生利益为重，遇事及时协商、充分沟通，相互补台，发现问题开诚布公，不同意见充分发表，进一步形成团结协作、齐抓共管、共谋发展、全校工作“一盘棋”的良好局面。

二、关于校级班子作用发挥

从近几年校级班子年度考核、民主测评、市委巡视组巡视意见反馈，以及平时各种形式的座谈和研讨，特别是本学期以来群众路线教育实践活动前期调研和讨论的整体情况来看，上级部门对我们校级领导班子是予以充分肯定的，广大师生对我们校级领导班子是给予积极认可的。分析其主

要原因，我认为还是在于过去的一个时期里，校级班子带领全校干部师生办成了不少大事、办好了不少实事，取得了有目共睹的成绩和成效，也赢得了上级部门和社会各界的高度评价。但成绩不是一劳永逸的，存在的问题也是客观的，更何况随着学校事业的发展，广大师生对学校实现更高水平的跨越发展更加充满期待。

应该说，吉春书记和永生校长来校这几年学校各方面确实发生了很大的变化，我们班子自身也有了不小变化，而且这两者之间的关系也密不可分。学校事业发展了，包括我们班子成员在内的广大干部教师也有了更多发展的空间；我们每个人的作用发挥好了，学校事业发展也就有了可靠的保障和动力。我们也希望通过校级班子作用的充分发挥，带动全校干部乃至全校师生迸发出更多的活力和闯劲，进而推动学校事业又好又快的发展；也希望伴随着学校今后事业的发展、包括班子成员在内的全校干部师生都能够取得事业或学业的更大进步。

就当前而言，一是希望我们班子每位成员进一步增强宗旨意识、群众意识和服务意识，真正从内心深处热爱我们的学校以及为之奋斗的事业，真正从内心深处热爱我们的教师和每一个学生，真正保持血肉般的党群、干群关系；坚持以教师为主导、以学生为主体、以师生成长为根本，有针对性地解决师生面临的实际困难，有效地破解制约学校发展的瓶颈性问题。二是希望我们班子每位成员都能够牢固树立责任意识、担当意识和拼搏意识，勇于攻坚克难。学校各方面工作是一个有机的整体，我和永生校长将坚决支持各位分管领导在所负责的工作领域内独立自主地开展工作，尽最大可能地创造性地开展工作，也希望各位分管领导加强协同配合，有想法、有困难及时提出来，我们大家共同想办法，共同研究解决。三是希望我们班子每位成员不断增强发展自信，充分认识并牢牢把握学校发展各方面的有利机遇，鼓足干劲、乘势而上，因势而为，不为困难找理由，只为成功想办法；鼓劲不泄气，给力不旁观，我相信只要我们拧成一股绳、提振精气神，学校发展目标就一定能够早日实现。

三、关于校级班子自身建设

班子自身建设是一个需要常抓不懈的重要课题。在认真贯彻落实民主集中制和党委领导下的校长负责制的基础上，我们要根据党委工作规则、议事规则和“三重一大”等相关制度安排和决策程序，坚持集体领导、民主集中、个别酝酿、会议决定，定期召开常委会、办公会，强化会前沟通，杜绝临时动议，不断提升集体决策的质量和水平。坚持定期召开工作务虚会、专题研讨会、民主生活会和中心组理论学习，增强工作的前瞻性、系统性和针对性，不断提升领导班子科学决策和驾驭全局的能力。坚持调查研究，积极发挥工会教代会、离退休老同志、民主党派和无党派人士在学校民主决策、民主管理、民主监督中的重要作用，不断提高规范决策、民主决策的水平。要按照“中央八项规定精神”“市委15条意见精神”，加强作风建设，改进学风文风会风，加强廉洁自律，确保干成事、干好事、不出事。坚决做到要求干部师生做到的，领导班子成员首先做到；要求班子成员做到的，我和永生校长首先做到；要求别人不做的，我们自己首先不做。

关于班子分工。根据学校班子现状，经过我和永生校长审慎、全面考虑，班子成员的分工暂时不做太多的调整。老宋书记（纪委——编者注）也继续分管工会、人事等方面的工作。等待下一步与教工委充分沟通之后，再根据实际情况进行合理调整，请各位继续按照既定分工安排做好分管范围内的各项工作。

此外，根据学校年度工作整体安排，这学期我们还有几件重要的工作，如正在进行的党的群众路线教育实践活动、后天即将进行的办学55周年校庆、10月下旬即将召开的学校科研工作会议、年底之前还要按计划举行工会、教代会换届，以及党建先进校的评选等。希望大家根据分工安排抓好跟进落实。

以上是我关于班子建设方面的一些初步考虑，也算是和大家的一些心里话。大家在一起共事是一种缘分，希望在今后的工作中，继续得到各位的帮助和支持，一些不周到的地方也请大家包涵和理解。

切实抓好班子自身建设　抓好整改落实坚持践行群众路线*

今天我们用一天的时间，围绕“四风”问题，认真进行了对照检查，开展了批评和自我批评。我有一个很深的感受，那就是很久没有开过这样触及灵魂的民主生活会了，这是一次严肃的党内生活，让我们的思想受到了深刻洗礼。

刚才，刘木春组长对这次民主生活会进行了总结评价，何劲松委员作了重要讲话，对于我们开展好下一阶段各项工作具有重要指导意义。接下来，我们要切实抓好班子自身建设，抓好整改落实，坚持践行群众路线。

一是切实增强班子解决自身问题的能力。学校事业发展要求我们不仅要善于解决实际工作中的问题，更要勇于解决班子自身存在的问题。衡量一个班子是否成熟，具备有效解决自身问题的能力是重要标准之一。今天的民主生活会开了一个好头，大家没有回避问题，充分沟通了思想，今后这样的会我们还要常开、定期开。要通过不断总结、不断反思，用好批评与自我批评这一武器，真正达到班子的自我教育、自我净化和自我提升。

二是认真抓好整改落实。我们要对查摆出来的问题再次进行梳理和归纳，在此基础上制定好整改方案，明确整改任务，完善整改措施，列出完

---

* 这是 2013 年 11 月 27 日刘超美在北京印刷学院 2013 年校级领导班子专题民主生活会上的讲话。

2013 年 11 月 27 日，刘超美主持北京印刷学院党的群众路线教育实践活动领导班子专题民主生活会

成时限，逐条兑现、逐项落实。近日，党中央、国务院出台了《党政机关厉行节约反对浪费条例》，对反对“四风”、加强作风建设提出了很多明确的要求，我们要在整改落实阶段切实加以贯彻。班子每个成员都要以身作则、率先垂范、勇于承担，扎实推动整改落实工作取得让广大师生看得见、摸得着的成效。

三是坚持践行群众路线。我们要在教育实践活动中坚持走群众路线，开门搞活动、开门搞整改、开门接受监督，使教育实践活动真正成为师生满意的民心工程。当前，学校正在进行专业技术职务评审，学科工作会、科研工作会的精神也在落实当中，本学期末还要进行工会教代会换届。能否通过这些工作汇聚更多正能量，进一步加强教授治学、民主管理，是对我们班子践行群众路线、转变工作作风的重要检验。因此，我们要有所担当，让教育实践活动的成果切实体现在推动学校事业发展上。

最后，再次感谢市委教工委、市教委各位领导对我校这次专题民主生活会的关心和指导，特别感谢市委第 32 督导组给予北京印刷学院教育实践活动的悉心指导。今天的民主生活会到此结束。谢谢大家！

加强党风廉政建设　为学校改革发展稳定提供坚强有力保证*

高等教育在传承文明进步、引领社会风气、推动社会发展等方面发挥重要而独特的作用。加强高校反腐倡廉建设，意义重大，影响深远。党的十八大以来，以习近平同志为核心的党中央高度重视党风廉政建设和反腐

2014 年 5 月 29 日，刘超美主持召开北京印刷学院 2014 年党风廉政建设宣传教育月报告会

---

* 这是 2014 年 5 月 29 日刘超美在北京印刷学院 2014 年党风廉政建设宣传教育月报告会上的讲话。

败斗争，坚决把权力关进制度的笼子，特别是“中央八项规定”等一系列重要制度的实施，彰显了党要管党、从严治党的坚定决心和改进作风、惩治腐败的坚强意志，为我们进一步加强反腐倡廉建设指明了努力方向、提供了重要遵循。在学校第15个党风廉政建设宣传教育月开展之际，今天我们非常荣幸地邀请到中央纪委委员，中央纪委驻国家新闻出版广电总局纪检组组长、党组成员，中国社科院中国廉政研究中心理事长李秋芳同志为我们作“学习贯彻习总书记讲话精神，强力推进反腐倡廉建设”的主题报告，让我们对李秋芳同志的到来表示热烈欢迎！

……

李秋芳同志站在国家反腐倡廉全局的高度，紧紧围绕“学习贯彻习总书记讲话精神，强力推进反腐倡廉建设”这一主题，为我们作了一场生动的报告。报告内涵丰富、立意深刻，政策性、指导性、针对性很强，进一步加深了我们对反腐倡廉工作的认识，对今后推进我校党风廉政建设各项工作具有很强的指导意义。

时任中央纪委委员，中央纪委驻国家新闻出版广电总局纪检组组长、党组成员李秋芳作报告

我们要深刻认识和把握新形势下学校反腐倡廉的新要求、新特点、新规律，坚持把落实党委主体责任和纪委监督责任作为加强党风廉政建设的关键，努力做到守土有责、守土负责、守土尽责；要以制度建设为根本，以阳光治校为载体，把反腐倡廉建设与加强依法治校、民主办学紧密结合起来，与构建和谐校园、推动事业发展紧密结合起来，与建立健全现代大学制度紧密结合起来，严把决策关、人事关、工程建设关、财务关、招生关、学风关以及科研项目关，坚持用制度管权管事管人，着眼抓早抓小、提醒警示，形成全方位、立体化反腐倡廉制度体系；要把反腐倡廉建设摆上重要位置、切实放在心上、牢牢抓在手上，严格落实“一岗双责”的要求，在管好自己、做好表率的同时，主动抓好分管领域的党风廉政建设，大力培育和践行社会主义核心价值观，为学校改革发展稳定提供坚强有力保证。在此，让我们再次以热烈的掌声对李部长的精彩报告表示衷心感谢！

二级党组织在学校全面深化改革中要有所作为*

党的十八届三中全会描绘了国家全面深化改革的宏伟蓝图，2014 年全国教育工作会议就深化教育系统综合改革、加快推进教育治理体制和治理能力现代化作出重要部署，对高等教育改革提出了一系列新的更高的要求，教育部将制定教育改革总体方案，北京也将出台实施方案，在深化高等教育新一轮综合改革中高校二级党组织直接面对改革、直接承接具体工作，大家一定要找准服务定位，自觉把思想和行动统一到中央、市委和学校党委的工作部署上来，要勇于担当、敢于负责。

一、在服务发展大局中找准定位

第一，明确战略定位

明确首都城市战略定位：

1. 政治中心　2. 文化中心　3. 国际交流中心　4. 科技创新中心

第二，坚持发展方向：小精尖、小中见大

第三，实现转型目标：教学型→教学研究型

* 这是 2014 年刘超美在北京印刷学院基层党支部书记会议上的讲话。

二、在服务中心中寻求突破

（一）寻求工作机制的突破

习近平总书记在今年省部级主要领导干部学习贯彻党的十八届三中全会精神全面深化改革专题研讨班上指出：今天，摆在我们面前的一项重大历史任务，就是推动中国特色社会主义制度更加成熟更加定型，为党和国家事业发展、为人民幸福安康、为社会和谐稳定、为国家长治久安提供一整套更完备、更稳定、更管用的制度体系。这项工程极为宏大，必须是全面的系统的改革和改进，是各领域改革和改进的联动与集成，在国家治理体系和治理能力现代化上形成总体效应、取得总体效果。

（二）在服务群众中，抓好整改方案落实

智慧从实践中来，要把深入开展党的群众路线教育实践活动成果转化为政策，从群众中来，到群众中去，把相信群众、依靠群众作为制度去遵守。

（三）坚持问题导向

进一步解放思想，创新政策，遇到什么问题就解决什么问题，真正帮助基层克服各种困难。

三、在深化改革中积极作为

第一，讲究方式方法

政策和策略是党的生命。干部的工作能力和工作水平体现在政策和策略两方面，既要讲政策，又要讲策略。就政策而言，要加强调查研究，带有普遍性的做法就上升为政策，可复制的就推广，吃准了先试点，正确的政策还要有正确的工作策略，同样一项工作，群众能否理解、支持，就看

会不会做群众工作，能不能把政策变成群众语言，站在基层和群众的角度而不是站在本位角度进行解释，贯彻群众路线最终要体现在做群众工作的能力上。

第二，增强理解力和执行力

第三，切实发挥好政治核心作用

第四，正确处理好改革发展稳定的关系

第五，在深化改革中集人才、聚人气

第六，书记要做好“五种人”

作为一名基层党组织的书记，要发挥表率引领作用，凝聚一切可以凝聚的力量，调动一切可以调动的积极因素，关键是自身要正、修行要好、能力要强、方法要对。简而言之，就是要当好“五种人”。

1. 要当好政治上的“举旗人”

一要守信念。信念决定了人生的价值观念和处世态度。只有确立坚定的信念，才能不畏前进道路上的各种艰难险阻，才能抵御各种诱惑和习气，才能有不断追求和进取的动力。

二要讲奉献。要对自己所从事的职业有一种执着的追求。只有对事业的执着追求才能长久地给下属鼓舞和力量。要有大局意识，要能站在全局的高度来考虑问题。讲奉献精神，最基本的要做到三点：对下，目标明确，身先士卒，率先垂范；对左右，相互支持，协作共赢，不能为一时一事的得失而斤斤计较；对上，同心同德，克己奉公，大局为重。

2. 要当好思想上的“开明人”

一要辩证地看待问题。能够透过现象看到本质，正确把握事物发展的基本趋势。

二要做到心中有数。能够明是非、辨善恶，能够知己、知人，知当务、识时事。在纷繁复杂的矛盾问题面前，保持清醒的头脑和正确的心态。

三要善于总结。总结就是再琢磨，很多事情只有经常琢磨，才能越来越透彻，才能发现内在的规律。

四要包容。就是要做到思路宽、眼界宽、胸襟宽，以阳光心态、责任人生、魅力人格修炼自己，以群众的切身利益为重，严于律己，宽以待人。讲包容，首先要学会控制自己，要有自信心，在任何困难条件下勇于接受考验。要有平和心，做人做事，要能“两知”，知道和知足。知道，可以活得明白；知足，可以活得平和。其次要换位思考。要设身处地为他人着想，理解别人。最后要善于体察。每个人看待问题的角度有所不同，要学会体谅和包容，经常设身处地换位思考。

3. 要当好廉洁从政的“清白人”

一要对己清正。要自警、自省、自重，慎独、慎权、慎行，做到不与群众争利，不与下属争功，不与同级争宠，不与上级争锋，一身正气，两袖清风。

二要对人公正。不以亲疏用人，一碗水端平，对人对事公平。

三要对内严格。对自己身边的人要严格要求，不徇私情，不搞特殊，做到光明磊落，坦坦荡荡。

四要对外平等。严格执行制度，自觉维护制度，营造风清气正的良好氛围。作为党组织书记，在对待利益、名誉、地位的问题上，一定要想得透一些、看得淡一些。当干部的就要多吃亏，多吃亏才能少是非，肯吃亏才能有权威，常吃亏才能有人随。要明白“吃亏是福”的道理。

4. 要当好群众的“贴心人”

一要深入基层、深入群众、脚踏实地。深入基层，不仅要做到“身入”，更要做到“心入”，多与群众交流，倾听群众心声、解决群众困难，在与群众共患难中增加自己的亲和力和影响力。

二要率先垂范，以心带人。作为党组织书记首先要为人之亲，真心实意地与群众相处交流。带人要带心，交人要交心，以心相许，心诚则灵。其次要为人之师，就是要当好群众学习、工作、做人的典范，使这种典范在平常能够看得出来，关键时刻能够站得出来，真正让群众感到你站得正、信得过、靠得住。

三要排忧解难。群众正当、合理的需求，要认真积极地对待并解决，使群众感受到党组织的关怀。

四要待人以诚，与人为善。只有真诚，才可生信。与人为善，才不会去伤害别人；与人为友，才不会结下怨气；与人为亲，才能构建和谐。

5. 要当好改革发展的“开路人”

一要善决策。党组织书记要提升自己的决策能力，首先要做到的是“明”，明就是能分辨真假，能够客观地进行分析；其次是方向要明确，要知道自己向哪里走，重点工作是什么，保持与行政同向思维，这样才能做到正确决策。

二要掌握信息。了解情况才能作出正确的决定，书记要有获取信息的能力才能真正做好管理工作。水温合不合适只有下水才能知道，到一线去获取信息、处理问题、作出决策应该成为干部的一种管理模式和工作习惯。

三要锁定关键点。党组织书记要想使自己的管理更加高效，应善于发现解决问题的切入点和关键点。因为很多事情只要解决几个关键点，整个事情就可以基本解决。党组织书记要有善于把握大局的能力，在眼前一堆事情里能够找出一个最关键的问题来，找出制约发展的根本问题来。如果找到了这个关键性问题，那么在解决这个问题时会对其他问题产生积极的影响。有很多时候解决一个关键问题就相当于解决一批问题，所以这种很快抓住主要矛盾的能力是党组织书记必须具备的。

总之，在新的历史时期，作为基层党组织书记，要不断夯实素质、能力、业绩功底，牢牢把握正确的政治方向，举旗塑魂，勤练内功，外圆内方，融入中心抓党建，抓好党建促发展，为创建“学习型、服务型、创新型”党组织，为学校跨越转型发展努力贡献智慧和才华。

践行党的群众路线　认真推进从严治党和依法治校工作*

今天，我们学校常委会班子和成员认真进行了对照检查，彼此开展了积极的相互批评，开门见山、动真碰硬地指出了其他同志身上存在的思想作风、工作等问题，心灵又一次受到震撼和洗礼，身心得到放松，相信会对领导班子建设起到淬火加钢的作用。刚才刘木春组长对这次民主生活会进行了总结评价，对这次民主生活会给予了肯定，也指出了需要改进和提高的地方，并对下一步工作提出了明确要求，对我们在新形势下坚持从严治党、践行群众路线、反“四风”抓整改等方面具有重要指导意义，我们要认真学习领会，组织抓好下一步整改工作落实。

下面结合今天民主生活会的主题和大家的发言，对加强领导班子建设谈几点收获和体会。

一是更加重视思想理论武装。把学习贯彻习近平总书记系列重要讲话精神不断引向深入，当前要认真学习习近平总书记在中央纪委五次全会上的重要讲话精神，切实增强政治责任感和历史使命感，针对社会上关于反腐败的各种议论，保持坚定的政治立场，坚定反腐败斗争的必胜信心。同时认真贯彻第二十三次全国高校党建工作会议精神，以及中央办公厅、国

---

* 这是 2015 年 1 月 22 日刘超美在北京印刷学院 2014 年校级领导班子专题民主生活会上的讲话。

2015 年 1 月 22 日，刘超美（右三）主持北京印刷学院 2014 年校级领导班子专题民主生活会

务院办公厅刚刚下发的《关于进一步加强和改进新形势下高校宣传思想工作的意见》的精神。在盘点“十二五”和谋划“十三五”的关键之年，围绕学校发展战略定位，坚持集体学习制度，每位同志都要结合分管工作，加强学习和思考，提高政治思想水平和领导能力，特别是观大事、谋大事的能力。高度重视班子自身建设，要心中有党、有民、有责、有戒，确实把学校成果落实到对党忠诚、个人干净、敢于担当上来，把学习成果转为促进学校改革发展稳定的生动实践。

二是带头遵守政治纪律和政治规矩。习总书记在中央纪委五次全会上，对党的政治纪律和政治规矩进行了非常明确的阐述。他指出，“纪律是红线，规矩是底线，讲规矩是对党员干部党性的重要考验，是党员干部对党忠诚的重要体现。必须把守纪律、讲规矩摆在更加重要的位置。”高校领导干部守纪律、讲规矩，对师生培养和践行社会主义核心价值观极为重要。在党和国家营造新的政治生态的今天，要深刻理解习总书记反复强调守纪律、讲规矩的深远政治意义，就是要求党的干部在党言党、在党管党，做政治上的明白人，目的就是使我们党保持一致而不另搞一套，维护团结而不拉帮结派，遵循程序而不我行我素，服从组织而不讨价还价，只有这样，我们的党才能成为坚强的领导核心。结合学校实际，今年着眼解决一些干部政治纪律不强和组织纪律松懈的问题，防止和克服本位主义，严格执行请假报告制度，切实加强组织管理，强化监督执纪问责，彻底改变目前干部队伍当中存在的“推推动动、小推小动、不推不动”的纪律松散问题，保证中央和市委重要部署以及学校各项重要工作得到不折不扣的落实。

三是增强新形势下谋划和推动学校发展的能力。着眼于领导班子在“决策过程中听取意见、发扬民主不够和决策推动落实不到位；担当精神不足、动真碰硬力度不够，拍板不果断；耐心听取意见不够、针对性破解难题不足、政策制订与实施效果有时与基层实际存在偏差；有的存在自由主义、分散主义、好人主义倾向，对分管部门从严管理从严要求不够”等问题，进一步制定好整改方案，加强研究和解决。着眼于谋划好“十三五”规划、学校改革发展中的深层次问题，调整领导班子分工和联系单位，提高班子的战略决策能力，加强跨学科、跨部门重大改革事项的研究和推进，切实提升领导班子统筹协调能力；以推进北京印刷学院章程落实为抓手，深化学校综合改革，推进内部治理体系和治理能力的现代化，为教书育人、立德树人营造良好的政策环境和制度环境。

四是坚持不懈推进作风改进。坚持突出重点、聚焦问题，坚持领导带头、以上率下，努力改进思想作风、工作作风、领导作风、干部生活作风，努力改进学风、文风、会风，使作风进一步纯洁起来。不断提高调研工作的目的性和实效性，针对群众反映强烈的突出问题和制约学校发展的瓶颈性问题，强化督办力度，努力做到敢于担当、勇于亮剑的勇气不减，刮骨疗毒、猛药去疴的决心不泄，善始善终、善作善成的态度标准不变。同时，继续抓好建章立制工作，用制度的刚性约束确保作风建设持久深入。

五是聚精会神抓好党的建设。围绕学校战略目标，充分发挥党委在深化综合改革、建设现代大学制度中的领导核心作用，以及二级单位党委政治核心作用，统筹抓好党建工作的谋篇布局，落实 2014—2018 年学校党建工作规划。深化改革新任务，以凝聚发展动力为要务，大力推进基层党建创新。坚持将党建工作和中心工作一起谋划、一起部署、一起考核，抓出成效。加强分党委建设，推进教师党支部建设。强化基层党建基础保障，实行基层党建工作述职，强化基层党建问责，注重在高层次人才中发展党员工作。严格干部教育管理，加大对“慵、懒、散”干部，特别是“为官不为”干部的惩戒力度，完善干部考核评价和奖惩机制；加强干部交流换岗，严格落实党风廉政责任制，重视并解决干部管理失之于宽、失之于软的问题，营造风清气正、干事创业的良好氛围。

在这次民主生活会筹备及召开过程中，市委教工委、市委第 32 指导组全程督导、悉心指导，提出了许多中肯深刻的意见和建议，为提高民主生活会质量给予了很大帮助。这里，让我们再次以热烈的掌声向他们表示衷心感谢！

今天的民主生活会意义特殊，这是群众路线教育实践活动结束后的第一次专题民主生活会。我们要以这次民主生活会为加油站，认真推进从严治党和依法治校工作。切实加强学校领导班子自身建设，充分发挥总揽全局、协调各方、凝聚人心、引领发展的领导核心作用，推动学校事业发展不断迈上新的台阶。

全面推动“三严三实”专题教育活动在学校顺利开展*

在县处级以上领导干部中开展“三严三实”专题教育，是党中央在全党开展党的群众路线教育实践活动取得重大成果、中央权威进一步树立、执政基础进一步巩固的重要历史时期作出的重大决定，是按照“四个全面”战略布局，持续深入推进党的建设的重大举措，对于加强党的凝聚力和战斗力，形成全面从严治党的新常态，具有重大而深远的历史意义。2015 年 4 月 10 日，党中央下发了《关于在县处级以上领导干部中开展“三严三实”专题教育方案的通知》。4 月 23 日，北京市委成立“三严三实”专题教育工作协调小组，并印发了《北京市关于在县处级以上领导干部中开展“三严三实”专题教育的实施方案》，对全市“三严三实”专题教育进行部署和安排，标志着我市专题教育正式启动。5 月 8 日，市委书记郭金龙以“深入学习践行‘三严三实’，以良好作风做好新时期首都工作”为主题，结合北京的实际和党员干部思想、工作和作风实际，为全市党员干部讲了一堂精彩生动的党课。学校党委对“三严三实”专题教育高度重视，就“认真落实中央和市委精神，做好‘三严三实’专题教育”进行了认真研究。目前，我校“三严三实”专题教育活

* 这是 2015 年 5 月 26 日刘超美在北京印刷学院“三严三实”专题教育动员大会上的讲话。

动实施方案已经制定，各项准备工作已经就绪。经市委教工委同意，今天我们召开动员大会，对我校深入开展“三严三实”专题教育进行动员部署。下面，我代表学校党委就开展好此次教育实践活动讲两点意见。

一、深刻领会“三严三实”专题教育重要意义

去年3月，习近平总书记在十二届全国人大二次会议安徽代表团参加审议时发表重要讲话，首次提出“三严三实”，要求各级领导干部要严以修身、严以用权、严以律己，谋事要实、创业要实、做人要实。严以修身，就是要加强党性修养，坚定理想信念，提升道德境界，追求高尚情操，自觉远离低级趣味，自觉抵制歪风邪气。严以用权，就是要坚持用权为民，按规则、按制度行使权力，把权力关进制度的笼子里，任何时候都不搞特权、不以权谋私。严以律己，就是要心存敬畏、手握戒尺，慎独慎微、勤于自省，遵守党纪国法，做到为政清廉。谋事要实，就是要从实际出发谋划事业和工作，使点子、政策、方案符合实际情况、符合客观规律、符合科学精神，不好高骛远，不脱离实际。创业要实，就是要脚踏实地、真抓实干，敢于担当责任，勇于直面矛盾，善于解决问题，努力创造经得起实践、人民、历史检验的实绩。做人要实，就是要对党、对组织、对人民、对同志忠诚老实，做老实人、说老实话、干老实事，襟怀坦白，公道正派。要发扬“钉钉子”精神，保持力度、保持韧劲，善始善终、善作善成，不断取得作风建设新成效。“三严三实”言简意赅、内涵深刻，贯穿着马克思主义政党建设的基本原则和内在要求，阐明了党员干部的修身之本、为政之道、成事之要，丰富了管党治党的思想理念，为加强党员干部党性修养、把全面从严治党要求落到实处提供了重要遵循。

为什么开展“三严三实”专题教育，中央《关于在县处级以上领导干部中开展“三严三实”专题教育方案》讲得很清楚，开展“三严三实”专题教育是党的群众路线教育实践活动的延展深化，是持续深入推进党的思想政治建设和作风建设的重要举措，是严肃党内政治生活、严明党的政

治纪律和政治规矩的重要抓手。这三句话，集中阐明了开展“三严三实”专题教育的重要意义。

从深化作风建设来看，经过党的群众路线教育实践活动，“四风”问题得到有效遏制，党风政风呈现出积极改进态势。

郭金龙书记在党课中紧扣“三严三实”的要求，围绕充分认识“三严三实”的重大意义和丰富内涵，在践行“三严三实”中推动首都各项工作、坚持问题导向、确保“三严三实”专题教育取得扎实成效等三个方面，进行了深入浅出的讲授。

我们要结合学校实际，认真领会“三严三实”专题教育的重大意义。当前，学校进入了新的发展阶段，新时期首都城市战略定位、对各项工作提出了新要求，疏解非首都功能为北京可持续发展提供了重大机遇，京津冀协同发展为北京创造了良好条件，建设国际知名、有特色、高水平传媒类大学的责任，历史性地落在了我们肩上，任务艰巨，责任重大。面对复杂形势，迫切需要对广大领导干部进一步加强教育管理，坚定理想信念，强化担当精神，提高建设首都的能力和本领。

对于我们来说，开展好“三严三实”专题教育，就是要坚决贯彻党中央的各项部署，持续深入推进领导干部的思想政治建设和作风建设，不断强化政治意识，讲政治、顾大局、守纪律，在思想上、行动上始终与以习近平同志为核心的党中央保持高度一致，做到任何情况下政治信仰不变、政治立场不变、政治方向不变，时刻牢记首都职责，心无旁骛地做好首都各项工作，提高“四个服务”水平，努力创造出经得起实践、人民、历史检验的实绩。

二、准确把握中央和市委部署要求，全面推动“三严三实”专题教育活动顺利开展

按照中央要求和市委部署，这次“三严三实”专题教育从 2015 年 4 月底开始，在各级党政机关、人民团体及其内设机构县处级以上领导干部

和事业单位、国有企业中层以上领导人员中开展，各级同步进行。重点分4项内容：（1）党委（党组）书记带头讲“三严三实”专题党课，党委（党组）其他成员也要在适当范围内讲党课；（2）党委（党组）中心组和内设机构党组织分3个专题开展“三严三实”专题学习研讨；（3）召开“三严三实”专题民主生活会和组织生活会；（4）强化整改落实和立规执纪。不分批次、不划阶段、不设环节，至2016年1月基本完成。

4月21日，党中央召开“三严三实”专题教育工作座谈会。上午，刘云山同志对专题教育抓什么、怎么抓、怎么落实领导责任等问题进行了深入浅出的阐述。要深入学习习近平总书记系列重要讲话精神，学习党章和党的纪律规定，学习这些内容要读原著、学原文、悟原理，重点是班子成员领导干部之间的研讨，贯彻落实“四自”（自我净化、自我完善、自我革新、自我提高），进行自我教育。刘云山同志强调，要将专题党课与平时的“三会一课”更好地结合起来，把专题学习研讨与平时中心组学习更好地结合起来，把专题民主生活会与年度民主生活会更好地结合起来；要在深化“四风”整治、巩固和拓展教育实践活动成果上见实效，在守纪律讲规矩、营造良好政治生态上见实效，在真抓实干、推动改革发展稳定上见实效。

下午，赵乐际同志在总结讲话中，就深刻领会中央的部署要求、扎实做好“关键动作”和从严从实组织实施3个方面提出了具体要求。乐际同志强调指出，要“深入思考、联系实际、剖析根源”，高质量讲好专题党课；要“紧扣问题、交流互动、用好两面镜子”，高质量组织好专题学习研讨；“查摆问题要深入、谈心交心要充分、相互批评要有辣味、整改措施要实在”，高质量召开专题民主生活会和组织生活会；要“列出清单、专项整改，立说立行、边学边改，建立机制、督促整改，上下结合、联动整改，立规执纪、刚性整改”，高质量抓好整改落实和立规执纪。同时，乐际同志还就各省区市关心的很多专题教育细节问题、关键动作又作了详细的解答，包括不能按搞活动的方式来抓专题教育，不搞动员部署大会；5月底前，全国各地区各部门各单位要启动专题教育；不要以论坛、办班等形式代替学原文、读原著和交流研讨；中央现在没有考虑派督导组，中组部会派人调研指导、了解情况；专题教育宣传引导要围绕“三个见实效”来抓，可宣传先进典型，要实在有效；要控制简报数量；等等。

4 月 22 日，北京市委常委会认真传达学习了中央“三严三实”专题教育工作座谈会精神，并研究部署了我市开展“三严三实”专题教育的工作。各区县各部门各单位党委（党组）要全面负责本地区本部门本单位的专题教育，党委（党组）对专题教育的安排部署、组织协调工作负责，对专题教育的深入开展、扎实推进负责，对专题教育的实践成果、实效负责。党委（党组）主要领导同志要承担起第一责任人的责任，带头参加教育、接受教育，又要站在一线、靠前指挥，投入足够的时间和精力，对专题教育进行具体指导，用心抓好重点工作，自始至终把责任扛在肩上，不当“甩手掌柜”。要充分调动市委各部（工）委抓党建、抓干部队伍建设的现有力量，利用部（工）委现有工作体系，加强对系统所属各单位开展专题教育的工作指导和督促检查。

具体到我们学校，我们要把抓好专题教育作为履行党建主体责任的重要任务，纳入党建工作述职评议考核的重要内容，积极探索在全面从严治党中加强党的思想政治建设的有效办法和措施。要准确把握中央对“三严三实”专题教育的定位，避免把专题教育搞成一次活动，同时也要避免轻视思想、不派督导组就不认真对待等。要把这次“三严三实”专题教育作为融入经常性教育的一次探索实践。

认真学习践行“三严三实”以良好作风推进学校转型发展*

党的十八大以来，以习近平同志为核心的党中央，坚持党要管党、从严治党，坚持踏石留印、抓铁有痕，以作风建设提振全党精气神，党的自我净化、自我完善、自我革新、自我提高能力不断增强，风貌为之一新。通过开展党的群众路线教育实践活动，人民群众反映强烈的突出问题得到有效解决，恢复和发扬了我党批评和自我批评的优良传统，起到了红脸出汗、出汗排毒、治病救人、加油鼓劲的作用。这次“三严三实”专题教育是群众路线教育实践活动的延展和深化，今天的“三严三实”党课，也要让大家红红脸、出出汗，有如芒在背的感觉。党课之前，我们进行了认真筹备，一是随机向全校500名师生发放了问卷调查，了解全校师生对党员、领导干部作风改进满意度情况。二是对全校处级以上干部两次民主生活会情况、对照检查、整改方案进行梳理和汇总，对表“三严三实”，认真查找自身作风不严不实的问题。三是在4月至5月期间，连续组织召开了6场青年教师座谈会，这些都为这次党课提供了第一手素材。

开展“三严三实”专题教育，是党的群众路线教育实践活动的延展深化，是持续深入推进党的思想政治建设和作风建设的重要举措，是严肃

* 这是2015年5月28日刘超美在北京印刷学院“三严三实”专题教育启动大会上所作的党课。

党内政治生活、严明党的政治纪律和政治规矩的重要抓手，对于进一步增强党的创造力凝聚力战斗力，协调推进“四个全面”战略布局，实现“两个一百年”奋斗目标和中华民族伟大复兴的中国梦，具有重大而深远的意义。5 月 28 日，《人民日报》发表评论员文章《领导干部讲党课好》指出，领导干部带头讲党课，作为第一个“关键动作”，对专题教育能否取得实效具有风向标意义。今天我就贯彻习近平总书记关于“三严三实”的重要论述，扎实开展好专题教育，以良好作风管党治党、做好学校各项工作，谈一些学习体会和认识，与同志们进行交流。

2015 年 5 月 28 日，刘超美（右）在北京印刷学院“三严三实”专题教育启动大会上讲党课

一、深刻认识“三严三实”的重大意义和丰富内涵

党的十八大以来，以习近平同志为核心的党中央推进实施“四个全面”战略布局，其中将全面从严治党作为根本保障，成为新一届党中央执政的主基调，制度约束越织越密，监督措施越来越严，党风建设越抓越

紧，管党治党松、软、散的现象得到有效纠正。

习近平总书记在2012年新一届中央政治局常委媒体见面会上指出：“我们的人民热爱生活，期盼有更好的教育、更稳定的工作、更满意的收入、更可靠的社会保障、更高水平的医疗卫生服务、更舒适的居住条件、更优美的环境，期盼着孩子们能成长得更好、工作得更好、生活得更好。人民对美好生活的向往，就是我们的奋斗目标。”总书记的这段话，情真意切、感人至深，也充分彰显出一个执政老党、大党的为民宗旨和责任担当。党的十八大以来，习近平总书记多次就加强干部队伍建设作出深刻阐述，科学回答了“怎样是好干部”“怎样成长为好干部”“怎样把好干部选用起来”等重大问题。2013年6月，习近平总书记在全国组织工作会议上提出“信念坚定、为民服务、勤政务实、敢于担当、清正廉洁”的好干部标准，号召“建设一支宏大高素质干部队伍确保党始终成为坚强领导”。2014年10月，习近平总书记对云南工作作出指示，要求党员干部“对党忠诚、个人干净、敢于担当”，这三句话是对好干部标准的高度概括和朴素表达，是党员干部安身立命、做人做官做事的“三要素”，缺一不可。在第一批党的群众路线教育实践活动结束后，针对“四风”问题仍停留在“不敢”上，“不想”的自觉性尚未形成，还出现了“为官不为”等一些新问题，为进一步解决作风方面的突出问题，习近平总书记在十二届全国人大二次会议参加安徽代表团讨论时首次提到“既严以修身、严以用权、严以律己，又谋事要实、创业要实、做人要实”的重要论述。从坚持思想建党、制度建党紧密结合的高度，从价值观行为规范等方面，对作风建设提出新要求，为党员干部修身用权、谋事创业提出了更高标准，对于深化党的群众路线教育实践活动、规范党员领导干部言行举止、加强党的作风建设都具有长远指导意义。

严以修身：就是要加强党性修养，坚定理想信念，提升道德境界，追求高尚情操，自觉远离低级趣味，自觉抵制歪风邪气。严以用权：就是要坚持用权为民，按规则、按制度行使权力，把权力关进制度的笼子里，任何时候都不搞特权、不以权谋私。严以律己：就是要心存敬畏、手握戒尺，慎独慎微、勤于自省，遵守党纪国法，做到为政清廉。谋事要实：就是要从实际出发谋划事业和工作，使点子、政策、方案符合实际情况、符合客观规律、符合科学精神，不好高骛远、脱离实际。创业要实：就是要脚踏实地、真抓实干，敢于担当责任，勇于直面矛盾，善于解决问题，努力创造经得起实践、人民、历史检验的实绩。做人要实：就是要对党、对组织、对人民、对同志忠诚老实，做老实人、说老实话、干老实事，襟怀坦白，公道正派。

中共中央办公厅印发《关于在县处级以上领导干部中开展“三严三实”专题教育方案》（中办发［2015］29 号）将 3 个“着力”作为目标。一是着力解决理想信念动摇、信仰迷茫、精神迷失，宗旨意识淡薄、忽视群众利益、漠视群众疾苦，党性修养缺失、不讲党的原则等问题。二是着力解决滥用权力、设租寻租，官商勾结、利益输送，不直面问题、不负责任、不敢担当，顶风违纪还在搞“四风”、不收敛不收手等问题。三是着力解决无视党的政治纪律和政治规矩，对党不忠诚、做人不老实，阳奉阴违、自行其是，心中无党纪、眼里无国法等问题，推动各级领导干部把“三严三实”作为修身做人用权律己的基本遵循、干事创业的行为准则，争做“三严三实”的好干部。做人要实就是要“做老实人、说老实话、干老实事”。这里需要区分的是，领导干部要做的是“老实人”而非“老好人”。老实人讲真理，老好人讲面子；老实人坚持实事求是，老好人信奉实用主义；老实人积极进取、奋发有为，老好人庸碌无能、碌碌无为；老实人在坚持原则的基础上加强团结，老好人搞无原则的一团和气。

（一）“三严三实”是中华优秀传统文化的传承和创新

中华优秀传统文化源远流长，博大精深，最鲜明的特色之一，就是重视道德人格的修养，特别是官德官风的修养，对修身做人、为官用权、干事创业有严格的要求和约束。“三严三实”融合了我国优秀传统文化中个人品格和政治智慧的正能量。纵观中国历史，凡是盛世、治世，都是吏治清明、政风清正。相反，凡是衰世、乱世，都是官德不彰，民怨沸腾。我国是一个具有德治传统的国家，官德建设作为道德建设的一个重要组成部分，始终受到重视和强调。做官先做人、做人必修身——“修身齐家治国平天下”“吾日三省吾身”“天将降大任于斯人也，必先苦其心志劳其筋骨”。为官贵在严、为政要在行——“其身正，不令则行；其身不正，虽令不从”，“公生明廉生威”。谋事须为民、干事重落实——“修学好古，实事求是”，“千里之行始于足下”，公则明，廉则威。吏不畏我严，而畏我廉；民不服我能，而服我公。为官之道，德在其首。以上这些名言警句，至今仍广为传诵。屈原、包拯、范仲淹、海瑞等清官廉吏流芳百世、名垂青史，靠的是他们穿越时空而不朽的道德影响力。我在基层调研时发现，群众从心底里喜欢的干部，往往不是最有能力的干部，而是有大局意识、品德优秀、兢兢业业、勤勤恳恳为师生谋福利，默默无闻为学校做贡献的干部，当然，德才兼备的干部就更受欢迎了。

（二）“三严三实”体现了共产党人的价值追求和政治品格

“三严三实”着力点就在“严”“实”。“严”字蕴含的是马克思主义信仰、共产主义远大理想、中国特色社会主义共同理想等严肃的政治追求，是完善组织生活、贯彻民主集中制等严格的组织原则，是懂规矩、守底线、拒腐蚀、永不沾等严明的纪律要求；“实”字蕴含的是一切从实际出发、理论联系实际、实事求是、在实践中检验和发展真理的思想路线，是求真务实、尊重实践、注重实效的工作方法，是忠诚老实、厚道朴实、认真踏实的处世态度。

在中国革命、建设和改革的历史进程中，一代又一代共产党员践行着“严”和“实”的要求，涌现出周恩来、焦裕禄等一批先进人物。他们心中只有人民，唯独没有自己。《你是这样的人》这本书就是介绍周恩来总理践行“三严三实”的生平事迹，之前党委曾将这本书介绍并发给大家学习，相信在座各位都读过，很多干部读完潸然泪下，为周总理强烈的人格魅力和崇高的党性所折服。

焦裕禄也是一位优秀的共产党员干部，时任中共福州市委书记的习近平同志，曾于1990年7月15日为焦裕禄同志作了一首词："魂飞万里，盼归来，此水此山此地，百姓谁不爱好官？把泪焦桐成雨。依然月明如昔，思君夜夜，肝胆长如洗。路漫漫其修远矣，两袖清风来去。为官一任，造福一方，遂了平生意。绿我涓滴，会它千顷澄碧。"上阕"追思"、下阕明志，全词深深表达了习近平对焦裕禄的崇敬之情，以及诗人亲民爱民，与大地山川、人民百姓相依为命的高尚情操，以及关心国家前途命运的赤子情怀。2014年3月，中共中央总书记习近平访问河南省兰考县，有感于焦裕禄为人民服务之精神，希望通过学习焦裕禄精神，为推进党和人民事业发展、实现中华民族伟大复兴的中国梦提供强大正能量。同时，习近平总书记就学习焦裕禄精神提出四点要求：一是正确认识和处理人际关系，做到既有人情味又按原则办事，特别是当个人感情同党性原则、私人关系同人民利益相抵触时，必须毫不犹豫站稳党性立场，坚定不移维护人民利益。二是下决心减少应酬，保持健康的工作方式和生活方式，多学习充电、消化政策，多下基层调查研究、掌握第一手情况，多系统思考和解决存在的突出问题，自觉远离那些庸俗的东西。三是实实在在做人做事，做到严以修身、严以用权、严以律己，谋事要实、创业要实、做人要实，堂堂正正、光明磊落，敢于担当责任，勇于直面矛盾，善于解决问题，不搞"假大空"。四是对一切腐蚀诱惑保持高度警惕，慎独慎初慎微，做到防微杜渐。这四点要求也成为我们为官做人的基本要求。

（三）"三严三实"丰富和发展了马克思主义政党建设理论

"三严三实"反映了新形势下党的建设的内在规律和本质要求，体现了"三个统一"：一是世界观和方法论的统一，二是做人做官做事的统一，三是内在自律和外在约束的统一。这些都表明我们党对作风建设规律认识的不断深化，是作风建设内涵的深化拓展和创新发展，进一步丰富和发展了马克思主义党建理论。

不同历史时期，党和国家领导人对作风建设有着深刻而丰富的论述。毛泽东第一次访苏归来，在哈尔滨与市委领导同志有过一段谈话。"现在大家都进城了，住上了楼房、洋房，还坐上了小汽车；可是，我们每一个人都不要忘了战争年代的艰苦岁月，任何时候都不要忘掉革命的优良传统！我们共产党人是为人民服务的，我们必须吃苦在前，只有把人民的事情办好了，我们共产党人才可以考虑办一办自己个人的事。如果我们的党员队伍中出现了先为自己办事的人，那就要毫不客气地把他开除出革命队伍去！”邓小平曾经指出：“共产党员谨小慎微不好，胆子太大了也不好。共产党员一怕党，二怕群众，三怕民主党派，总是好一些。”领导干部要完成党和人民交办的各项工作任务，就要学会敬畏权力，少一些功利心，多一份事业心。少一些吃亏感，多一份责任感。少一些“胆大”，多几个“害怕”。所谓害怕，不是胆小怕事，前怕狼后怕虎的，也不是瞻前顾后、缩手缩脚，而是要对党和人民的事业负责，对自己的本职工作负责，对所作所为负责，多为干好工作想办法、找出路，不为干不好工作讲理由、找客观。党的十八大以来，中央坚持党要管党、从严治党，并从作风问题抓起，努力营造廉风清气正的政治环境，外国政要对此多有好评。俄罗斯总统卢卡申科就是其中的一位，他表示，“中国有一个强有力的党的领导人和政治领导集体，有一条适合中国发展的道路。”对我们的道路和制度倍加推崇。外国政要尚且如此，我们共产党员干部是否应该更加强烈地坚定道路自信、理论自信和制度自信呢？

（四）“三严三实”是推进“四个全面”战略布局的坚实保障

“三严三实”是新时期从严治党、从严治吏的重要途径，是新常态下党员干部修身立德、干事创业的基本遵循，主要解决“人”的问题。“四个全面”立足治国理政全局，抓住改革发展稳定关键，统领中国发展总纲，确立了新形势下党和国家各项工作的战略方向、重点领域、主攻目标，主要是解决“事”的问题，丰富和发展了中国特色社会主义理论体系的新成果。

协调推进“四个全面”战略布局，实现中华民族伟大复兴的中国梦，关键在党，关键在人，发挥好“关键少数”的作用，带动全社会厉行法治，迫切需要领导干部树立党建是最大政绩的意识。只有以“三严三实”的要求来加强干部管理，才能抓住“牛鼻子”，构筑“四个全面”的保障线，激发党员干部在践行“三严三实”中推进“四个全面”战略布局。不谋全局者，不足谋一域。离开伟大事业的发展谈干部作风建设，只能是本末倒置。“四个全面”作为我们党在新时期治国理政的总纲领，不仅是实现中国梦的行动指南，而且为加强干部队伍建设匡正了方向，为干事创业提供了宽广的舞台。“四个全面”既是战略布局、战略目标，也是判断作风建设的“晴雨表”，是检验领导干部工作成效的“试金石”。如果离开“四个全面”，推进中国特色社会主义伟大事业只会成为空谈，加强党的建设伟大工程就失去了依托。从这个层面来看，“四个全面”是践行“三严三实”的价值所系、目标所在。治国先治党，治党要治吏，治吏必从严，从严在务实。从“三严三实”到“四个全面”，体现出一种系统思维和战略考量，统一于建设中国特色社会主义伟大实践中。“三严三实”是一种路径，更是一种保障，为推进“四个全面”提供坚强保证和强大支撑。“四个全面”是一项工程，更是一个目标，为践行“三严三实”提供战略指引和检验标准。

新形势新任务对我们的精神状态和工作作风提出了更高的要求，只有“严”和“实”的作风，才能保障“四个全面”战略布局的真正贯彻落实。只有努力践行“三严三实”要求全力推进“四个全面”部署，才能完成“两个一百年”奋斗目标、实现中华民族伟大复兴的中国梦。

二、严肃查找“不严不实”的主要表现

（一）党的群众路线教育实践活动以来，师生对我校处级以上干部转变作风的满意度情况

为巩固我校党的群众路线教育实践活动成果，有针对性地开展好我校“三严三实”专题教育活动，根据学校党委安排，党委宣传部牵头在全校

范围内开展了师生调查，本次调查采用无记名形式，共下发调查问卷500份，其中学生200份，教职工300份，回收有效问卷484份，有效回收率96.8%。问卷共设计问题22个，内容主要涉及：（1）开展群众路线活动以来，校处两级干部作风改进情况；（2）校处两级干部贯彻落实“中央八项规定”情况；（3）校处两级干部“不严不实”的具体表现。就参加调查的人员来看，教职工285个，所占比率58.9%；学生199人，所占比率41.1%；中共党员425人，所占比率87.81%；民主党派6人，所占比率2.11%，共青团员17人，所占比率3.51%；群众34人，所占比率7.02%。调查结果显示：党的群众路线教育活动取得了明显成效，党员干部的作风有了明显改进，师生对校级干部落实八项规定的满意率、对处级干部落实八项规定的满意率均接近90%；认为校处两级干部工作作风有明显改进的比率达到73.89%；就校级领导干部工作作风改进排在前五位的是精简会议、改进调研、厉行节约、精简文件简报、规范出访活动；就二级单位处级班子作风改进排在前五位的是大局观念、服务师生、责任意识、学以致用、办学水平。

这份问卷反映出党的群众路线教育实践活动以来，党员干部深入改进作风，取得了一定的成效，得到了广大师生的认可。在这里，我不想谈成绩，只谈问题。在这份问卷中反映出，群众对于“规范出访活动，减少没有必要的出访”这一项最不满意。我们一些干部政治纪律和组织纪律不强，没有严格执行中央有关出行出访的要求，没有强烈的纪律意识和规矩意识。

习近平总书记在十八届中央纪委二次、三次全会上，分别强调了遵守党的政治纪律和组织纪律的重要性。2014年12月29日召开的中共中央政治局会议习近平总书记指出，要把党的纪律建设摆在更加突出的位置，强化纪律刚性约束，严明政治纪律和政治规矩，党内决不容许搞团团伙伙、结党营私、拉帮结派。没有规矩不成方圆。习近平总书记在十八届中央纪委五次全会上多次提到“规矩”一词，他强调，要加强纪律建设，把守纪律讲规矩摆在更加重要的位置。党在长期实践中形成的优良传统和工作惯例也是重要的党内规矩。习近平总书记以重要篇幅正面讲述“规矩”，也从另一个侧面说明，像“搞团团伙伙、结党营私、拉帮结派”等不守规矩的党员和行为并不在少数，甚至可能已经造成一些不良影响，这也能从巡视反馈中得出结论。如何做到守纪律讲规矩？习近平总书记直接给出“五个必须”的硬性要求——必须维护党中央权威；必须维护党的团结；必须遵循组织程序；必须服从组织决定；必须管好亲属和身边工作人员。这也为党员干部守纪律讲规矩画出了一道可遵循的底线。请同志们牢记这“五个必须”，同时也要拿起镜子经常照照自己，经常扫扫心灵的灰尘。

（二）“不严不实”在作风上的具体表现

“三严三实”对作风建设提出了新要求、确立了新标准，按照新标准对我校党员干部的作风情况进行排查，发现以下现象在部分干部身上或多或少存在，需要进一步加强教育。

1.“空心菜”现象。有的党员干部不主动学习，不重视思想理论武装，学习浅尝辄止，在学而信、学而用、学而行上有很大差距。集中学习，往往是“人到心未到”，有个别干部一有集中学习活动就请假；个人自学，往往是“发了材料就翻翻”，有个别干部甚至从来不看党组织下发的学习材料。由于不重视学习，导致思想出现严重滑坡，甚至出现“在党不信党、在党不言党”的现象，有个别干部热衷于传播小道消息、转发不良信息、讲“灰色幽默”段子。这类干部从表面上看是党员，但是思想上已经被掏空。

2.“二传手”现象。有的干部，不愿意深入基层，不愿意研究工作，不愿意负责任，就爱当“二传手”。有文件转发一下，有会议传达一下，有工作就布置一下，热衷于以会议落实会议、以文件落实文件，执行政策照抄照搬，从来不主动思考工作，工作中无思路、无方案、无办法，成为师生所称的“三无干部”，就像踢皮球，只要把工作责任踢出去，就万事大吉了。有的干部就喜欢高谈阔论、发号施令，指挥别人多、自己干的少，只有唱功、没有做功，遇事就往外推，有功就往怀里揽；有的干部两袖清风不干事，一心只当太平官。这类干部不仅不谋事、不干事，有时甚至可能会坏事。

3. “灯下黑”现象。有的干部习惯于按照以往的做法办事，对于不符合实际、违背规律的现象视而不见，不认为是问题，当别人指出问题时还不以为然，往往以“以前就是这么做的”来为自己辩解；有的干部为了省事，往往是一个工作方案多年反复使用，每年只是改个时间，内容几乎没有变动；有的干部看得见别人的缺点、看不到自身的缺点，批评别人时头头是道，对于自身的问题往往是找客观原因。这类干部不仅个人修养有问题，而且在个人自律方面也有问题。

4. “两面人”现象。有的干部，对领导、下级、同级说话、态度、语气完全不同，判若多人；有的干部表里不一，人前人后两种表现，当面说一套，背后干的是另一套；有的干部为了自圆其说，甚至谎话连篇。此类干部是在做人上出了根本性问题，更谈不上与别人共事了。

5. “眼光短”现象。有的干部整天盯着自己的“一亩三分地”，为了部门和个人的小利益，置学校和他人利益于不顾；有的干部眼光短浅，只顾眼前利益，不顾长远利益；有的干部忙于事务性工作的处理，对工作缺乏长远规划，对单位的发展缺乏战略思考。

6. “肠梗阻”现象。有的干部对学校的会议（文件）精神，对下不传达，对本单位的问题，对上不汇报，出现学校与师生沟通中的断层现象；有的干部不把学校当回事，学校的决定不落实、不执行，工作中我行我素，严重影响了学校工作的推进；有的双肩挑干部在其位不谋其政，整天忙于业务工作，在管理和党务上投入精力严重不足，严重影响了学校工作在本单位的落实。

（三）分析产生原因，教育有待加强

我校干部队伍在作风方面存在的以上现象，客观来讲，既有干部自身的原因，也有组织管理的原因。

1. 自身要求不高。干部由于个人修养、追求、觉悟等方面的差异，有部分干部对自己要求不高，从而出现以下问题：一是理想信念动摇，对党先进理论的学习认识不够深入，产生了“信仰危机”和信念缺失；二是党性观念不强，在一些大是大非问题面前，立场不坚定，缺乏应有的政治敏锐性和鉴别力；三是宗旨意识淡薄，缺乏对师生的深厚情感，缺乏真心实意、全心全意为师生服务的意识；四是遵守法纪不严，没有真正解决好世界观、人生观、政绩观这个“总开关”的问题。

2. 组织管理不严。组织管理是干部队伍建设的一项基础性工作，组织管理不严会直接或间接影响干部的思想、状态等。从组织管理角度来讲，目前还存在以下问题：一是思想教育不够，以马克思主义理论武装人，经常性的集体组织学习不够持久、深入、到位；二是用人导向有偏差，遵循党的“德才兼备”原则选拔任用干部不够严谨，存在一定任人唯亲；三是日常管理“软”和“宽”，加强纪律建设和组织管理不够到位，组织权威和权力监督弱；四是制度执行不力，按照制度和规则办事意识不够强，对制度执行的考核监督机制不够完善。

3. 监管追责缺失。学校设计的蓝图与规划，只是万里长征走完第一步，不落实，再好的蓝图只能是一纸空文，再美的夙愿只能是空中楼阁，再近的目标只能是镜花水月。监管失位、追责不力导致以下问题的出现：一是重布置、轻落实，有的重要事项在决策之后小推小动、不推不动、推推动动，实施进度和落实效果不理想；二是不能结合学校实际创造性地贯彻上级工作要求，“以会议落实会议，以文件落实文件”等形式主义涛声依旧；三是没有形成务实管用的制度体系，一些制度停留在纸上、墙上、网上，一些制度不能相互衔接，部分制度操作性不强，执行效果不理想，有些制度形同虚设。

三、以良好作风推进学校转型发展

作风建设是推动学校事业健康可持续发展的重要保障，作风正则人心齐，人心齐则事业兴。当前学校发展正面临“媒体融合发展、高等教育综合改革、京津冀一体化”等外部难得的机遇和巨大的挑战，内部又有“更名建设、‘十二五’规划收官、‘十三五’规划制订”等事关学校发展的艰巨任务需要完成。要抓住机遇、迎接挑战、完成任务，需要广大党员干部自觉践行“三严三实”，以优良的作风为学校转型发展提供坚实保障。思想是行动的先导，只有认识到位了，行动上才能自觉。对推动学校转型发展和我们所肩负的历史性任务必须有深刻的认识和准确的把握，一些同志认识还不够到位，行动还不够自觉，经常会不自觉陷入老目标、老机制、老路子。我们要从以下 5 个方面深化认识、增强自觉，以良好的作风推动学校转型发展。

（一）要进一步增强服从学校战略发展的自觉

忙于紧急的事情而忽略重要的事情，这是战略管理上的大忌。事实上，我们不少中层干部甚至是校级干部，每天花大量的时间来应付各种突发事件、上级部署、群众接待，往往却因此而忽视了学校发展的大事，一年下来，非常忙碌，但有关学校发展的大事却没有抓住。一些干部、教师对学校发展战略认识还不够深入，有些方面还没有形成共识。一些教师和党员、干部对学校在首都及行业发展大局中的地位和作用认识不足，视野不开阔，工作标准不高，勇气锐气不足。“小富即安”的思想在相当一部分干部中还存在。

如何将战略规划转变成现实绩效，就需要切实加强战略管理。从学校角度出发，制定战略发展规划、加强战略管理的过程，就是使学校不断利用外部条件、创造内部条件去开创未来，在不断变化的内外部环境中能够获得稳定持续的发展，永远保持旺盛的生命力。今年，学校党委确定了重点任务，其中很重要的一项就是要科学谋划编制“十三五”规划，启动学校更名建设工作。我们坚持一张蓝图画到底，定下来的事情，就要坚定不移地克服困难推进，锲而不舍、久久为功，努力实现我们的目标。希望大家观大势、观大事，跳出学校看学校发展，跳出自己分管的一亩三分地来关心学校的大事，以更加宽广的视野为学校谋划大局当好参谋助手，为学校制定重大战略决策积极建言献策。

（二）要进一步增强立德树人、培养创新创业人才的自觉

关于立德树人，党的十八大以来，习近平同志多次就培育和践行社会主义核心价值观作出重要论述、提出明确要求。习近平总书记对第二十三次全国高等学校党的建设工作会议作出重要指示强调：办好中国特色社会主义大学，要坚持立德树人，把培育和践行社会主义核心价值观融入教书育人全过程。作为党员干部特别是各二级单位党政主要负责同志，既要培养好学生，又要引进并培养好老师。培养好学生，就是要教育引导学生培育和践行社会主义核心价值观，既要全面把握，又要突出重点。要围绕“勤学、修德、明辨、笃实”的要求，从落细、落小、落实入手，形成课堂教学、校园文化和社会实践多位一体的育人平台，促进学生学会劳动、学会勤俭，学会感恩、学会助人，学会谦让、学会宽容，学会自省、学会自律。引进和培养好老师，关键是要严把两道关：一是严把教师政治观。政治标准是高校教师聘用、考核的基本标准和第一标准。要提高政治标准在教师聘用、考核制度中的比重，实行政治考核在职务评审、岗位聘用、评优奖励等关键环节的一票否决制。二是严把教师师德观。要将师德师风建设摆在首位，按照总书记“四有”好教师标准，重点加强社会主义核心价值观教育引导，严格执行师德“红七条”底线要求，完善师德建设问责制度，落实师德一票否决制度，从根本上遏制和杜绝师德失范现象发生。

关于培养创新创业人才，国务院办公厅下发了《关于深化高等学校创新创业教育改革的实施意见》（以下简称《实施意见》），明确提出，深化高等学校创新创业教育改革，是国家实施创新发展战略、促进经济提质增效的迫切要求，是推进高等教育综合改革、促进高校毕业生更高质量创业就业的重要举措。《实施意见》明确列举了一些高校创新创业教育存在的不足：比如，创新创业教育理念滞后，与专业教育结合不紧，与实践脱

节；教师开展创新创业教育的意识和能力欠缺，教学方式方法单一，针对性时效性不强；实践平台短缺，指导帮扶不到位，创新创业教育体系亟待健全。《实施意见》提出的总体发展目标是：2015 年起全面深化高校创新创业教育改革。2017 年取得重要进展，形成科学先进、广泛认同、具有中国特色的创新创业教育理念，形成一批可复制可推广的制度成果，普及创新创业教育，实现新一轮大学生创业引领计划预期目标。到 2020 年建立健全课堂教学、自主学习、结合实践、指导帮扶、文化引领融为一体的高校创新创业教育体系，人才培养质量显著提升，学生的创新精神、创业意识和创新创业能力明显增强，投身创业实践的学生的数量显著增加。学校在以后的教学工会上还将对如何加强创新创业教育进行系统部署，请同志们认真学习中央和北京市文件精神，结合学校实际，深入思考，为学校下一步做好创新创业教育各项工作积极建言献策。

（三）要进一步增强推动学校综合改革的自觉

当前高等教育领域竞争日趋激烈，我校地处高校林立的北京，相对来说实力较弱、知名度也相对不高，更加要求我们必须走差异化办学、特色化发展之路，在印刷包装、出版传播、设计艺术相关领域办出特色、争创一流。高校之间在生源方面的竞争将更加激烈，我校面临着前有大校名校、后有高职院校，中间还有行业特色型地方高校“三面夹击”的竞争态势。学校发展必须按照深化高等教育领域综合改革的总体要求，加强内涵建设，突出特色发展，加快现代大学制度建设步伐。下一步，要加快制订实施综合改革方案，落实重要改革举措实施规划，完善统筹协调、督办落实机制。要推动专业综合改革，加快制订新版人才培养方案；要瞄准学校在科研工作方面的缺项和短板，集中力量攻坚克难；要认真学习北京市刚刚下发的关于事业单位人事制度改革实施意见，以人事人才队伍建设为抓手，带动学校其他改革；要以用好存量、盘活增量、优化配置、提高效益为目标，科学统筹办学资源，全面提高办学效益。要积极着手“十二五”规划总结和“十三五”规划的编制工作，确保各项改革任务在更高层次、更宽领域有效统筹、取得实效。

在推进改革的过程中，势必会触及某些方面的利益调整，我们要以钉钉子精神推动改革顺利推进。郭金龙书记在党课中讲道：“作为党员干部，如果只想当官不想干事、只想揽权不想担责、只想出彩不想出力，是没有资格做领导工作的。党员干部要切实增强责任意识和担当意识，做到心中有责、敢于担当、奋发有为，党员干部要始终牢记，为官不为是耻辱，为官有为才是本分。”学校党委也将进一步强化敢于担当、攻坚克难的用人导向，把那些想干事、会干事、能干事的干部用起来，努力营造干部创业、做事的好氛围。

（四）要进一步增强应对媒体融合发展的自觉

当前，经济发展进入新常态，发展的速度、结构、动力都发生了深刻变化。网络和数字技术裂变式发展，带来媒体格局的深刻调整和舆论生态的重大变化，新兴媒体发展之快、覆盖之广超乎想象，给传统媒体带来很大冲击。媒体融合发展已经成为全世界媒体共同面对的一场重大变革。《关于推动新闻出版业数字化转型升级的指导意见》《关于推动传统媒体和新兴媒体融合发展的指导意见》等文件相继出台，从国家层面提出要遵循新闻传播和新兴媒体发展规律，强化移动互联网思维，着力推动新闻出版行业转型与业态升级，实现出版传媒多种业态的融合、共赢与发展。

政府将“互联网+”提升到国家综合竞争力的高度。2015年4月，李克强总理在政府工作报告中提出，“制定‘互联网+’行动计划，推动移动互联网、云计算、大数据、物联网等与现代制造业结合，促进电子商务、工业互联网和互联网金融健康发展，引导互联网企业拓展国际市场”。5月26日，李克强在贵阳国际大数据产业博览会上再次指出，大数据与云计算、物联网等新技术相结合，正在迅疾并将日益深刻地改变人们的生产生活方式，“互联网+”对提升产业乃至国家综合竞争力将发挥关键作用。在这种新的时代背景下，我们党员、干部该如何积极应对？要有创新思维和创新意识，不断提高能力和本领。郭金龙书记在党课中指出：

“一些同志有做好工作的真诚愿望，也有决心和干劲，但是缺乏新形势下做好工作的本领，存在不知道怎么干的问题，一些同志感到茫然，出现了本领恐慌”。这样的同志在我们学校也存在，想消除本领恐慌，要从根本上做到加强学习、勇于实践，领导干部肩负重要职责，不能以其昏昏、使其昭昭。要重视学习、善于总结，仅仅靠过去的家底吃老本，就会出现老马拉新车驾驭不了。要提高适应新常态下的能力，新常态下有新作风、新作为。要摒弃既想改革又担心受阻的对立矛盾心态，要转变思路、解放思想，在总结实践中升华规律性认识，在集中群众智慧中完善解决问题、推进工作的思路，善于用改革思维谋划和推动工作，以改革的方法解决新问题、把握新机遇。

（五）要进一步增强服务全校广大师生的自觉

学校通过深入开展党的群众路线教育实践活动，积极转变作风，扎实推进整改落实，“四风”方面的问题得到有力整治，群众反映强烈的突出问题和联系服务群众“最后一公里”的问题得到认真解决。通过调研，我们发现基层和师生对我们的工作还是提出了不少意见。表面看是发展任务重、时间精力不够、制约因素过多造成的；从深层次看，还是我们对群众工作重视不够，一切为了群众、一切依靠群众的思想观念还不牢固。

学校党政领导将以上率下，带头密切联系和服务师生。广大党员、干部要牢固树立全心全意依靠师生办学的意识，要理解群众、动员群众、组织群众、宣传群众，与群众打成一片。都需要我们先给群众做点事。要把“办学以教师为本、教育以学生为本”的理念落实到学校工作的各个方面，把师生满意作为衡量工作的根本标准。一要牢固树立全心全意依靠师生办学的意识，对涉及学校改革发展和师生切身利益的重大问题，主动听取群众意见。对于师生关心的热点难点问题高度重视、积极研究解决。二要掌握好的调研方法，扩大调研范围、丰富调研手段、广泛确定调研对象和听取意见建议，要主动深入实验室、教室、宿舍与师生交朋友、促膝谈心、耐心倾听，对于师生思想动态以及学习、工作和生活方面的情况进行

全面及时了解。三要围绕服务群众狠抓工作落实，对群众反映强烈的突出问题和联系服务群众“最后一公里”的问题，要加大督办力度和跟踪检查，确保件件有着落、事事有回音。以优良的党风、干风带动校园风气的根本性好转。

习近平总书记在党的群众路线教育实践活动总结大会上指出：“一个班子强不强、有没有战斗力，同有没有严肃认真的党内政治生活密切相关。一个领导干部强不强、威信高不高，也同是否经受过严格的党内生活锻炼密切相关。从严治党，最根本的就是要使全党各级组织和全体党员、干部都按照党内政治生活准则和党的各项规定办事。”引用这段话与同志们共勉，希望大家进一步坚定理想信念，进一步强化宗旨意识，进一步强化党性原则，努力做“心中有党、心中有民、心中有责、心中有戒”的好干部，也希望大家切实增强践行“三严三实”的思想自觉和行动自觉，以高度的政治责任感、良好的精神状态，扎实开展好这次专题教育，为推动学校实现转型跨越发展不断作出新的更大贡献。

落实统战工作新要求 提高做好党的特殊群众工作的能力*

习近平总书记在2015年中央统战工作会议上强调，“统战工作是全党的工作，必须全党重视，大家共同来做。”“统战工作是党的特殊群众工作，要有特殊的方式方法。”本次会议研究了统战工作面临的新形势，部署了当前和今后一个时期的统战工作，为推进“四个全面”战略布局建设，实现“两个一百年”的奋斗目标和中华民族伟大复兴的中国梦，凝聚人心、汇聚力量，提供广泛力量支持，具有重要的里程碑意义。

北京印刷学院作为一所行业特色鲜明、意识形态突出的高校，具有重视统战工作的传统，特别是长期以来为新疆、西藏、内蒙古等民族地区举办研究生、本科层面人才定向培养。与重点大学相比办学规模小，民主党派和党外人士少，但少数民族学生比例高，统战工作力度还不够。通过学习习近平总书记重要讲话及会议精神，党外人士备受鼓舞，学校党委也感受到一份沉甸甸的责任。在京津冀协同发展、首都功能调整的关键时期，学校将深入贯彻会议精神，深入领会和落实习近平总书记重要讲话精神和统战工作会议新要求，不断提高做好党的特殊群众工作的能力和水平，将统战工作为凝聚人心、汇聚才智、助推发展新动力。

* 这是2015年11月刘超美撰写的中央党校学习心得，发表于《北京教育（高教版）》2016年第12期。

一要认真学习中央统战工作会议精神、方针政策。习近平指出，“统战工作是一门科学，没有很强的业务水平和工作能力是做不好的。”学校党委一贯重视和引导党员干部加强统战理论、方针政策和业务的学习，今后还加以坚持和进一步深化，从思想上真正认识到统战工作是必须做好的分内事、必须种好的责任田。教育和指导党员干部精通统战历史和各方面知识，对统战工作心明眼亮和掌握个中门道，成为统战工作的行家里手，坚决消除认为统战工作不重要的偏见。

二要像重视党内干部一样重视对党外干部培养。学校党委一直重视培养和使用党外干部，在校处两级干部中有党外人士 15 名，其中校级 1 名，处级 14 名，处级干部中民主党派 5 名。但在重视民主党派发挥参政议政作用方面还不够。对此，各级组织、党员干部对党外人士要待之以诚、动之以情、晓之以理、助之以实，诚恳邀请其参与学校重要文件、规章制度的制定和修改，重大改革举措和重要干部任免，在各级领导班子中加强优秀党外代表的个性化培养，定期举办党外人士、归国人员培训班，支持民主党派加强自身建设，发挥党外人士参政议政、民主监督和政治协商作用，以诚恳态度赢得党外人士的尊重和认同。

三要从全局的高度重视和做好民族与宗教工作。习近平指出，“民族工作、宗教工作都是全局性工作。”学校一贯重视少数民族学生培养，常年设置民族班、预科班，近年来为民族地区累计培养民族人才 1000 多人次。同时，充分尊重少数民族师生的风俗习惯，积极引导宗教与社会主义相适应。今后，学校党委将进一步把握处理民族和宗教问题的原则，切实提高新形势下民族宗教工作的认识水平，加强对师生马克思主义宗教观的教育引导，使宗教与社会主义相适应，促进民族师生和宗教群体和睦相处、和衷共济、和谐发展，以营造和强化和谐有序的校园环境与办学秩序。

理解好、宣传好、落实好党的十八届五中全会精神*

刚才，罗学科校长作了“深入学习十八届五中全会精神，科学谋划‘十三五’发展”的报告，对我校“十三五”发展宏观战略进行了深入思考，对涉及“十三五”发展的重大问题把握准确、分析透彻、思路清晰。学校“十三五”战略目标和主要任务已经明确，协调推进学校改革发展的事业，关键在党，关键在人，关键在建设一个坚强有力的领导班子，建设一支信念坚定、为民服务、勤政务实、敢于担当、清正廉洁的干部队伍，建设一支有理想信念、有道德情操、有扎实知识和仁爱之心的优秀教师队伍。下面，结合十八届五中全会精神，我再强调三点意见。

一、深入学习贯彻十八届五中全会精神，科学谋划好学校“十三五”发展

党的十八届五中全会提出了6项要遵循的原则、11个目标要求和5大发展理念，充分展示了中国国民经济和社会发展的愿景与蓝图，展示了我党在经济社会发展中的纲领主张和战略意图，展示了未来5年我国各项工作重点和施政措施。党和国家坚持目标导向和问题导向相统一，既从国

* 这是2015年11月9日刘超美在北京印刷学院中层以上干部扩大会议上的总结讲话。

家战略考量中立足长远、谋划全局，又聚焦突出问题和明显短板，回应人民群众诉求和期盼，对我们制订“十三五”规划和推进改革发展以重要启示：制定工作方针必须从实际出发，准确判断和积极适应外部环境的新阶段、新变化和新特点，使主观世界更好地符合客观实际，这是我们必须牢牢记住的工作方法。学校“十三五”发展规划是本届班子既要制订又要执行的一个重要五年规划，要确保规划既有前瞻性，又符合我校实际，可操作性强。要用五中全会精神进一步统一广大党员、干部的思想认识，凝聚发展共识，增强发展动力。从五中全会精神可以看出，党和国家更加重视发展的全面性与协调性，十八届五中全会特别强调了“协调发展”核心理念，注重解决发展不平衡问题，强调推动协调发展、形成平衡结构，增强发展整体性。不同于工业时代的标准化、量化的分工管理，当今“互联网+”的新时代更加讲求融合、协调、互通、开放。近期国家、首都、行业、高等教育方面出台了一系列新政策、新精神都能清晰、深刻地印证了这一点。一是中共中央办公厅、国务院办公厅近期下发的《关于贯彻落实京津冀协同发展规划纲要的分工》，文件指出要严控在京高校招生人数和招生规模，严禁在北京审批或升格的高等教育单位，严禁增加现有在京高校占地面积，不再扩大并逐步减少在京招生规模。这些对于我校正在以更名建设为抓手，协调推进各项事业发展的办学实际来讲，无疑是严峻挑战。但文件同时也提到，要鼓励扶持在京高校通过与河北、天津高校共建特色学科、建设校区等方式转移。组建“京津冀高校联盟”，合理确立三省市高等教育规模，促进高校优质教学科研资源共享。二是国务院印发《统筹推进世界一流大学和一流学科建设总体方案》，明确提出要构建社会参与机制，加快完善与行业企业密切合作的模式，推进高校与科研院所、社会团体等资源共享，形成协调合作的有效机制。三是北京市围绕核心功能定位调整，将建设 20 个高校高精尖创新中心（目前，13 个创新中心已获认定，包括 3 所市属高校）。通过将中央在京高校、市属高校和国际资源多方力量有效整合，建立央属院校和市属院校共同发展的长效机制。四是广电总局发布《新闻出版业“十三五”规划编制工作方案》中明确提出，要加强与中央和地方宣传文化、发展改革、财政等部门的沟通协调，创新衔接方法，把握内在联系，加强规划之间的衔接，争取将新闻出版作为国家社会经济发展的重要组成部分，列入国家发展目标。

2015 年 11 月 9 日，刘超美（前台左）主持召开北京印刷学院中层以上干部扩大会议

同时，上述文件精神也指明了学校发展的有利和不利因素。我们必须以统筹全局的战略眼光和智慧审视大势和大局，以敢于担当、不怕碰硬的决心攻坚克难，变被动为主动，化挑战为机遇，努力赢得我校发展的主动权，在首都、行业、高等教育发展的时代潮流中敏锐捕捉并牢牢把握住属于北京印刷学院的机遇。

二、以“三重一大”等制度建设为抓手，着力提升校院两级领导班子科学民主决策的能力

科学、民主决策是凝聚群众的意志和力量的重要前提，校院两级决策能力和水平事关学校“十三五”发展规划的制订和建设发展全局。因此，

在决策过程中，必须坚持民主集中制，正确地把握决策与实施、监督、协调、反馈等多方面的关系，努力做到决策程序化、民主化、科学化。

在开展群众路线教育实践活动和“三严三实”专题教育时，在基层调研中发现，个别单位领导班子和干部在不同程度上仍然存在不作为、慢作为、乱作为等问题，在进行决策时，应当走的民主集中程序没有走，应该向党委报告的事项没有按要求报告，需要提交会议决定的事项由个人说了算，需要向群众公开的没有公开。从根本上看，这是贯彻落实民主集中制不到位的体现。“三重一大”制度是贯彻落实党的民主集中制的制度安排，对于规范党委权力行使和加强反腐倡廉建设具有重要意义。学校党委在年初制订的班子整改方案中，列出的第一项整改任务就是坚持“三重一大”集体研究决定，严格执行民主集中制。当前，学校按照整改方案任务清单，正在修订常委会、全委会和校长办公会议事规则，努力完善常委会决策程序。下一步，校院两级领导班子要继续坚定不移地落实好民主集中制，并将“三重一大”制度作为坚持从严治党的重要路径和关口前移、源头治理的重要举措。要建立和完善相关配套制度，结合学校实际科学决定“三重一大”事项范围，将“重”细化分解，将“大”量化分档，修订和出台针对性强、操作性强、有效管理的细则规定，建立健全包括“三重一大”事项报告制度、决策事项信息反馈制度、决策事项民主评议制度在内的配套制度。要加强对“三重一大”事项实施情况的评估检查和监督力度，及时发现并纠正存在的问题，减少决策失误造成的损失。按照“谁决策、谁负责”的原则，建立健全“三重一大”事项集体决策责任追究制度，实现决策权力和决策责任的统一，努力营造制度运行顺畅的生态环境。通过履行“三重一大”制度建设，切实提高决策质量和水平。

三、深入开展“三严三实”，强化《准则》和《条例》纪律约束，着力营造从严治党的良好政治生态

习近平总书记在中央政治局第二十六次集体学习上谈道，“领导干部

普遍受人关注，言行无小事。一篇讲话、一次活动、一项决策、一个部署，甚至一餐饭、一杯酒，都会影响着周边，影响着社会，都会在一定程度上体现着党的形象。要使自己的影响始终是正向的、自己的形象始终是良好的。”当前，学校“三严三实”专题教育进入到“严以用权”第三个阶段，“严以用权”就是要真抓实干，实实在在谋事创业做人，树立忠诚、干净、担当的新形象。党员干部都是党和学校的形象代言人，不是局外人，其精神面貌、作风修养直接决定北京印刷学院在广大师生和社会中的形象，要努力维护党和学校的形象。学校事业发展既需要有战略思想、能够运筹帷幄的思想者，更需要一大批能够迅速推进工作、执行力强的实干家，不需要光说不练、做表面文章、不把师生利益放在心上的“评论家”和“二传手”。凡是有利于学校发展和广大师生诉求的，我们都要按照总书记所要求的，坚决干、加油干、一刻不停歇地干。

十八届五中全会明确提出要把党的领导贯彻到全面推进依法治国的全过程。全校党员、干部要带头遵守法律，带头依法依章依规办事，不得违法行使权力，更不能以言代法、以权压法，要发挥基层党组织在全面推进建设现代化大学的战斗堡垒作用和监督保障作用，建立重心下移、力量下沉的工作机制。近期，中共中央印发的《中国共产党廉洁自律准则》（以下简称《准则》）、《中国共产党纪律处分条例》（以下简称《条例》），为8700多万共产党员制定了思想、行为准则，并将于2016年1月开始执行。

《准则》包括党员廉洁自律规范和党员干部廉洁自律规范两方面内容，共8条。其中，党员廉洁自律规范4条，分别是：坚持公私分明，先公后私，克己奉公；坚持崇廉拒腐，清白做人，干净做事；坚持尚俭戒奢，艰苦朴素，勤俭节约；坚持吃苦在前，享受在后，甘于奉献。党员领导干部廉洁自律规范4条，分别是：廉洁从政，自觉保持人民公仆本色；廉洁用权，自觉维护人民根本利益；廉洁修身，自觉提升思想道德境界；廉洁齐家，自觉带头树立良好家风。充分体现出党中央对党风廉政建设内在规律的清醒把握。《条例》共130条内容，将党的纪律整合成政治纪律、组织纪律、廉洁纪律、群众纪律、工作纪律、生活纪律这“六大纪律”，并把政治纪律排在首位。《条例》围绕党纪戒尺要求，开列负面清单，划出了党组织和党员不可碰触的底线。《准则》和《条例》体现了从严治党的规律，也抓住了从严治党的根本。全体党员、干部要认真学习、深刻领会，将《准则》和《条例》内化于心外化于行，努力做遵规守纪的好干部。

2015 年年底，学校还要在处级以上干部中召开“三严三实”专题民主生活会和组织生活会，每名处级以上党员干部都要进行党性分析，要对照党纪国法、优良传统、工作作风和正反两方面典型，联系个人实际和成长经历，深入查摆“不严不实”问题，把整改措施定实在，做到具体化、可操作、好检查、能监督，把问题清单转化成整改清单，坚持修枝剪叶、落细落小，切实让广大师生看到专题教育的成效。

老师们，同志们，党的十八届五中全会，将以奏响全面建成小康社会决胜阶段号角的历史性会议，载入实现中华民族伟大复兴中国梦的国家史册。我们一定要理解好、宣传好、落实好党的十八届五中全会精神，下一步，学校将通过邀请专家到校宣讲、党课教育、形势与政策教育等方式深入学习贯彻党的十八届五中全会精神，各单位要把学习贯彻全会精神与“三严三实”活动结合起来，与科学编制学校“十三五”规划结合起来，与破解改革发展难题结合起来，把发展的眼光放得更远，把工作的脚步踩得更实，不辜负肩负的光荣使命，不辜负北印八千师生的厚爱！

严以修身　党员干部的终身必修课*

党的十八大以来，以习近平同志为核心的党中央围绕深化改革开放和实现中国梦，提出治国理政的许多新思想新观点新论断。强调并推动开展“三严三实”专题教育，是党的群众路线教育实践活动的延展深化，是严肃党内政治生活、严明党的政治纪律和政治规矩的重要抓手，对于增强党的创造力凝聚力战斗力，推进“四个全面”战略布局具有重要意义。“三严三实”中，“严以修身”居首位，作为党员干部的修身之本、为政之道、成事之要，也是党员干部的终身必修课。

一、“严以修身”的内涵理解

“严以修身”，最早见于诸葛亮所著《诫子书》，“夫君子之行，静以修身，俭以养德。非淡泊无以明志，非宁静无以致远”。其本义就是严格要求自己。古人讲“修身、齐家、治国、平天下”，修身也排在首位，足见其重要。严以修身是人立世之本，是成德成业之基。“自奉要约，自责要厚”，严苛出高洁，修身就得在“严”字上下功夫。就党员干部而言，“严”字蕴含马克思主义信仰、中国特色社会主义共同理想等严肃的政治追求，是完善组织生活、贯彻民主集中制等严格的组织原则，是懂规矩、

* 这是刘超美 2015 年撰写的领导干部“严以修身”专题学习心得文章。

守底线、拒腐蚀、永不沾等严明的纪律要求。新时期，党员干部坚持严以修身，就是不断加强党性修养，坚定理想信念，提升道德境界，追求高尚情操，远离低级趣味，抵制歪风邪气。只有“关键少数”解决了“严”的问题，才能更好地予以典型示范，凝聚人心，创造出经得起实践、人民和历史检验的实绩。

二、“修身不严”的问题分析

习近平总书记多次强调，党员干部要严以修身，时刻自重自省自警自励，努力做到“心不动于微利之诱，目不眩于五色之惑”。但现实中，部分党员干部理想信念动摇、信仰迷茫、精神迷失，宗旨意识淡薄，热衷于“造盆景”“装门面”，作风“飘浮”，等等。究其原因，一是理想信念动摇，对党的理论的学习认识不够深入，产生了信仰危机和信念缺失。二是党性观念不强，在一些大是大非问题面前，立场不坚定，缺乏应有的政治敏锐性和鉴别力。三是宗旨意识淡薄，缺乏对人民的深厚情感，缺乏真心实意、全心全意为人民服务的意识。四是道德品质不高，自我放松，思想滑坡，行为堕落，面对物欲喧嚣、声色犬马的诱惑难以抵制。五是遵守法纪不严，未真正解决好世界观、人生观、政绩观这个“总开关”问题。修身不严，不仅是对责任的亵渎，也辜负了党和群众的期盼，影响了党群关系，动摇党的执政之基。

三、做好“严以修身”的必修课

天下大事必作于细，古往今来必成于实。重视和加强自我修养，是中华民族的优良传统，也是中国共产党的优良作风。1943 年 3 月，周恩来写下了《我的修养要则》，制定 7 条标准，作为剖析自己、反省自己、要求自己的修身理念。新中国成立初期，周恩来反对让邓颖超进政府任职的提议，强调“这不利于我们党的事业，也不利于我的工作”。体现出一名共产党员时刻坚持党性原则的高度自觉，树起一道严以修身的历史丰碑。站在国家深化改革、京津冀协调发展、学校转型跨越发展的重要节点上，作为学校领导干部，应深刻认识到自身职责和使命的重要，深入领会习近平总书记系列重要讲话精神，自觉向周恩来等典范学习，坚持严以修身，将其作为终身必修课，自觉修心，坚持修为，不断提高觉悟、品格、境界，做师生表率，为推动学校发展尽心尽职。

一是做好坚定理想信念的表率。“修身”先“修心”。习近平强调，“一个国家、一个民族、一个政党，任何时候任何情况下都必须树立和坚持明确的理想信念。”理想信念就是共产党人精神上的“钙”，没有理想信念，理想信念不坚定，精神上就会缺“钙”，就会得“软骨病”。一些党员干部之所以出现问题，说到底是信仰迷茫、精神迷失。有了坚定的理想信念，就能坚持正确方向，在顺境面前不骄傲不急躁，在逆境面前不消沉不动摇，经受各种考验，抵御各种侵蚀，永葆党员政治本色。

二是做好提升道德境界的表率。“正身直行，众邪自息”，做官先做人，做人先修德。习近平强调，“只要中华民族一代接着一代追求美好崇高的道德境界，我们的民族就永远充满希望。”学校领导干部的道德价值对于全校师生具有导向功能，自身道德修养好，学校的风气才能纯正；反之就会正不压邪、歪风丛生；必须要有“与人不求备，检身若不及”的精神，把做人与做事统一起来，堂堂正正做人，扎扎实实做事，营建风正气顺的大学氛围，凝聚所服务事业发展的正能量。

三要做好生活情趣健康的表率。毛泽东在《纪念白求恩》一文中，强调共产党员要做“脱离了低级趣味的人”。培养健康的生活情趣，就是自觉远离低级趣味，抵制歪风邪气，担负起“风成于上，俗形于下”的责任。从现实情况看，一些领导干部的蜕化变质往往是从吃喝玩乐这些小处、生活情趣不健康这些小节开始的。为此，领导干部要管好 8 小时以外，8 小时以外不忘身份、不忘使命、不忘责任，自觉充电，充实自己，养成健康的生活方式，心筑长城，就能挡狂澜万丈。

崇高美好的人格需要严“修”，常“修”。党员干部唯有拿出踏石留痕的狠劲、滴水穿石的韧劲，时刻明是非、慎己行、讲操守、重品行，时刻检点自身的方方面面，才能“修”成崇高的党性、境界和情趣，才能始终保持共产党人的政治本色，更好地履行职责、使命和责任。

高校党委领导意识形态工作的角色思考*

党的十八大以来，以习近平同志为核心的党中央站在党和国家全局高度对意识形态工作高度重视，作出一系列重要论述，明确提出“高举旗帜，围绕大局，服务人民，改革创新”的总要求。习近平强调，“必须从党的工作全局出发把握党的新闻舆论工作，做到思想上高度重视、工作上精准有力。”在党的新闻舆论工作座谈会上，他强调了“高举旗帜、引领导向，围绕中心、服务大局，团结人民、鼓舞士气，成风化人、凝心聚力，澄清谬误、明辨是非，联接中外、沟通世界”的四十八字方针，进一步为新形势下意识形态工作提供了基本遵循和科学指南。意识形态工作是党的一项极端重要的工作，关乎旗帜、关乎道路、关乎国家政治安全。就高校而言，高校意识形态工作是一项战略工程、固本工程、铸魂工程，“事关党对高校的领导，事关全面贯彻党的教育方针，事关中国特色社会主义事业后继有人。”高校党委要紧扣意识形态工作根本任务，担负起工作主体责任、政治责任和领导责任，提高领导和驾驭高校意识形态工作的能力和水平。

---

* 这是刘超美2015年撰写的领导干部理论文章，该文获得2015年度北京高校领导干部理论文章评选三等奖。

一、高校意识形态工作面临的形势和挑战

1. 社会转型期各种“失范”现象，影响高校师生“三观”的形成。当前我国正处于社会深刻转型期，人们的思想意识、价值观念正呈现出多元、多样、多变的态势，传统是非判定标准出现一定错位甚至遭到颠覆，对于高校师生的世界观、人生观、价值观形成冲击，对其思想意识和价值取向产生很大影响，师生的独立性、选择性、多样性、差异性日益明显，这也导致当前高校立德树人的环境和条件发生了深刻变化，也弱化了对师生理想信念教育及“三观”培育的效果。

2. 西方意识形态的渗透，冲击高校师生对社会主义意识形态的认同。在世界各种思想文化交流交融交锋愈加频繁、我国进入教育综合改革攻坚期的背景下，西方国家利用发达的网络技术手段，通过美联社、路透社、法新社等三大通讯社竭力输出其意识形态，尤其把我国高校作为渗透的重点领域和主攻方向，侵蚀意识形态独立性和安全性，妄图与我国争夺青年、争夺下一代，力图从根本上动摇我国高校师生的国家认同、民族认同、文化认同及对社会主义意识形态的认同。

3. 新媒体技术的普及，侵蚀社会主义意识形态的整合力和凝聚力。当前，随着以网络为主体的新媒体技术的广泛应用发展，给高校带来跨越式发展机遇的同时，也带来了意识形态工作的严峻挑战。广大师生越来越乐于通过 QQ、微博、微信等对中央大政方针、国家政治生态、社会热点问题发表看法，新媒体的“难以管控性”也导致“群体化现象”等非理性舆情及新自由主义、历史虚无主义、拜金主义等错误思潮的出现，销蚀社会主义主流意识形态的整合力和凝聚力。

二、高校党委领导意识形态工作存在的“不适应”问题

1. 对意识形态工作的重视程度与所面临严峻形势不适应。面对各种

文化特别是西方势力对我国高校的渗透影响日趋复杂的严峻形势，一些高校党委、班子成员对意识形态重视不够，对中央或上级安排部署的重大宣传教育任务、重大思想舆论斗争任务开展不力、抓得不紧。存在“说起来重要，做起来次要”的现象，认为意识形态工作“看不见、摸不着”，不如抓教学科研工作来得实、见效快；存在“老办法不管用、新办法不会用”的问题，意识形态领域噪音杂音时有出现，这些必须引起足够警惕和认真思考。

2. 意识形态工作体制机制与新形势下的任务要求不适应。由于长期以来对意识形态领域工作的重视有所欠缺，有的高校党委领导此项工作在体制、机制上存在薄弱环节，与不断提高的工作要求还不适应。一是在学校总体工作中，意识形态工作还没有上升到突出地位，存在平时看不出来、关键时刻跟不上去的现象。二是在具体工作中，存在意识形态工作部门各自为政、单打独斗现象，党政齐抓共管的局面还没有形成，校内外共同推动工作的合力尚未真正形成。三是在相关体制机制上还不够健全或与时俱进，导致管控不严。

3. 传统工作方法与日益发展变化的网络新媒体不适应。随着网络多媒体技术的飞速发展和日益普及，人们获取资讯手段和交流、交往方式均发生了翻天覆地的变化。高校师生在接受新思想、新事物方面速度快、能力强，借助于虚拟空间获得的信息和服务已经远远超过现实空间。而有些高校党委在意识形态和宣传思想文化工作领域运用网络多媒体能力不够强，采取的主要方法仍然是借助课堂、讲座、会议、活动等传统方式，这些方式所传达的信息容量有限、形式相对呆板，工作时效性也大打折扣，意识形态话语体系亟待加强。

三、高校党委领导意识形态工作的途径思考

高校意识形态工作贯穿于党建、教学、科研、管理各项工作中，关系着高校社会主义办学方向和职能使命的实现。面对世情国情党情发生深刻

变化的现实，高校党委必须牢牢把握好领导意识形态工作的根本任务，从高校发展全局出发，坚持党的领导，坚持正确政治方向，坚持以师生为中心，尊重规律，创新方法，牢牢掌握高校意识形态工作的领导权、管理权、话语权，统筹做好马克思主义意识形态阵地建设，培养传播人才，不断巩固师生团结奋进、共同发展的思想基础。

（一）牢牢掌握意识形态工作的领导权、管理权、话语权

习近平强调，“我们必须把意识形态工作的领导权、管理权、话语权牢牢掌握在手中，任何时候都不能旁落。”高校党委任何时候都不能放松坚守意识形态领域这根弦，都需要因势而谋、应势而动、顺势而为，牢牢掌握高校意识形态工作的领导权、管理权、话语权。

1. 牢牢把握意识形态工作的领导权。高校党委要强化政治责任和领导责任，把意识形态工作纳入重要议事日程，与学校其他工作一同紧密结合，一同部署、一同落实、一同检查、一同考核，并给予“人财物”支持。党委书记、校长要旗帜鲜明地站在意识形态工作第一线，敢于担当、敢于亮剑、敢于碰硬。要完善齐抓共管的意识形态工作机制，坚持党政共同抓、党群合力抓、上下联动抓，动员各级干部、各支队伍、各类组织、各个部门一起来做这项工作，形成信息沟通和工作协调的联动机制，并将工作情况作为领导班子和干部考核的重要指标。党委每年至少两次专题研究意识形态工作，研判形势，部署工作，定期在党内通报意识形态领域的重大情况并统一认识，及时向上级报告重大情况并提出建设性意见，以应对意识形态领域的异动和挑战。

2. 牢牢把握意识形态工作的管理权。高校党委要严格执行意识形态工作有关政策法规，健全和完善学校意识形态管理的制度办法，抓好宣传思想阵地管理，抓好课堂主阵地管理，将坚持党的基本路线作为办学育人的基本要求。定期开展专题督查，加强对校报校刊、广播电视、出版物的内容审核，严格执行教师教学考核、教材使用、教学过程督导制度。对在课堂教学中传播错误观点和言论的，给予严肃批评教育；对有自由化倾向

的，要加强教育管理和约束；对与境内外敌对势力勾连活动的，要及时制止或清出队伍，绝不给错误思想提供传播空间。要最大限度地发挥传统媒体和新兴媒体融合发展作用，探索建立线上线下互动一体的意识形态工作运行机制，做好网上舆论斗争和传播正能量的舆论引导，推动网络校园治理体系现代化建设。

3. 牢牢把握意识形态工作的话语权。话语体系是意识形态传播的基本载体。针对西方学术话语、网络媒体用语占据主导的现状，高校党委要增强责任感紧迫感，发挥好高校人才优势和学科优势，积极创新高校意识形态工作话语体系。要领导建立学校意识形态研究中心，健全师生思潮和舆情分析研判机制，研究工作规律，引导主流舆论。要深入总结提炼中国道路中涌现的新思想、新经验、新做法，用中国理论、中国学术、中国文化解读马克思主义中国化的最新成果，讲好中国故事，传播好中国声音，引导师生理性看待社会，培养国家自信、民族自信。同时，要善于克服“沉默的螺旋”，发挥榜样作用，唤醒沉默多数，及时发现和处理倾向性、苗头性问题，努力形成和把握中国特色、中国风格、中国气派的高校话语体系和意识形态工作话语权。

（二）统筹做好马克思主义意识形态阵地建设

习近平强调，“要强化政治意识、政权意识、阵地意识，勇于举旗帜、打头阵、当先锋，当好意识形态领域斗争的生力军。”高校是意识形态工作的重要阵地，党委要守土有责、守土负责、守土尽责，建立高校新闻传播“新堡垒”，做好马克思主义意识形态阵地建设。

1. 深入开展马克思主义、共产主义理想信念教育。理想信念就是共产党人精神上的“钙”，没有理想信念，理想信念不坚定，精神上就会缺“钙”，就会得“软骨病”。高校党委必须坚持把围绕中心、服务大局作为基本职责，始终坚持把巩固马克思主义在意识形态领域的指导地位、巩固全党全国人民共同奋斗的思想基础作为宣传工作的根本方向和根本任务，把理想信念教育作为首要职责，在广大师生中广泛、深入、细致地开展马克思主义、共产主义信仰教育，筑牢师生成长进步、团结奋斗的思想基础，做到因势而谋、应势而动、顺势而为。要坚持以理想信念为核心，开展正确的世界观、人生观、价值观教育，使师生形成对中国特色社会主义的思想共识和价值认同，坚定对中国特色社会主义的信念，抵御各种不良思潮对思想领域的侵袭。

2. 充分发挥思想政治理论课主渠道作用。毛泽东指出："掌握思想教育，是团结全党进行伟大政治斗争的中心环节。"高校思想政治理论教育课是思想教育、意识形态教育的主渠道，具有整合功能、辩护功能及价值导向功能。高校党委要发挥好思想政治理论课主渠道作用，尊重教师的主导性和创新性，尊重大学生的主体性和独立性，紧紧围绕教材、教师、教学 3 个重点，扎实推进中国特色社会主义理论体系"三进"工作，将思想政治理论课办成学生真心喜爱、终身受益的课程。通过组织课堂教学、形势教育、舆论宣传、文化熏陶、社会实践等方式，发挥育人合力，引导广大师生深刻领会中国特色社会主义理论、道路和制度的科学内涵，将"中国梦"与"个人梦""大学梦"紧密结合，使其成为理想信念和意识形态的重要内容。

3. 大力培育和践行社会主义核心价值观。培育和践行社会主义核心价值观，是高校落实立德树人根本任务的核心要求。习近平强调，"要坚持立德树人，把培育和践行社会主义核心价值观融入教书育人全过程。"高校党委要将社会主义核心价值观的要求体现到学校发展的整体规划，贯穿于深化改革的各个方面，落实到教学管理的各个环节，融入进立德树人的全过程，构建课堂教学、校园文化、社会实践"三位一体"的育人模式，健全培育和践行社会主义核心价值观长效机制，将价值观教育与理想信念教育、网上教育有机结合，把社会主义核心价值观理论知识点与师生关心的热点相结合，用价值理念、目标取向、行为准则来修正不当言行，弘扬正能量，使社会主义核心价值观内化于心、外化于行，成为师生的价值追求和自觉行动。

4. 健全完善意识形态阵地建设工作制度。面对高等教育发展的新常态和意识形态工作的新要求，高校党委需要健全以马克思主义意识形态为核心的高校意识形态工作制度体系，将意识形态阵地建设纳入学校顶层设计和发展规划，一起部署、一起落实，一起检查、一起考核，健全和完善新闻舆论、思想教育工作规范、考核和责任追究机制。在意识形态工作制度建设中，要充分体现 4 个“注重”：注重内涵发展，注重特色发展，注重创新发展，注重需求导向，实现管理体制的科学化、制度化、系统化，对于落后时代要求、不符合中央精神的规章制度及时修改或废止。要严格落实中央关于意识形态工作责任制的要求，强化监督检查，对意识形态阵地出现严重错误倾向等重大问题，并造成不良影响的，严肃追究相关责任人责任。

（三）发挥学校优势特色，培养社会主义新闻传播人才

习近平强调，“要加快培养造就一支政治坚定、业务精湛、作风优良、党和人民放心的新闻舆论工作队伍。”北京印刷学院作为一所新闻出版行业媒体类特色院校，理应围绕新闻舆论工作在新闻传播人才培养方面大有作为。在学校处于爬坡过坎的关键时期，学校党委要适应统筹挖掘和发挥媒体领域优势特色，领导做好新闻出版人才的培养工作，为学校改革发展和新闻舆论工作队伍建设护航保驾。

1. 始终坚持把立德树人作为一切工作的根本。媒体竞争关键是人才竞争，媒体优势核心是人才优势，而人才培养的根本任务在于立德树人。无论哪一种类型特色学校都要紧密围绕立德树人根本任务，着力提升教育质量，着力培养一流人才，立足学校定位，办出特色、争创一流。新闻出版是建设和巩固社会主义思想文化的主阵地，具有鲜明的意识形态属性。学校肩负着为新闻出版行业输送人才的重要使命，党委必须牢记政治责任，坚持把立德树人作为一切工作的根本，举旗帜、指方向、亮底牌、点要害，在立德树人的过程中牢牢抓实抓好意识形态工作；领导广大师生抵御各种不良思想文化带来的干扰渗透侵蚀，增强爱国敬业、诚信友善的意识，激发勤学、修德、明辨、笃实的精神，这也是落实立德树人使命任务

的现实需要。

2. 充分发挥学校特色做好宣传思想工作。习近平指出，“新闻舆论工作要主动借助新媒体传播优势，抓住时机、把握节奏、讲究策略，从时度效着力，体现时度效要求”。学校已初步形成传媒科技、传媒文化、传媒艺术、传媒管理四大特色学科专业群，在新媒体传播方面有着优势特色，党委需要抢抓这一重要机遇为我所用，争取更好的发展方向充分利用学校新闻出版领域的特色优势，运用媒体融合思维和方式，创新新闻发布、理论传播和思想教育方式，通过课上课下、线上线下、校内校外多种途径，加强正面引导，积极营造网络正能量。学校每一名党员干部和教师都要遵守法律法规和党纪党规，增强自律意识和底线意识，提升新媒体传播认知及运用能力，做好宣传思想工作，自觉维护党的形象和学校形象，占领思想传播和意识形态制高点，发挥好宣传思想工作在学校事业发展引领、鼓舞、凝聚师生的作用。

3. 不断提高新闻出版传媒领域人才培养质量。习近平指出：“要在围绕中心、服务大局中找准坐标定位，牢记社会责任，不断解决好为了谁、依靠谁、我是谁这个根本问题。要提高业务能力，勤学习、多锻炼，努力成为全媒型、专家型人才”。学校党委要围绕教学科研中心工作和改革发展大局，深入研究教育部提出的“加强国际传播人才培养，扩大国际新闻传播硕士专业规模”要求，在做好专业技能教育和培养的同时，以深入开展创新创业教育为契机，着重引导大学生强化创新意识、培育创新精神、训练创造能力。同时，大力加强人文、社会科学课程建设，加大其在课程体系中的比重，提高其整体地位，努力提高大学生的人文素养，以培养出更多既懂新闻传播理论知识、兼具编辑出版技术且有很强分辨是非的能力的复合型传播人才来。

总之，当前高校意识形态工作的任务目标已十分明确，也任重而道远。高校党委要以高度的使命感和强烈的责任感，认真学习贯彻党的十八大、十八届三中、四中、五中全会及习近平总书记系列重要讲话精神，在意识形态工作上坚持正确政治导向，尊重新闻传播规律，创新方法手段，勇于担责，敢于负责，切实提高学校新闻舆论传播力、引导力、影响力、公信力，为党和人民守好高校意识形态阵地，为深化高等教育综合改革、协调推进“四个全面”战略布局不懈努力。

参考文献：

［1］习近平：《在党的新闻舆论工作座谈会上的重要讲话》，新华社 2015 年 2 月 19 日。

［2］李民：《切实提高高校意识形态工作科学化水平》，《光明日报》2016 年 1 月 16 日。

［3］王伟光：《牢牢掌握意识形态工作领导权管理权话语权》，《人民日报》2013 年 10 月 8 日。

［4］《习近平视察解放军报社并发表重要讲话》，新华网，2015 年 12 月 26 日。

［5］《毛泽东选集》第三卷，人民出版社 1991 年版。

［6］《习近平在第二十三次全国高等学校党的建设工作会议上的讲话》，新华社 2014 年 12 月 29 日。

［7］苟仲文：《在首都高校领导干部会议上的讲话》，《北京日报》2015 年 1 月 17 日。

［8］李凌、肖红春：《网络意识形态建设要接地气》，《中国教育报》（理论周刊）2016 年 3 月 17 日。

践行“三严三实”要求加强学校领导班子建设*

今天，我们校常委会班子和成员认真进行了对照检查，彼此开展了积极的相互批评，开门见山、动真碰硬地指出了其他同志身上存在的思想作风、工作作风等问题，启发了思想和感悟，心灵又一次受到震撼和洗礼，身心得到放松。相信会对领导班子建设起到添火加柴的作用。刚才唐立军书记对这次民主生活会进行了总结点评，对这次民主生活会给予了肯定，也指出了需要改进和提高的地方，并对下一步工作提出了明确要求，对我们在新形势下坚持从严治党、践行“三严三实”要求、反“四风”抓整改等方面具有重要指导意义，我们要认真学习领会，组织抓好下一步整改工作落实。下面结合今天民主生活会的主题和大家的发言，对加强领导班子建设谈几点收获和体会。

一是更加重视思想理论武装，坚定理想信念。习近平总书记告诫我们：要自觉把“三严三实”要求体现到坚持坚定正确的政治方向上。作为党的领导干部，必须坚持坚定正确的政治方向，有坚定的马克思主义信仰、坚定的社会主义和共产主义信念，并为这种理想信念矢志不渝奋斗，无论遇到什么困难和挫折都不动摇或背离理想信念；必须有较高的思想理

* 这是2016年1月8日刘超美在北京印刷学院2015年校级领导班子专题民主生活会上的总结讲话。

2016年1月8日，刘超美（中左）主持召开北京印刷学院校级领导班子“三严三实”专题民主生活会

论水平和领导艺术，坚持真理，开阔视野，熟悉国情，熟悉校情，了解世界，模范执行民主集中制，善于驾驭和处理各种复杂矛盾，善于从政治上观察、分析、解决问题，善于组织带领群众一道前进；必须对党忠诚，知行合一，言行一致，表里如一，政治品质优秀，道德情操高尚，时时处处以榜样力量感召干部群众。这些要求的核心，是做政治上的明白人，政治能力要强，思想定力、战略定力、道德定力要特别过硬，而政治上的坚定源于理论上的清醒，我们要自觉加强理论学习，掌握马克思主义立场、观点、方法，同时要用各种科学知识把自己更好武装起来，增强政治敏锐性和政治鉴别力。刚才有不少同志也看到了自己学习方面的不足，其实，学习不是“软任务”“空指标”，作为校级领导干部应以高度的政治责任感和奋发向上的进取精神，自觉把学习作为工作的重要组成部分，作为一种生活习惯，如果说，在完成工作任务上“欠账”，是一种渎职行为，那么应当用于学习的时间、内容没有完成，就是一种“渎学”行为。当前，不论是世界还是我们的国家，不论是高等教育还是学校所面临的内外部环境都在发生着前所未有的深刻变化，如果我们还是墨守成规，故步自封，不学习，不进步，那么我们就将面临被社会所抛弃的严峻形势，可以说，加强学习、自觉学习、坚定信念是领导班子建设和班子成员个人成长永不褪色的主题，当前我们要把学习贯彻习近平总书记系列重要讲话精神不断引向深入，切实增强政治责任感和历史使命感，在盘点“十二五”和谋划“十三五”的关键时期，围绕学校发展战略定位，坚持集体学习制度，每位同志都要结合分管工作，加强学习和思考，提高政治思想水平和领导能力，特别是观大势、谋大事的能力，要心中有党、有民、有责、有戒，确实把学习成果落实到对党忠诚、个人干净、敢于担当上来，把学习成果转为促进学校改革发展稳定的生动实践。

二是带头树立看齐意识，胸怀全局，增强领导班子合力。要自觉把“三严三实”要求体现到落实党中央、市委和学校的重大决策部署上。作为校级领导班子成员要有很强的看齐意识，要经常、主动向党中央、市委和学校党委看齐，向党的理论和路线方针政策和学校的发展战略看齐。不谋全局者，不足以谋一域。把“三严三实”要求体现到落实党委的决策部署上，就要求我们要始终胸怀全局，制定各方面决策部署，首先要有正确的大局观，要站在推动学校发展的大局上想问题、看问题，特别是要把所分管方面的工作同学校的重大决策部署衔接起来、统一起来。无论是综合性决策还是专项性决策，都要找准在全局中的合理定位，做到科学决策、民主决策、依法决策，在把握客观规律的基础上确定工作目标和举措。要统筹谋划、通盘考虑各方面因素，兼顾各方面利益，协调各方面关系，明确轻重缓急，使各方面资源发挥最大效用。要有很强的责任意识，敢于负责、敢于作为，学校党委定下的事情就一定抓好，使各项工作既为一域争光、又为全局添彩。

三是增强新形势下谋划和推动学校发展的能力。在其位、谋其政，任其事、尽其责。贯彻“三严三实”要求既要以身作则、率先垂范，又要敢抓敢管、善抓善管，既管事又管思想管作风，把班子抓好、把队伍带好、把事情干好。校级领导班子成员要明确要求和督促分管领域和单位人员在政治上始终同学校党委步调一致，在工作上有效履行职能，要着眼于谋划好“十三五”规划、学校改革发展中的深层次问题做工作，学校在本学期调整了领导班子分工和联系单位，目的就是提高班子的战略决策能力和推动学校发展能力，加强跨学科、跨部门重大改革事项的研究和推进，切实提升领导班子统筹协调能力。下一步，我们要以谋划“十三五”为抓手，深化学校综合改革，推进内部治理体系和治理结构的现代化，为教书育人、立德树人营造良好的政策环境和制度环境。

四是聚精会神抓好党的建设，坚持不懈推进作风改进。政者，正也。子帅以正，孰敢不正。我们要把“三严三实”要求体现到严格要求自己和坚持不懈改进作风上，就是要清醒认识到党性不会随着党龄增长和职务提升而自然提高，必须持续不断“补钙”“加油”。坚决克服特权思想，坚持党性原则，加强自我约束，自觉接受监督，不折不扣执行党的纪律和规矩。下一步，我们要围绕学校战略目标，继续充分发挥党委在深化综合改革、建设现代大学制度中的领导核心作用，以及二级单位党委政治核心作用，统筹抓好党建工作的谋篇布局，坚持突出重点、聚焦问题，坚持领导带头、以上率下，努力改进思想作风、工作作风、领导作风、干部生活作风，努力改进学风、文风、会风，使作风进一步纯洁起来。不断提高调研工作的目的性和实效性，针对群众反映强烈的突出问题和制约学校发展的瓶颈性问题，强化督办力度，努力做到敢于担当、勇于亮剑的勇气不减，善始善终、善作善成的态度标准不变。严格干部教育管理，加大对“慵、懒、散”干部，特别是“为官不为”干部的惩戒力度，加强干部交流换岗，严格落实党风廉政责任制，落实党委主体责任，重视并解决干部管理失之于宽、失之于软的问题，营造风清气正、干事创业的良好氛围。

在这次民主生活会筹备及召开过程中，市委教工委、市委第5巡回指导组全程督导、悉心指导，提出了许多中肯深刻的意见建议，为提高民主生活会质量提供了很大帮助。这里，让我们再次以热烈的掌声向他们表示衷心感谢！

今天的民主生活会意义特殊，这是“三严三实”专题教育活动的重要内容，也是加强学校领导班子建设的重要举措，我们要以这次民主生活会为加油站，认真推进从严治党和依法治校工作。切实加强学校领导班子自身建设，充分发挥总揽全局、协调各方、凝聚人心、引领发展的领导核心作用，推动学校事业不断发展。

向中央向市委看齐　推进学校“两学一做”学习教育活动*

开展“两学一做”学习教育是党中央加强党的思想建设作出的一项重大部署，是今年高校乃至全国党建的龙头任务。刚才组织部长史国敏同志已经就开展“两学一做”学习教育进行了部署，下面我就如何完成这项任务谈三点意见。

一、开展“两学一做”的重大意义

党的十八大以来，党中央先后开展了党的群众路线教育实践活动、“三严三实”专题教育，对于解决突出问题、推进全面从严治党起到了重要作用。但是，在取得从严治党阶段性成果的同时，党中央和习总书记也清醒地看到我们的党和党的基层细胞，也还存在着一些不容忽视的问题，可以说，强化问题意识、问题导向，是党的十八大以来全面从严治党的一个鲜明特点、一条成功经验。这次学习教育中央和市委都强调，“学”要带着问题学，“做”要针对问题改、瞄着问题去、对着问题走，切实把解决问题贯穿始终。中央和市委还明确了要着力解决的问题，包括理想信念

---

* 这是2016年4月29日刘超美在北京印刷学院“两学一做”学习教育部署动员会上的讲话。

模糊动摇、党的意识淡化、宗旨观念淡薄、精神不振、道德行为不端等问题，需要强调的是，这些问题在我们学校都不同程度地存在。我们看到，总书记在谈到问题时，讲得非常深刻，发人深省，例如，总书记讲道，“当一名共产党员，首先要解决好政治合格问题。不懂马克思主义基本原理，不学习党的创新理论，不信奉党的政治主张，不是一名合格的共产党员。”他还讲道，“意识淡漠、理想信念动摇、政治纪律涣散等问题不是个别现象。”“一些党员不像党员、不在组织、不起作用、不守规矩”，“有的党员公开骂党、骂党的领袖，否定党的一些最基本的原则和立场，其中一些人不仅没受到管教和批评，反而大行其道还受到热捧，有的还在讲坛上堂而皇之散布谬论。这种肆无忌惮的情况，在有些地方如入无人之境，没人管”。这些问题，在我们在座各位的支部里有没有？大家要认真对照、认真查找、认真整改。

2016 年 4 月 29 日，刘超美主持召开北京印刷学院“两学一做”学习教育部署动员会

这次，市委教工委和我校在制订实施方案的过程中，特别对高校领导干部、教师党员、学生党员要解决的问题作了补充。比如：在党员领导干部当中，迫切需要解决的是对中国特色社会主义大学认识不够深入，党建主体责任落实不到位，意识形态的弦绷得不紧，党政“两张皮”，行政干部参与支持党建工作不够、“一岗双责”意识不强等问题。该抓的“方向问题、颜色问题、阵地问题”没抓到位，党的工作和党的要求没有真正深入到教育教学的各个环节，在教材、课堂上出现了不该出现的问题。在教师党员当中，迫切需要解决的是育人意识淡薄、违反讲台纪律、学术不端、师德失范等问题。有的站在我们社会主义大学的讲台上，公开鼓吹西方价值观，发表违背党的路线方针政策的言论。有的篡改侵吞他人学术成果，违规使用科研经费。有的忙着兼职赚钱，对教学工作敷衍了事，等等。这些问题，发生在党员身上，影响比普通教师、学生更加恶劣，必须下功夫认真解决。

总书记明确要求，“开展‘两学一做’学习教育，不但要着力解决党员队伍存在的问题，还要推动解决党的组织生活、党员教育管理工作存在的问题；必须激活基层党组织，增强基层组织力”。具体到学校，我们要通过学习教育，重点推动解决基层党组织薄弱的问题，比如：基层党组织地位不高、功能弱化、发挥作用层层递减；对党支部建设重视、支持、指导不够；党支部发挥作用的工作机制不健全；落实“三会一课”（党支部委员会、党小组会、支部全体党员会，党课）制度不认真、不经常，组织生活质量不高等，这些问题，在学校各个党组织表现不一样，解决办法也不一定相同，需要各二级党组织和每个支部，认真梳理查找，对症下药，有针对性地研究解决。

从以上问题，我们更容易认识到开展“两学一做”学习教育的重要性和必要性，首先，“两学一做”是推动全面从严治党向基层延伸的重大举措。习近平总书记强调，开展“两学一做”学习教育，就是要把全面从严治党落实到每个支部、落实到每名党员。我理解，这既是对党内外的郑重宣告，也是对每一名共产党员的谆谆告诫，使我们深刻认识到全面从严治党只有“进行时”、没有“完成时”。开展学习教育，就是要通过普遍覆盖的常态化学习教育，引导全体党员更加自觉地运用马克思主义中国化最新成果武装头脑，运用党章党规党纪规范言行，更好地发挥党员的先锋模范作用和基层党组织的战斗堡垒作用，强壮党的肌体细胞，夯实党的执政根基。其次，这是推进思想政治建设常态化制度化的有益探索。习近平总书记强调，我们党要搞好自身建设，真正成为世界上最强大的一个政党，首要任务是加强思想政治教育，关键是教育管理好党员、干部。开展学习教育，就是要引导党员干部通过经常性的“学”和“做”，对照党员标准反思言行、拷问灵魂，找差距、找原因，自觉强化党性修养，筑牢思想之“魂”，补足精神之“钙”。最后，这是营造良好政治生态的有力抓手。习近平总书记强调，加强党的建设，必须营造一个良好从政环境，也就是要有一个好的政治生态。开展学习教育，就是要全面深入贯彻党的组织生活制度规定，强化基层党员的政治意识和规矩意识。杜绝党内政治生活和组织生活的随意化、娱乐化、庸俗化，持续净化政治生态，营造风清气正的良好环境。

刘超美作部署动员讲话

二、“两学一做”怎么“学”

刘云山同志强调，开展“两学一做”学习教育，是党中央深化党内教育的又一重要部署。我们开展学习教育，必须要在“深化”二字上下功夫。郭金龙书记要求北京高校要“高标准”抓好党的建设。我们开展“两学一做”学习教育，也要坚持高标准、高质量，从严从实抓好各项任务。

一要在深化学习、增强党员理想信念上下功夫。“两学一做”学习教育，基础在学。在学校的学习方案中对学习进行了分类指导，并作出了比较具体的安排，支部要带领和引导党员扎扎实实、认认真真，学好党章党规、学好习近平总书记系列重要讲话精神，沉下心来，逐字逐句研读，深入学习思考，内化于心、外化于行，引导党员切实坚定理想信念、强化党的意识、增强“三个自信”。要结合高校实际丰富学习内容，学党章党规时，还要认真学习新修订的《中华人民共和国高等教育法》《中国共产党普通高等学校基层组织工作条例》等涉及高等教育和高校党建的重要规章制度，学习《教育部关于建立健全高校师德建设长效机制的意见》等重要文件精神，引导党员熟悉和遵守各项规章制度。学习总书记的系列重要讲话时，要重点学习总书记在北京大学“五四”讲话、在北京师范大学“教师节”讲话等关于高校的重要讲话精神以及对高校党建和思想政治工作的重要批示精神，引导党员结合思想和岗位实际，深刻领会总书记讲话的丰富内涵和核心要义，做到边学习、边思考、边对照、边整改，深化学习效果。要创新学习方法，充分激发师生党员的学习兴趣，引导党员像学习专业知识那样学习党的理论知识，认真组织好集体学习和每季度的专题研讨，鼓励普通党员在党支部讲党课，认真组织思政课教师、先进模范等到党支部讲党课，注重运用视频、声像、网络、多媒体等多种技术手段，提升学习的感染力和实效性。特别是组织思政课教师到党支部中去讲党课，这是我们作为高校的独特优势。每个支部都要在学习上下功夫，做好计划，提高学习的实效。

二要在开好专题组织生活会、抓好民主评议党员上下功夫。召开党支部专题组织生活会、开展民主评议党员是这次学习教育的重要环节和内容。在党的群众路线教育实践活动和“三严三实”专题教育中，我们重点抓了处级领导班子的民主生活会，会议的质量和效果得到了提升。这次学习教育，我们也要抓住机遇，普遍提升党支部组织生活会的质量。要组织党员认真进行党性分析，认真查摆在思想、组织、作风、纪律等方面存在的问题，进行严肃认真的批评和自我批评，并抓好整改落实。民主评议党员是一项重要的党内生活制度，是加强党员教育管理的一项重要措施。长期以来，我们都坚持在做这项工作，但也不得不承认这项工作中存在着“只评不议”“评优不评差”等问题，我们要借这次学习教育的契机来提高质量。严格按照“个人自评、党员互评、民主测评、组织评定”的程序，扎实开展党支部领导班子成员和党员的谈心谈话，认真稳妥地做好评议后的反馈、处置等工作。党员领导干部更要带好头，以普通党员身份参加所在党支部的专题组织生活会，把领导班子民主生活会的好经验带到支部；以普通党员身份参加党员民主评议，诚恳地接受党支部和党员的批评建议。要通过这次学习教育，在严格党内政治生活方面，形成新的气象，让党员更加深刻地体会到组织的约束，增强党员意识和自律意识。

三、“两学一做”如何“做”

“两学一做”，“做”是关键，“做”是学习教育的着眼点和落脚点。我们要在知行合一、发挥党员先锋模范作用上下功夫。“做合格党员，必须把合格党员的标尺立起来”。这次，中央明确了新形势下合格党员的标准，就是“四讲四有”，我们的方案中也根据中央精神，结合学校的实际提出了我们的“四讲四有”党员标准，我们要引导广大党员“向标准看齐，做合格党员”。刘云山同志也说：党员合格的标准是具体的、明确的，重要的是坚定信仰信念、强化政治意识、树立清风正气、勇于担当作为。坚定信仰信念就是要保持共产党人姓“马”姓“共”的本色，不忘本、不忘祖、不忘初心，切实做到爱党、信党、护党、跟党走，坚定对马克思主义的信仰，坚定对中国特色社会主义和共产主义的信念。强化政治意识，就是要始终坚持坚定正确的政治方向，在思想上政治上行动上同以习近平同志为核心的党中央保持高度一致，增强看齐意识，经常、主动向党中央看齐，向党的理论和路线方针政策看齐，党中央要求干什么就坚定干什么，党中央禁止干什么就坚决反对干什么。树立清风正气，就是要不断深化对党的性质宗旨的认识，加强党性锻炼和道德修养，心存敬畏，坚持用党性原则和纪律规范来约束规范自己，校准思想之标，调整行为之舵，绷紧作风之弦，廉洁从政、勤于修身、从严治家。勇于担当作为，就是要保持干事创业、开拓进取的精气神，平常时刻看得出来、关键时刻冲得上去，在践行五大发展理念、决胜全面小康上奋发有为，发挥党员先锋模范作用，用实际行为彰显共产党人的风采。刘云山同志从以上 4 个方面对合格党员标准进行了具体化，我认为，最通俗地讲，作为党员和党的组织负责人最根本的就是要知道我们姓“党”，要时刻以一名合格党员的标准来要求自己，不忘本色。

除了向“四讲四有”看齐，我们还要在完善制度、建立健全长效机制上下功夫，更要在解决学校存在的具体问题、落实学校工作要点和做好“十三五”开局之年工作上下功夫。这次学习教育明确要求突出经常性教育的特点，目的就是要推动党的思想政治建设抓在日常、严在经常。要着力健全党员学习教育培训的长效机制，完善党支部理论学习制度，健全党员教育培训工作体系，进一步增强学习教育的针对性和实效性，努力在入脑入心上拿出切实可行的创新举措。要着力健全促进党员发挥作用的长效机制，健全民主评议党员、组织生活会等工作制度，丰富主题党日、承诺践诺、志愿服务等有效载体，真正发挥先锋模范作用。要着力健全强化基层组织的制度机制，完善基层党组织书记抓党建工作述职评议考核制度；健全教师党支部把好教师“政治观、师德关”的工作机制、教师党支部参与讨论决定本单位重要事项的工作机制。

做好“两学一做”工作，各级党组织要加强组织领导，落实抓好学习教育的主体责任，这里面的主体既包括院系级党组织负责人，也包括每一名教工党支部书记。大家要把抓好“两学一做”学习教育作为一项重要政治任务，加强组织领导，周密安排部署，精心组织推动。与此同时，大家更要统筹抓好各项工作，把学习教育同今年学校党建和思想政治工作重点任务结合起来，同抓好改革发展稳定、教学科研服务等各项工作结合起来，还要与抓好党的群众路线教育实践活动和“三严三实”专题教育的问题整改结合起来，抓好不严不实突出问题整改，各二级党组织要系统梳理群众路线和“三严三实”整改落实情况，对没有整改完的，要抓住不放、尽快整改；对已经整改、又有反弹的，要主动整改，确保整改工作落实到位。

各级党组织要定期研究分析，层层传导压力，从严从实抓好学习教育，各位书记要切实履行第一责任人职责，党员领导干部要带头，给广大党员作出榜样。各二级单位要对所辖党支部进行全覆盖、全过程的指导，帮助党支部制定学习教育计划，派人参加党支部活动，党支部也要切实担负起从严教育管理党员的主体责任，每一个党支部都要结合实际对学习教育作出具体安排，确保组织到位、措施到位、落实到位。下一步，组织部和党校还要对基层党支部书记、组织委员等党务骨干进行培训，帮助大家掌握工作方法，明确工作要求。

同志们，今天是“两学一做”学习教育的启动会，标志着我校“两学一做”学习教育正式启动。希望全校各级干部和全体党员始终保持良好的精神状态，增强向中央、向市委、向学校党委看齐意识，在思想上政治上行动上始终与党中央、与市委、与学校党委保持高度一致，把工作的着眼点放在脚踏实地、真抓实干上，把工作的聚焦点放在做好本职工作上，把工作的着力点放在解决问题、推动发展上，以昂扬的精神状态做好每项工作，切实推动学校各项事业发展。

明确责任　抓住重点　重视创新　扎实有力推进学校党建工作*

刚才，18位二级单位党组织书记围绕6个方面向党委进行了述职。进行党组织书记抓党建工作述职评议考核，是北京市委教工委的统一安排，是落实党要管党全面从严治党加强党的基层组织建设的重要举措。我自始至终认真听了各位书记的述职报告，总体上感觉，经过党的群众路线教育实践活动、“三严三实”专题教育和“两学一做”学习教育的洗礼，二级单位党组织书记抓党建工作有3个共同特点：一是党要管党意识明显增强；二是严格党内政治生活抓得比较紧；三是党建工作能力明显提高。各二级单位党建工作也表现出各自的特点，如：印刷包装学院多次开展经费使用与报销方面的党风廉洁教育；新媒体学院创建“新媒论坛”，加强学习研讨；经济管理学院把“两学一做”学习教育与校区功能调整结合起来，做好校区搬迁工作；机电工程学院、信息工程学院注重青年教师培养，重引导、压担子、入团队；新闻出版学院采取“交叉任职、关系挂靠”的办法增强教师党支部的战斗堡垒作用；设计艺术学院的党支部活动与服务首都社会经济结合起来；社科部直属党支部履行政治责任，严格把控教学内容；基础部、外语部、体育部、机关党委加强党员教育，很多

* 这是2016年12月28日刘超美在北京印刷学院2016年基层党建工作述职评议考核会上的讲话。

党员在各自岗位上，充分发挥先锋模范带头作用；教网中心围绕“谈、讲、看、走、比”5个字开展组织生活；图书馆党支部牵头进行阅览环境整治，最大限度方便师生读者；职业与继续教育学院、绿色印刷与包装产业技术研究院党组织发挥凝心聚力的作用，充分调动不同岗位教职员工的积极性；后勤基建党总支还将党建工作延伸到外包企业，开展“大后勤”文化建设，增强了外包企业员工对学校的认同感与归属感。

2016年12月28日，北京印刷学院召开2016年基层党建工作述职评议考核会

一年来，各二级单位党组织书记立足实际抓党建，凝心聚力促发展，为所在二级单位和学校改革发展事业提供了坚实的组织保障、政治保障和思想保障。在此，我代表学校党委向辛勤工作在一线的党组织书记表示衷心的感谢。但是，从刚才各位书记的问题分析，以及前面一段时间的二级单位调研情况来看，我们的工作离党要管党、全面从严治党的要求还有不少差距。一是党要管党意识尚未完全到位，从严治党还存在宽松软、缺乏严实硬。一些单位还存在“说起来重要、做起来次要、忙起来不要”“上热下冷”“好在点上、差在面上”的情况。有些党组织书记忙于业务工作，没有把党建工作作为“主业”，“轻种责任田，主种自留地”，没有发挥党建第一责任人的作用。有的单位行政领导支持书记抓党建的意识不强，党政合力不足；有的单位对师生的意识形态工作缺乏敏感性，对师生的一些现实思想反映，处理能力不强，不愿抓、不敢抓、不会抓的现象依然存在。二是决策机制有待更加完善。有的单位各项会议制度的地位和职责明晰不到位，存在职责交织、决策交叉等问题。比如党政联席会作为本单位最高决策机构的作用没有充分发挥，有的单位一年不开几次会；有的单位不论大小事情都上党政联席会；有的单位党政联席会议题不明确，并非一事一议，多个事项一起讨论，议而不决现象时有发生；有的单位会上需要当场表决的事项不当场表决，而事后又没有下文；大多数单位党政联席会议记录简单、不规范，多数单位对会议决策监督督查力度不够，造成集体决策存在软执行、不执行或者落实不够等问题。还有的单位长期不开党委会、支委会，或者以党政联席会代替党委会、支委会。三是党建创新需要全面加强。多数基层党支部的学习以“读报纸，学文件”为主，存在表面化、形式化、娱乐化、庸俗化现象。一些基层支部不能根据中青年教师的思想特点有效地与之沟通，开展丰富多彩的学习和交流活动，出现了中青年教师入党不积极、在教职工中发展党员有难度的局面。对大学生的思想引领还很缺乏，支部活动对学生党员的吸引力也不强。党建与中心工作结合形成特色不鲜明、活动载体缺乏、党建和中心工作“两张皮”的现象仍然存在。

同志们，2016年即将落下帷幕，2017年的工作即将全面开启。2017年，党的十九大即将召开，北京市领导班子即将换届、市委市政府搬迁运行，“一带一路”国际论坛即将举办，同时也是我们学校实施“十三五”规划，实现“建设国际知名、有特色、高水平传媒类大学，实现由教学型向教学研究型大学转变”目标的关键一年，必须保持学校各项工作和谐稳定，因此党建工作任重而道远。接下来，我想结合贯彻落实党的十八届六中全会和习近平总书记在全国高校思想政治工作会议上的讲话精神，就如何落实党组织的主体责任，做好学校党建工作，从“明确责任、抓住重点、重视创新”3 个方面，谈 3 点意见。

一、明确责任，切实担当党要管党、办学治校的主体责任

习近平总书记在全国高校思想政治工作会议上强调：“高校党委对学校工作实行全面领导，承担管党治党、办学治校主体责任”。总书记的讲话明确告诉了我们高校党组织的主体责任，也明确告诉了我们党组织书记的责任。

（一）**党要管党，从严治党**

党要管党、从严治党是高校党委的主体责任之一，第一责任人当然就是党组织书记。习近平总书记就指出“抓党建是书记的主业，抓好党建是书记的第一职责”。所以，作为党组织书记的我们，要有岗有责、守岗担责，在其位谋其政，明确自己的岗位职责和任务，时刻保持思想上清醒，绝不能忘记自己的“主业”，种了别人的地，荒了自己的田。那么，党组织书记如何履行好党要管党的主体责任呢？党的十八届六中全会通过的《关于新形势下党内政治生活的若干准则》开篇就明确指出：“党要管党必须从党内政治生活管起，从严治党必须从党内政治生活严起。”各位书记，包括在座的同志们一定要好好学习《准则》，认真掌握好《准则》12 个方面的要求，切实管好党、治好党。学校党委将下发民主生活会的文件，希望各级党组织从开好民主生活会开始，做好批评与自我批评，认真过好党内政治生活，活跃党内生活氛围，提升党内生活质量，做到“党味儿”十足。

（二）**办学治校，立德树人**

办学治校也是高校党委的主体责任，这是习近平总书记党建思想的重要内容。高校党组织怎样切实担负起办学治校的主体责任。我在学校党委

中心组扩大学习会上提出从3个方面发力，一是必须毫不动摇地坚持社会主义办学方向。在培养什么样的人、如何培养人、为谁培养人上我们要立场坚定。相对于普通高校，我们学校具有鲜明的历史形态和文化属性，因此，我们必须要把坚持马克思主义意识形态融入到我们学校专业特色的人才培养中。比如：马克思主义新闻观、出版观，包括红色印刷史。二是必须要坚持把立德树人作为我们的根本任务，作为一所以出版印刷鲜明特色的学校，我们要不忘初心、始终牢记这个特殊的使命，我们要培养中国特色社会主义事业的可靠接班人和合格建设者，我们更要结合我们学校实际，培养具有坚定的理想信念又适应媒体融合的这种核心能力的应用人才。各级党组织要针对错误思潮敢于亮剑，要当“战士”，不当“绅士”，要坚持不懈传播马克思主义科学理论，坚持不懈培育和弘扬社会主义核心价值观，坚持不懈促进高校和谐稳定，坚持不懈培育优良校风和学风。三是我们必须要切实有效地把加强教师队伍建设作为关键之关键的工作，抓好思想政治工作根本任务，努力打造四有好教师，我们要引导广大的教师不仅要做授业解惑的教书匠，如果说授业解惑，我们更要以德施教，也是总书记讲话中的三德。同时，我们要更加地关注青年教师的培养和成长，青年教师是北印未来的希望，再过十来年，北印的希望就是现在35岁左右的一批青年教师。我们党委有这个责任，把他们当中的精英培养出来，成为我们北印的骨干力量。

二、抓住重点，切实发挥党建工作“火车头”“发动机”和“黏合剂”作用

毛泽东同志在《党委会的工作方法》一文中精辟地指出：“弹钢琴要十个指头都动作，不能有的动，有的不动。但是，十个指头同时都按下去，那也不成调子。要产生好的音乐，十个指头的动作要有节奏，要互相配合”。毛泽东同志的这篇著作，我想在座的大多读过。这篇著作虽已过去半个多世纪，但仍历久弥新，对我们做好党建工作仍颇具深义。党组织

书记就是要善于集中时间和精力，抓重点、抓中心、抓关键，而不是“眉毛胡子一把抓”。高校党建工作的重点是什么，我的理解就是 4 个方面，即把方向、管大局、做决策、保落实。

（一）把方向

习近平总书记在全国高校思想政治工作会议上的讲话中，第一次系统提出“四为”的说法，即，“我国高等教育发展方向要同我国发展的现实目标和未来方向紧密联系在一起，为人民服务，为中国共产党治国理政服务，为巩固和发展中国特色社会主义制度服务，为改革开放和社会主义现代化建设服务。”这就是我们基层党组织要做的把好这个方向。

（二）管大局

高校党建工作不是什么都管，也不是什么都不管，管的就是大局。作为高校的党组织，要管的大局主要是两个方面，一方面是定目标，出思路。这次二级单位调研，很多人反映本单位发展思路不够清晰明确，专业没特色，教学工作、学风建设比较薄弱，这些就是决定二级单位发展的大局，党组织要出思路、出招数，切实解决群众关心、影响单位发展的问题。另一方面是凝人心、聚合力。要实现目标和任务，关键是人心的凝聚。所以，各级党组织一定要管好思想政治工作这个大局，将所有师生都团结在党组织的周围，都凝聚在党的事业的周围。要做好在高校教师和学生中发展党员工作，加强党员队伍教育管理和作风建设，使每个师生党员都做到在党爱党、在党言党、在党为党。要进一步尊重教职员工在办学中的主体地位，畅通言路，发扬民主，积极维护师生员工合法权益的实现，使每一名教职员工都做到在岗爱岗、在岗言岗、在岗为岗。

（三）做决策

“火车快不快，全凭车头带”，一个坚强有力的党组织就是一个单位的“火车头”，而“火车头”作用发挥好坏的一个重要因素就是一个单位的决策水平高低。党政联席会是二级单位重大事项集体决策的重要组织形式，凡属“三重一大”议事范围内的事项都应提交党政联席会议研究决定。党组织书记参加党政联席会，对重大决策要发挥把关定向的作用，要保证本单位重大事项科学民主决策。

（四）保落实

作为基层党组织，一方面要确保党中央、北京市和学校的各项决策部署得到贯彻执行；另一方面要保证本单位各项制度、决策、工作落到实处。基层党组织保落实要发扬总书记提倡的钉钉子精神，对上级的决策部署和本单位的工作重点要钉住钉实，加强督查督办，锲而不舍，敢于碰硬，不“走过场”，不“挂空挡”，持之以恒，久久为功。

三、重视创新，切实提高基层组织的党建工作能力

习近平总书记在全国高校思想政治教育工作会议上指出：“要加强高校党的基层组织建设，创新体制机制，改进工作方式，提高党的基层组织做思想政治工作能力。”创新不仅是一个国家兴旺发达的不竭动力，也是一个政党永葆生机的力量源泉。在新的历史条件下，世情、国情、党情发生深刻变化，党的建设遇到许多新情况新问题，面临许多新考验新挑战。这就要求我们要紧密结合新的形势和任务，以改革创新精神加强和改进基层党建工作，特别要在提高基层支部战斗力、有效发挥作用、创新活动方式上下功夫。

（一）提高基层组织战斗力

在上次调研中，我们发现有的单位存在基层党组织人员配备不强，教工党支部书记存在感差，保障作用发挥不明显；大部分单位发挥党委委员和支委委员作用不明显和基层党组织服务群众、化解矛盾、凝聚人心作用发挥不明显等问题。基层党组织是联系群众的“最后一公里”，各位党组

织书记要把基层党建作为重中之重，眼睛往“下”看、身子往“下”沉、劲头往“下”使，切实解决基层战斗力不强的问题。有的二级单位党组织在选优配强基层教工党支部书记、解决教工党支部书记存在感的问题上已经作出了有益的探索，值得推广借鉴，比如，有的二级学院党委按照“党政共同负责”的原则，成立了由系主任、支部书记、专业负责人组成的“三人核心小组”，支部书记不仅参与系里的决策和管理工作，而且在评奖评优中拥有师德一票否决权，以及奖励绩效、管理绩效的分配权。这些措施让支部书记开展工作更加有底气、有硬抓手，存在感不断增强。下一步，学校层面要思考如何提高基层组织战斗力的问题，探索出台《党支部标准化建设方案》和《基层党支部考核细则》，并研究提升基层支部书记存在感的具体措施，各二级单位也应积极思考，努力探索，获取最鲜、最直接的基层党支部建设经验。

（二）提高党建工作虚功实做的本领

党建工作绝不是虚的、空的、偏的，要切实，各级党组织要进一步创新方式方法，经常抓、反复抓、突出重点抓、针对问题抓，达到强基固本、推动发展的目的。高校党建要推动党建工作与立德树人相融合。发挥党建工作育人功能，潜移默化、润物无声，不断巩固马克思主义在学生成长成才中的指导地位，强化对大学生的思想引领和成长服务。要推动党建工作与服务师生相融合。党建工作是否取得实效，师生满意是重要检验标准。要发挥党组织职能和党员干部作用，真正把党的宗旨落在实处，把党建工作落细落小，落到师生需求上，落在群众心坎上，以此凝聚人心、汇聚力量、推动发展。

（三）创新活动方式，提高党建工作的吸引力和号召力

2016 年年底进行的基层党建工作调研反映：目前基层党建存在活动方式单一，党支部活力不足，缺乏吸引力的现象。虽然，有些单位在积极探索活动新方式，比如将新型媒体运用于组织管理、学习教育；开展给党

员过“政治生日”的活动，等等，但是总的说来我校基层党组织活力还有待进一步激发。做好这方面工作，首先需要各院系级党支部书记和基层党支部书记主动思考，积极谋划，以主人翁和带头人的责任感积极思考基层党组织活动方式创新，积极开展各种支部活动，不断调动广大党员的活动积极性和参与热情，学校将从经费使用、政策等方面给予最大限度的协调和支持，只要各级党组织能够积极思考，发挥主观能动性，一方面坚持已经形成的品牌活动，另一方面积极进行组织活动形式、内容、载体等创新，相信在校、院、系三级党组织的共同努力下，我校基层党建工作一定会焕发出新气象，开创新局面。

同志们，再过两天就到2017年元旦了。下面我就期末的党建工作再讲几句。一要开好民主生活会。习近平总书记在中共中央政治局民主生活会上强调：要在事关中国特色社会主义前途命运的大是大非问题上坚定不移，在改革发展稳定工作中敢于碰硬，在全面从严治党上敢于动硬，在维护国家核心利益上敢于针锋相对，不在困难面前低头，不在挑战面前退缩，不拿原则做交易，不在任何压力下吞下损害中华民族根本利益的苦果。在座各位要认真学习总书记的讲话，结合自身实际，开好2016年度民主生活会。二要做好二级单位领导班子和干部换届调整各项工作。上周市委召开了十一届十二次全会，会上通过了两个决议，一是2017年6月市委换届，二是总结2016年工作，安排2017年任务。各单位、各部门要结合市委全会的精神，严格换届纪律，服务首都经济，切实做好学期末各项工作。

牢记使命　奋发有为　不负重托
以更高的标准严格要求自己*

今天，我们迎来了新任纪委书记杨红同志，杨红同志也作了热情洋溢的讲话；同时党委副书记赵盛伟同志宣布了第一批中层干部任免决定并对工作交接提出要求，刘尊忠、程光耀两位同志作了交流发言。在此，我代表学校党委和全体教职员工，向杨红同志到学校履职表示热烈的欢迎，向得到组织和群众信任、担负起中层领导职务的第一批干部表示衷心的祝贺。本次换届调整工作自去年 12 月 15 日启动以来，在全校教职员工的广泛关注和共同努力下，第一批中层干部即将走上新的工作岗位。下面，我代表学校党委讲 3 点意见：

一、这次换届调整工作的基本情况

这次换届，是在全校深入贯彻落实党的十八届六中全会和全国高校思想政治工作会议精神，深入推进“两学一做”学习教育，加快推动学校转型发展，努力实现“十三五”良好开局的关键时期进行的。为了做好这次换届工作，从去年年初开始，党委就着手这项工作的调研和准备工作。先后赴上海交通大学、上海大学、深圳大学、北京工商大学等近 10

---

* 这是 2017 年 1 月 9 日刘超美在北京印刷学院中层干部换届任职大会上的讲话。

所京内外高校调研，学习好经验、好做法；去年 11 月，党委组织调研组，历经一个多月，对全校二级单位和部门进行深度调研，直接听取教职工意见，全面考察了上一届中层领导班子和干部工作情况。调研工作坚持做到了全覆盖，覆盖所有的单位和部门，覆盖全体教职工，共计个别谈话 754 人，占在编教职员工的 93.55%。在换届调整文件起草阶段，先后召开党委全委会、纪委全委会以及统战人士座谈会、中层干部代表座谈会、教代会代表座谈会、学术委员会代表座谈会、3 个基础教学部（基础、外语、体育）教师代表座谈会以及社科部教师代表座谈会，广泛听取大家的意见和建议，共收集 245 条意见建议。干部工作领导小组认真吸纳这些意见和建议，反复研究讨论，形成了既符合中央、北京市相关文件规定，又适合学校实际情况的换届调整工作方案，本次换届共设置 90 个岗位，2 个校长助理；88 个中层干部，其中中层正职 44，中层副职 44。2016 年 12 月 15 日，学校党委召开换届调整工作大会，正式启动换届调整工作。近一个月来，组织部门按照中央、北京市关于选拔任用干部的有关规定和程序，认真开展谈话推荐、会议推荐等工作。学校党委根据前期调研、干部考核和民主推荐的情况，一个班子一个班子、一个干部一个干部进行了分析研判，研究确定了中层干部任免和考察人选。

总的来看，这次换届调整工作体现了以下 5 个特点：一是坚持群众路线，注重民主集中。本次换届调整工作坚持问政于民、问计于民、问需于民。个别访谈全覆盖，多次召开座谈会，改进推荐方式，切实在干部换届调整工作中尊重民意，顺应民心，真正选拔一批组织放心、群众满意、干部服气的优秀干部；二是注重组织把关，加大转岗交流。严格执行党章规定的干部条件和总书记提出的好干部标准，把对党忠诚、敢于担当作为重要的政治标准。在这次换届调整中，实行任职回避，注重交叉任职，加大转岗交流，将干部放在最合适的岗位上，本次交流任职 25 人，占中层职数的 28.4%，其中正职 13 人，副职 12 人；三是加强思想政治工作，改进组织设置。按照全国高校思想政治工作会议精神，加强高校党的基层组织建设，这次换届调整实现了党组织全覆盖、配强党组织书记，提高党的基

层组织做思想政治工作能力；四是坚持基层导向，选拔年轻干部。这次换届以优化班子结构、增强整体功能作为重要着力点。充分考虑个体素质、专业结构、年龄结构等实际情况，注重从基层发现干部，将那些想干事、能干事、会干事的年轻干部用起来，在干部队伍中补充一批 35 岁左右的年轻干部；五是坚持事业为上，干部能上能下。这次换届有 14 名干部回归教学科研岗位，8 名干部转为职员，占到干部职数的 25%。

总的来说，这次干部换届调整，充分体现了新形势下党要管党、从严治党的新要求，是贯彻落实党的十八届六中全会和全国高校思想政治工作会议重要精神的结果，符合中层领导班子建设的实际需要，符合学校改革、发展大局的需要。从我们得到的反馈看，这次中层干部换届调整也得到了全校教职员工广泛的认可和好评。在这里，我和大家分享几段干部和教职员工发给一些领导的微信："感觉每个人安排得都很到位，不容易"；"这次真的是经过认真考虑的，这次动的比较大，我听到一线老师的议论，说干部能上能下这样才是对的"；"有出乎意料的，但确实合适"。

二、从讲政治的高度，正确对待个人的进退留转

关于正确对待个人的进退留转，我在动员会上就讲过，但是我这里还想再强调一下。这次换届调整，有一些同志由于年龄原因和工作需要从领导岗位上退下来，有些同志交流到新的领导岗位上，有些同志仍然留任原岗，还有些符合提任条件，但由于受职数限制，暂时没有得到提拔。所有这些安排，都是学校党委根据工作实际需要和干部自身情况，在目前条件下作出的比较好的选择，但是由于各方面条件的限制，也不可能做到尽善尽美、方方面面都尽人意、如人愿。希望大家能够提高政治站位，从执行党章的规定，贯彻落实《关于新形势下党内政治生活的若干准则》的角度，在涉及个人职务变动、进退留转问题上，正确对待自己，正确对待组织决定，正确地理解学校党委的意图，识大体、顾大局、守纪律，不计个人得失，自觉做到个人服从组织，小道理服从大道理，愉快地服从组织安

排，以阳光、淡泊、平和、担当、慎独的健康心态，努力做好接下来的各项工作。

接下来，学校党委还要对一些中层干部空岗进行补充，这些空岗包括10个副职岗位，1个正职岗位。产生的方式严格按照干部选拔任用条例规定的程序进行，希望符合条件的干部、教师积极参与，也希望全校党员干部、师生员工继续支持和监督干部选拔工作。这里还是要强调的是，所有单位和个人要切实遵守政治纪律，严格执行“九严禁”，确保本次干部换届调整工作的顺利完成。

三、强化担当精神，切实担负起推动学校改革发展的重任

2017年，党的十九大将要召开，全面建成小康社会、全面深化改革、全面依法治国、全面从严治党要继续发力。2017年，北京市领导班子面临换届，市委、市政府策划搬迁，“一带一路”国际论坛即将举办；2017年，是我们学校实施“十三五”规划，实现“建设国际知名、有特色、高水平传媒类大学，实现由教学型向教学研究型大学转变”目标的关键一年。天上不会掉馅饼，努力奋斗才能梦想成真。我们这届中层干部要从现在开始，深入学习贯彻习近平总书记系列重要讲话精神，贯彻落实党的十八届六中全会和全国高校思想政治工作会议精神，坚定信心，振奋精神，认清形势，抓住机遇，开拓创新，切实承担起人才培养、科学研究和服务社会三大任务，推动学校事业又好又快发展。为此，我和大家谈4点希望和要求：

第一，加强学习。学习，是人类进步的阶梯。任何一个人、一个国家、一个政党、一个民族，要想进步，实现自己美好的理想，都必须不懈地学习。现在，形势变化日新月异，知识更新瞬息万变，许多新的东西等待我们去学习、去探索、去实践，许多新的问题等待我们去研究、去回答、去解决。这对领导者的理论素养、领导能力和知识储备都提出了更高

的要求。首先，我们要加强理论学习。我们是做教育工作的，肩负着培养德智体美全面发展的社会主义事业建设者和接班人的重大任务。总书记在全国高校思想政治工作会议上讲话强调，“教师是人类灵魂的工程师，承担着神圣使命。传道者自己首先要明道、信道。高校教师要坚持教育者先受教育，努力成为先进思想文化的传播者、党执政的坚定支持者，更好担起学生健康成长指导者和引路人的责任”。作为中层干部，是高校思想政治工作的中坚力量，理论上是否清醒，政治上是否坚定，直接关系到社会主义教育事业的成败。因此，每个领导班子、每个干部都要把理论学习当作头等大事来抓。其次，要加强业务知识学习。每个工作岗位都有各自的工作特点，要抓紧业务知识的学习，尽快熟悉本职工作，成为行家里手，以便于工作顺利开展。最后，要多方虚心求教。不管是工作岗位发生变化的，还是工作职责发生变化的，还是仍然留岗原任的，都会碰到新情况、新问题，都有很多情况不熟悉、不清楚。因此，大家要虚心求教，不耻下问，多向老同志和身边的同事学习，善于借用他人的经验为自己所用。同时，要在工作中不断提高自己、锻炼自己，以便尽快进入工作角色，更好地开展工作。当然，学校也会给大家创造良好的学习条件，鼓励大家勤于学习、认真学习，在这次干部换届调整结束后，将组织一次高质量的培训学习活动，尽快帮助大家适应新的工作岗位，提高工作能力。

第二，加强担当。党的十八大以来，习近平总书记多次提到领导干部的担当问题，并将“敢于担当”作为新时期好干部的重要标准，要求“党的干部必须坚持原则、认真负责，面对大是大非敢于亮剑，面对矛盾敢于迎难而上，面对危机敢于挺身而出，面对失误敢于承担责任，面对歪风邪气敢于坚决斗争”。在干部换届调整动员大会上，我和大家也一起分享过中组部常务副部长陈希同志的一篇文章，文章中反复提到必须强化敢于担当的好干部标准。这次干部换届调整，学校党委切实把对党忠诚、敢于担当作为最重要的选拔标准，格外关注那些作风正派、勇于任事、锐意进取的干部，格外关注那些想改革、谋改革、善改革的干部，并在这次换届调整工作中旗帜鲜明地为敢于担当的干部担当，为敢于负责的干部负责，努力营造一种激励干部勇挑重担、奋发有为的用人环境。新一届中层干部到位以后，要准确把握新常态下“敢于担当”的现实要求，进一步在敢于担当上下功夫。要进一步强化政治担当，保持政治定力，始终与以习近平同志为核心的党中央在思想上、政治上、行动上保持高度一致；要进一步强化责任担当，面对学校转型发展的艰巨任务，一定要以强烈的事业心和责任感，撸起袖子加油干，善于抓住工作中的“瓶颈”问题，解决影响发展的突出矛盾，创新思想观念，创新工作方法，创新工作举措，带领广大干部和教职员工，努力创造一流的工作业绩，推动工作有新突破、新进展、新局面、新气象；要进一步强化为民担当，巩固群众路线教育实践活动和“三严三实”专题教育活动以及“两学一做”学习教育成果，切实强化作风建设，千方百计地帮助普通教职员工解决实际困难，为他们办实事、办好事、解难事，以实际行动取信于民。

第三，加强团结。这次干部换届，学校党委特别注意把握不同班子配备要求，既考虑领导班子成员专业、能力、结构上的合理性，又考虑干部个性特点和工作阅历、工作经验上的互补性，希望最大限度地增强领导班子整体功能和合力。新一届中层干部应该珍惜这个基础和平台，全力维护班子团结，团结出战斗力，团结出政绩。首先，要认真贯彻执行民主集中制原则。民主集中制是我们党的根本组织制度和领导制度，是进行科学决策的行为准则。每个单位、部门要充分发挥党政联席会、核心小组会议的决策作用，每个中层领导干部要按照民主集中制的原则来处理各种矛盾和问题，努力在班子中形成互相尊重、互相谅解、互相支持、互相提醒，大事讲原则、小事讲风格的良好局面；其次，要沟通协调。在去年年底进行的二级单位调研中发现，有一些班子成员之间缺少沟通，中层干部和普通教职员工之间也缺少沟通。我希望，这种现象在新一届中层领导干部中不再存在，要按照《关于新形势下党内政治生活的若干准则》的要求，坚持谈心谈话制度，班子成员之间、班子成员和党员、群众之间要开展经常性的谈心谈话，坦诚相见，交流思想，交换意见，把班子成员团结在一起，把师生员工的智慧和力量凝聚在一起，克服困难，朝着事业目标迈进；最后，胸怀要更宽广一些。“一个人的胸怀能容得下多少人，才能赢得多少人。”作为中层领导干部，不能斤斤计较那些鸡毛蒜皮的小事，而是要以宽广的胸怀容纳别人的失误和缺点，善于理解和尊重他人，学人之长，补己之短，在困难面前不推诿，在荣誉面前不争先，在责任面前不推托。只有这样，我们的干部才能赢得人心、凝聚民心，才能团结带领一班人取得改革、发展的一个个胜利，创造一个个奇迹。

第四，加强自律。古语云“吾日三省吾身”，大家要时刻警醒自己。同志们担任了领导干部，手中有了一定权力，但大家一定要正确对待权力，增强“四个意识”，特别是核心意识和看齐意识，严格遵守纪律，以党纪国法为尺子，以反面例子为镜子，主动将自己置于组织和群众的监督之下，接受人民群众的评判和监督，自觉做到心中有法纪、言行合法度、办事依法规，经常查找自身的缺点和不足，从严从实要求自己。要牢固树立廉洁自律意识，履行“一岗双责”，不仅要管好自己，也要管好本单位、本部门的人。要常怀律己之心，常思贪欲之害，常弃非分之想，保持清醒头脑，自觉遵纪守法，不碰“高压线”，不越“红线”，不踩“雷池”，干净做事，廉洁从政。

上面我提出的 4 点要求，也是 4 点希望。一个同志能走上领导岗位，是组织关心培养的结果，是师生员工支持帮助的结果。在此，我借用习近平总书记在新进中央委员会的委员、候补委员学习贯彻党的十八大精神研讨班开班式上的一段讲话，和新一届中层干部共勉：“衡量一名共产党员、一名领导干部是否具有共产主义远大理想，是有客观标准的，那就要看他能否坚持全心全意为人民服务的根本宗旨，能否吃苦在前、享受在后，能否勤奋工作、廉洁奉公，能否为理想而奋不顾身去拼搏、去奋斗、去献出自己的全部精力乃至生命。一切迷惘迟疑的观点，一切及时行乐的思想，一切贪图私利的行为，一切无所作为的作风，都是与此格格不入的。”希望大家做一名合格的共产党员，一名合格的领导干部。

按照规定，我们这届干部的任期是 4 年，也正是学校“十三五”规划实施的 4 年。我衷心希望我们每一名干部能够牢记使命，奋发有为，不负重托，以更高的标准严格要求自己，以加倍的努力投入新的工作，以显著的成绩回报组织的信任和群众的期盼，为实现学校“十三五”规划各项目标任务而努力奋斗。

最后，预祝大家在新的岗位上身体健康、工作顺利，不断取得新的更大进步。

把离退休工作做得更细更扎实让老同志们更满意更舒心*

在 2017 年新春佳节即将来临之际，今天，我们在此欢聚一堂，举行 2017 年离退休老同志新春团拜会。首先我代表学校领导班子和全体师生，向各位老领导、老同志致以节日的问候！对各位老领导、老同志长期以来对学校建设、发展给予的关心与支持表示衷心的感谢！

刚刚过去的 2016 年，是我们党和国家发展历史上非凡的一年！"十三五"实现了开门红，五大发展理念加快推进全面建成小康社会进程，全面从严治党继续纯净政治生态，党风、政风、社会风气继续好转，神舟十一号和天宫二号遨游太空，G20 峰会向世界贡献了中国智慧，经济、政治、文化、科技、民生等领域均取得了新成果、新突破。

2016 年，也是学校"十三五"的良好开局之年。顶层设计推进有序，绘制了"十三五事业发展规划"蓝图；制度建设卓有成效，取得了阶段性成果；"两学一做"有声有色，教职工党性修养得到了提升；人才培养、学科建设、国际合作、科研创新等各项业务也都进展顺利。借此机会，我就学校一年来的主要工作向大家作一简要通报。

2016 年，学校的顶层设计、体制机制建设工作取得了新突破。制定

---

* 这是 2017 年 1 月 10 日刘超美在北京印刷学院 2017 年离退休人员新春团拜会上的讲话。

2017 年 1 月 10 日，刘超美（左三）出席北京印刷学院 2016 年离退休人员新春团拜会

了“十三五事业发展总规划”，描绘了学校“十三五”改革发展的宏伟蓝图，实现“传统出版向现代传媒产业转变”、实现“教学型大学向教学研究型大学转变”的两大转型目标深入人心；梳理了全校制度体系，结合国家和北京市政策，出台了教学科研、人事财务等多项规范性文件，为学校事业发展提供了制度保障。

2016 年，学校的教学科研、管理服务、国际合作等各项业务也都取得了新进展。新增两个本科专业，一本招生省份拓展至 18 个；科研总经费 5015 万元，同比增长 120%；顺利完成绩效工资、职称评定为抓手的人事制度改革，成效明显；联合大兴一地三校，发起成立“京南大学联盟”，服务首都城市新功能建设；顺应国家媒体融合与数字化转型升级发展趋势，整合资源成立新媒体学院，服务首都文化创意产业新需求；弘扬中国特色社会主义办学主旋律，坚持将思想政治教育贯穿教育教学全过程，成立马克思主义学院，加大对德才兼备、全面发展人才的培养；服务国家“一带一路”建设，积极“走出去”，招收来自印度、巴基斯坦、蒙古、尼泊尔等国家的一百多名留学生；完成校区功能布局阶段性调整，实验教学楼、绿色大厦、体育场看台即将竣工，学校办学空间得到进一步释放。

2016年，学校在多个领域斩获了各类大奖。新媒体作品《桐乡竹韵》获联合国教科文组织文化大奖；工业设计专业师生进入文化部、财政部双创人才重点人才库；在校优秀学生分别获“2016猴年第二届全球吉庆生肖设计大赛”一等奖、2016“太阳杯”亚洲标签大奖、2016年北京市数学建模竞赛大奖等奖项；在校优秀教师分别获“2016中国机械工业科技奖”三等奖、第六届吴文俊人工智能科学技术“创新奖二等奖”、第六届中华优秀出版物奖、陕西省科技进步二等奖等奖项；“印刷包装综合创新实践基地”入选北京市校内创新实践基地，“国家数字复合出版系统工程实验室”落地我校，“新闻出版领域关键技术应用研究与服务综合实验室”获首批新闻出版业科技与标准重点实验室等，学校的社会美誉度与影响力得到了进一步提升。

2016年，学校党建工作持续加强。全校上下深入学习领会、贯彻落实党的十八届六中全会精神、习近平总书记系列重要讲话精神、全国高校思想政治工作会议精神等，积极践行“两学一做”学习教育活动，抓学习、抓落实、抓整改；举行庆祝中国共产党成立95周年暨长征胜利80周年系列活动，坚定全校师生理想信念，提升党性修养；开展教风学风建设、学雷锋月、红色读书月、党风廉政宣传教育月、网络安全文化月、首届传媒文化节、青春榜样宣讲会、教师节表彰大会等活动，在人才培养过程中积极培育和弘扬社会主义核心价值观；学校各部门微信新媒体平台获好评，“互联网+”安全微课增加安全宣传教育，“党员小书包”创新理论学习新形式，党建工作内容丰富、形式多样，思想政治教育效果进一步提升。

2016年，学校党委高度重视离退休工作，按照党的老干部政策要求，认真落实离退休老同志的政治、生活等各项待遇。党建活动上，积极开展“两学一做”学习教育活动和“讲传统、看变化、话改革、助发展”主题党日活动，结合“七一”看望慰问送学习材料上门，组织学习习近平总书记“七一”讲话精神，推荐基层党支部书记参加市老干部局和市教委组织的离退休书记培训班，通过系列学习活动，保障“老同志的党员身份、党员意识不退休”；发挥老同志作用上，拓宽渠道，丰富载体，组织开展离退休党代表为学校“十三五事业发展规划”建言献策、共产党员献爱心捐款捐衣物活动等系列活动，发挥老同志特别是关工委的独特优势，引导老同志为学校发展贡献智慧与力量；生活服务上，认真落实困难基金、“空巢”家庭关爱基金、暖心工程等活动，帮助解决老同志生活中的实际困难。

可以说，学校发展取得的每一个进步，都离不开老同志前期奠定的良好基础，离不开各位老领导、老同志的关心和支持。过去的一年里，大家通过各种方式积极参与学校的建设和发展，在此，我代表学校向大家深表感谢。

新的一年已经来临，学校“十三五”事业改革、建设与发展进入关键阶段，教风学风、科研创新、管理服务、体制优化、校区功能深度调整等各项改革建设任务任重道远，希望广大离退休老同志一如既往地关注、支持学校各项事业的发展，学校党委也将继续高度重视离退休工作，抓好政治理论学习，加强党的建设，认真落实老同志生活待遇，积极引导老同志为学校的发展增添正能量，把离退休工作做得更细、更扎实，让老同志们更满意、更舒心。

最后，祝愿各位老领导、老同志春节愉快，身体健康，万事如意！

推进"两学一做"学习教育 切实加强学校领导班子自身建设*

今天，我们校常委会班子和成员认真进行了对照检查，彼此开展了积极的相互批评，开门见山、动真碰硬地指出了其他同志身上存在的思想作风、工作等问题，启发了思想，心灵又一次受到震撼和洗礼，相信会对领导班子建设起到重要的推动作用。刚才卢书记（"两学一做"学习教育市委第五巡回督导组成员、北京工商大学原党委副书记卢思锋——编者注）对这次民主生活会进行了总结点评，对这次民主生活会给予了肯定，也指出了需要改进和提高的地方，并对下一步工作提出了明确要求。我们要认真学习领会，组织抓好下一步整改工作落实。

下面我结合今天民主生活会的主题和大家的发言，对加强领导班子建设谈几点收获和体会。

一是领导班子和干部要加强思想理论武装，坚定理想信念，做政治上的明白人。习近平总书记告诫我们：党员干部要牢固树立政治意识、大局意识、核心意识、看齐意识，坚持以党的旗帜为旗帜、以党的方向为方向、以党的意志为意志，当政治上的明白人。对党忠诚，关键是要有坚定的理想信念。"四个意识"不是空洞的口号，不能只停留在口头表态上，

* 这是2017年1月12日刘超美在北京印刷学院2016年校级领导班子"两学一做"专题民主生活会上的讲话。

要切实落实到行动上。作为党的领导干部，必须坚持坚定正确的政治方向，有坚定的马克思主义信仰、坚定的社会主义和共产主义信念，并为这种理想信念矢志不渝奋斗，无论遇到什么困难和挫折都不动摇或背离理想信念；必须有较高的思想理论水平和领导艺术，坚持真理，开阔视野，熟悉国情，熟悉校情，了解世界，模范执行民主集中制，善于驾驭和处理各种复杂矛盾，善于从政治上观察、分析、解决问题，善于组织带领群众一道前进。做政治上的明白人，政治能力要强，思想定力、战略定力、道德定力要过硬，而政治上的坚定源于理论上的清醒，我们要自觉加强理论学习，掌握马克思主义立场、观点、方法，同时要用各种科学知识把自己更好武装起来，增强政治敏锐性和政治鉴别力。刚才有不少同志也看到了自己学习方面的不足，其实，学习不是“软任务”“空指标”，作为校级领导干部应以高度的政治责任感和奋发向上的进取精神，自觉把学习作为工作的重要组成部分，作为一种生活习惯，当前，不论是世界还是我们的国家，不论是高等教育还是学校所面临的内外部环境都在发生着前所未有的深刻变化，可以说，加强学习，自觉学习，坚定信念是领导班子建设和班子成员个人成长永不褪色的主题，当前我们要把学习贯彻党的十八届六中全会精神和习近平总书记系列重要讲话精神不断引向深入，切实增强政治责任感和历史使命感，围绕学校发展战略定位，坚持集体学习制度，每位同志都要结合分管工作，加强学习思考，提高政治思想水平和领导能力，特别是观大势、谋大事的能力，要心中有党、有民、有责、有戒，确实把学习成果落实到对党忠诚、个人干净、敢于担当上来，把学习成果转化为促进学校改革发展稳定的生动实践。

二是要胸怀全局，增强新形势下谋划和推动学校发展的能力，增强班子合力，做推动事业发展的领路人。不谋全局者，不足以谋一域。事业发展要求我们要始终胸怀全局，制定各方面决策部署，首先要有正确的大局观，要站在推动学校发展的大局上想问题、看问题，特别是要把所分管方面的工作同学校的重大决策部署衔接起来、统一起来。无论是综合性决策还是专项性决策，都要找准在全局中的合理定位，做到科学决策、民主决

策、依法决策。要统筹谋划、通盘考虑各方面因素，兼顾各方面利益，协调各方面关系，明确轻重缓急，使各方面资源发挥最大效用。作为班子成员，要增强责任意识，敢于负责、敢作敢为，学校党委定下来的事情就一定抓好，使各项工作既为一域争光、又为全局添彩。作为班子成员我们还要以身作则、率先垂范，既管事又管思想管作风，把班子抓好、把队伍带好、把事情干好。要明确要求和督促分管领域人员在政治上始终同学校党委步调一致，在工作上有效履行职能，要着眼于谋划和推动好“十三五”规划、学校改革发展中的深层次问题做工作，切实提升领导班子统筹协调能力，增强班子合力，团结带领全校师生推动学校事业更好发展。

三是要切实担负起从严治党职责，坚持不懈推进作风改进，做改进作风的带头人。政者，正也。子帅以正，孰敢不正。党的十八大以来，习近平总书记围绕改进党的作风建设先后作出 61 次批示或指示，并亲自抓落实，中央政治局 43 次开会专门部署改进作风，充分见证了党中央和总书记狠抓作风建设的决心和信心。作为党员领导干部，我们要清醒地认识到党性不会随着党龄增长和职务提升而自然提高，必须持续不断“补钙”“加油”。坚决克服特权思想，坚持党性原则，加强自我约束，自觉接受监督，不折不扣执行党的纪律和规矩。同时，我们要时刻牢记自己是一名党的干部，肩负着抓好党的建设的重要职责，要时刻牢记只有党的事业兴旺发达，才有个人施展才华的舞台，牢记习总书记的告诫：只有全党身板直、腰杆硬，才能赢得人民信任，才能巩固党的执政地位，才能保证革命先辈们用鲜血和生命打下的红色江山代代相传。

下一步，我们要围绕学校战略目标，继续充分发挥党委在深化综合改革、建设现代大学制度中的领导核心作用，以及二级单位党委政治核心作用，统筹抓好党建工作的谋篇布局，坚持突出重点、聚焦问题，坚持领导带头、以上率下，努力改进思想作风、工作作风、领导作风、干部生活作风，不断提高调研工作的目的性和实效性，针对群众反映强烈的突出问题和制约学校发展的瓶颈性问题，强化督办力度，努力做到敢于担当、善始善终、善作善成。要严格落实党风廉政责任制，落实党委主体责任，重视并解决干部管理失之于宽、失之于软的问题，营造风清气正、干事创业的良好氛围。

在这次民主生活会筹备及召开过程中，市委教工委、市委第五巡回督导组全程督导、悉心指导，提出了许多中肯深刻的意见建议，为提高民主生活会质量提供了很大帮助。这里，让我们再次以热烈的掌声向他们表示衷心的感谢！

今天的民主生活会意义特殊，这是“两学一做”学习教育活动的重要内容，也是加强学校领导班子建设的重要举措，我们要以这次民主生活会为加油站，认真推进从严治党和依法治校工作。切实加强学校领导班子自身建设，充分发挥总揽全局、协调各方、凝聚人心、引领发展的领导核心作用，推动学校事业发展不断迈上新的台阶。

提高政治站位　强化责任担当 突出工作重点*

刚才杨红同志代表学校党委，总结了2016年学校党风廉政建设工作，部署了2017年工作任务，各单位要抓好贯彻落实。借今天会议之机，我和罗学科同志与校级领导班子成员、二级单位党政“一把手”代表签订了党风廉政建设责任书和安全稳定责任书，杨红同志与新一届处级干部进行了集体廉政谈话，组织部部长史国敏同志、审计处处长王璟同志分别对从严管理干部情况、审计工作情况进行了通报，各单位要高度重视。下面，我结合今天会议主题，再讲3点意见：

一、提高政治站位，深刻认识和把握全面从严治党的新形势、新要求

全面从严治党，是以习近平同志为核心的党中央严抓党建的鲜明主题。党的十八届六中全会深刻回答了“为什么要全面从严治党、怎样全面从严治党”这一重大问题，这在我们党的历史上特别是在管党治党的历史上具有里程碑意义。习近平总书记在十八届中央纪委七次全会上强

* 这是2017年5月24日刘超美在北京印刷学院2017年党风廉政建设工作会议上的讲话。

调，要保持战略定力和政治定力，继续把党风廉政建设和反腐败斗争引向深入，不断增强全面从严治党的系统性、创造性、实效性。今年1月，市纪委召开了十一届六次全会，市委书记郭金龙同志在讲话中结合去年底中央巡视组对北京“回头看”提出的问题，要求全市各级领导、各部门要认真学习、深刻领会习近平总书记系列重要讲话精神，切实履行好管党治党的政治责任，坚决把党中央的决策部署落到实处。

2017年5月24日，刘超美（前台右）出席北京印刷学院2017年党风廉政建设工作部署会

全面从严治党，核心是加强党的领导，基础在全面，关键在严，要害在治。中央、市委的决策部署明确了新形势下的任务和要求，我们各级党组织要把抓好学习贯彻工作作为一项重要政治任务，抓好抓实中心组专题学习，特别是学习党章、党规和领会习近平总书记系列重要讲话精神。要自觉地把学习总书记的重要讲话同推进“两学一做”常态化、制度化结合起来，同学习总书记高校思想政治工作会重要讲话和视察北京重要讲话精神结合起来，密切联系学校工作实际，科学系统准确把握总书记重要讲话和中央、市委决策部署的精髓要义。一要充分认识党中央推进全面从严治党取得的显著成效。反腐败斗争压倒性态势已经形成，党内政治生活呈现新的气象。反腐败斗争从呈现胶着状态到压倒性态势正在形成，这是全面深刻、影响深远的变化。二要深刻理解党中央推进全面从严治党的经验启示。要深刻认识到作风建设永远在路上，党风廉政建设和反腐败斗争也永远在路上。全面从严治党从根本上讲是从严管理干部和党员，各级党员领导干部必须用党的纪律和规矩约束自己的一言一行，做到忠诚、干净、担当。每一名共产党员必须遵守党章，做“四有”合格党员。习总书记在全国高校思想政治工作会议上对我国高校的地位、作用进行了系统论述：我们的高校是党领导下的高校，为人民服务，为中国共产党治国理政服务，为巩固中国特色社会主义制度服务，为改革开放和社会主义现代化建设服务。三要准确把握党中央推进全面从严治党的新要求。全面从严治党，是发展中国特色社会主义教育、推进教育现代化的重大优势和必然要求。我们要增强责任担当，自觉模范践行，以“严、实、硬”的作风进一步抓好从严治党各项工作。四要深刻理解全面从严治党是全党的政治责任。必须将从严治党落实到学校教育工作全过程，层层压实各级党组织的主体责任。提高政治站位和政治觉悟，深刻领会抓好党风廉政建设的极端重要性，以习近平总书记系列重要讲话精神为根本遵循，把全面从严治党的各项要求落实到各项工作中去。

二、强化责任担当，着力推进全面从严治党向纵深发展

党的十八大以来，在北京市委和学校党委的正确领导下，学校全面从严治党的各项工作取得了显著成效。领导干部认真履行职责，主体责任和监督责任得到落实，廉洁教育、党性教育得到加强，作风建设越来越严，制度笼子越扎越密，监督执纪问责力度不断加大，党务公开、政务公开不断规范，办公用房调整到位，三公经费零增长，全面从严治党制度体系越来越完善。全面从严治党取得的显著成效从以下 3 个方面得到验证：一是

去年年底，市委组织部对2016年校级领导班子和领导干部的考核民主测评中，我校在教育系统排名第七；二是近几年来，各教学、教辅单位党风廉政建设民主测评中群众满意度达到95%；三是去年党委对全校所有二级单位、所有教职工的调研谈话中，广大教职工对学校近几年全面从严治党取得的成绩是认可的，对党风廉政建设的成效以及处级干部廉政勤政工作是满意的。这些成绩的取得，凝聚着各位同志的心血，在此，我代表学校党政领导班子，向大家表示衷心的感谢！

在看到成绩的同时，我们也要清醒地认识到，学校全面从严治党工作仍然存在一些问题和不足，与中央、市委的要求和群众的期待相比，还存在明显的差距，主要表现在以下几个方面。

一是落实主体责任和监督责任向基层延伸不够，部分干部“一岗双责”意识需要进一步提高。在去年调研中通过查看党政联席会议记录发现，班子成员专题研究本部门党风廉政建设工作的记载较少；关于实验室建设立项、仪器设备调研选型、技术参数撰写的制度建设及程序很少提及；有的中层干部忙教学科研多，“一岗双责”意识、纪律规矩意识不强，重视分管的业务工作，轻视分管工作中的廉政责任；有的二级学院党组织负责人对党风廉政建设工作存在不想抓、不真抓、不会抓的情况。

二是科学民主决策机制需要进一步规范。在去年对16个单位的调研中发现，有的单位对学校制定的《二级教学单位党政联席会议制度》执行不严格，党政联席会议次数少，1月至10月召开10次以上的仅有6个单位，有的单位纪检委员、分学术委员会主任未列入参会成员；有的单位以核心组“碰头会”代替党政联席会；会议记录过于简单不规范，大多单位未记录需表决的事项及结果；有的干部民主集中制意识不强，重大事项不经集体研究就决定，由个别人说了算；部分党组织对普通党员、教职工的廉洁教育、遵守财经纪律教育不够，党务公开、政务公开需要进一步加强。

三是一些重点领域依然存在廉政风险。有的职能部门不严格执行学校制定的《职能部门、教辅单位核心组会议议事规则》，在去年机关的调研谈话中，部分教职工不知道部门的核心组成员组成，不知道部门重大事项的决策过程和议事规则；有的职能部门不遵守“三重一大”制度，违反招投标规定，超过10万元的采购不履行招标采购程序；有的部门在项目招标完成后，洽商变更随意，不履行相关的审批程序；有的部门在撰写采购技术需求参数时，不进行广泛调研，参数不能覆盖3个以上品牌，主观或客观上具有倾向性，致使后续政府采购不能形成有效竞争，流于形式；个别干部不把纪律和规矩当回事，仍然有违反中央“八项规定”的行为发生。

四是“为官不为”和不敢担当问题还在一定程度上存在。我们一些领导干部不履行或不认真履行应尽的职责，乐于当“巧官”，是非面前不表态，矛盾面前不敢上，风险面前不敢闯，失误面前不担责，歪风面前不敢斗。工作上有的“慢作为”，推诿拖延、效率低下；有的“庸作为”，把关不严、监管不力；有的“懒作为”，消极怠工、纪律松弛。这些都是作风不正的表现。

对此，我们必须进一步增强责任感和紧迫感，以更大的决心、更大的勇气抓好工作，以解决突出问题为突破口，在抓严抓实、抓深抓细上下功夫，坚定不移推进全面从严治党，为营造学校风清气正的育人氛围作出更大的努力。

全面从严治党必须从党内政治生活严起，必须从纪律严起，必须从作风严起，必须从领导干部严起。2017年，为进一步落实全面从严治党主体责任和监督责任，我们必须严守政治纪律和政治规矩，增强党性观念；严肃党内政治生活，培育良好政治生态；全面强化党内监督，建立健全监督体系；深化作风建设，坚决惩治腐败。具体做好以下几项工作：

一是加强思想政治工作。要认真贯彻落实习近平总书记在全国高校思想政治工作会议上的重要讲话精神，推进“两学一做”学习教育常态化、制度化，真正让党章党规党纪和系列重要讲话精神进入思想、融入血脉，

刘超美（中）与学校相关领导签订党风廉政建设责任书

确保在思想上、政治上和行动上同以习近平同志为核心的党中央保持高度一致。要按照郭金龙书记在北京高校思想政治工作会议上提出的要求，坚持问题导向，抓住关键环节，遵循工作规律，培育和弘扬社会主义核心价值观，把思想政治工作贯穿到教育教学全过程。要按照新印发的《北京普通高等学校党建和思想政治工作基本标准》要求，开展党建各项工作，迎接今年 9 月至 10 月市委教工委检查组的入校检查。

二是加强基层党建工作。各级单位要按照中共中央、国务院《关于加强改进新形势下高校思想政治工作的意见》要求，强化党的领导，发挥党委的政治核心作用，提高政治站位、履行政治责任，确保中央和市委政令畅通；要认真执行民主集中制原则，通过党政联席会议讨论和决定本单位重要事项，健全集体领导、党政分工合作、协调运行的工作机制，提升班子整体功能和议事决策水平；要加强教师党支部、学生党支部特别是研究生党支部建设，充分发挥党支部战斗堡垒作用；要抓住严格和规范党内政治生活这个重点，严格执行“三会一课”、组织生活会、谈心谈话、

民主评议党员和党员领导干部双重组织生活等制度，把从严治党的要求落实到每个党支部、每个党员。

三是加强党内监督工作。要按照《中国共产党党内监督条例》要求，明确和落实各监督主体的责任。党委负责全面监督，纪委履行专责监督，党的工作部门履行职能监督，党的基层组织履行日常监督，党员履行民主监督。要立足学校民主氛围浓、教职工民主意识强等特点，将党内监督与党外监督结合起来，确保权力行使到哪里，监督就跟进到哪里。

四是从严从细管理中层干部。学校新一届中层干部换届已经完成，要按照《干部教育培训工作条例》和《北京市贯彻落实〈2013—2017年全国干部教育培训规划〉的实施意见》等文件要求，做好中层干部集中教育系列培训。要深入学习贯彻全国高校思想政治工作会议精神，特别是习近平总书记系列重要讲话精神，切实为学校中心工作提供坚强的思想政治保证、人才保证和智力支持。通过培训教育使领导干部真正做到廉洁从政、廉洁用权、廉洁修身、廉洁齐家，在严守党的政治纪律和政治规矩上做表率、在管党治党上做骨干。

五是推进两个责任向基层延伸，制定明确责任清单。落实党风廉政建设责任制，党委负主体责任。主体责任又分为党委班子、党委主要负责人、党委班子其他成员、院系级二级党委等的多层次主体责任。在今后一段时间对党委主体责任和纪委监督责任的检查考核将会更加严格，“一岗双责”“一案双查”，责任追究的力度将会持续加大。我们要继续加强《中国共产党问责条例》《习近平关于严明党的纪律和规矩论述摘编》的学习宣传，巩固和强化校、院两级党风廉政建设主体责任分级负责意识，不断增强“有权必有责、有责要担当、失责必追究”的思想共识和行动自觉，为深化学校综合改革提供思想保证。党委将进一步突出问责，落实责任清单制，让失责必问成为常态。对违规违纪行为，既要追究直接责任者，又要追究领导责任和党组织责任，这一点，大家要有清醒认识。

三、突出工作重点，确保党风廉政建设各项工作落到实处

党风廉政建设是全面从严治党的重要组成部分，也是关键任务，刚才杨红同志在工作报告里已经进行了全面部署。我再提 5 点要求：

一是抓好责任落实。刚才，我和罗校长与副校级领导签订了党风廉政建设责任书，分管校级领导与分管部门代表签订了党风廉政建设责任书。会后，各院系级党组织要召开专题会议，研究部署本部门的党风廉政建设工作，党政同责，责任到人。处级正职与副职要依据岗位职责签订党风廉政建设责任书，同时明确责任追究。我们要通过层层逐级签字背书，层层压实责任，将党风廉政建设主体责任落实到位。

二是抓好重点领域关键环节廉政风险防控。科学民主决策、财务管理、基建（修缮）工程、物资（服务）采购、人员招聘、干部选拔任用、招生工作、科研经费（项目）管理、校办企业管理、各类评优等是学校党风廉政建设和反腐败工作的重点，各级党组织和领导干部要勇于担当，坚持民主集中制，严格执行“三重一大”制度，不独断专行，用制度规范权力运行，按程序开展工作，用制度管权管事管人。

三是严明党纪，持之以恒深化作风建设。各级干部要深刻认识到：“作风建设没有休止符”，严守政治纪律和政治规矩，增强党性观念。刚才杨红书记布置了关于治理“为官不为”“为官乱为”和严肃查处群众身边的不正之风以及腐败问题等专项治理工作，我们要通过治理庸政懒政，持续加强作风建设。要防止“四风”问题反弹回潮，抓住重要节点，加强对“四风”问题日常监督检查，加强对违反中央“八项规定”精神和市委实施意见问题的通报曝光力度，大力营造风清气正的好氛围。

四是强化落实意识形态工作责任制。要深刻领会习近平总书记关于意识形态工作的重要论述和精神要义，加强对意识形态工作的领导，增强意识形态自觉与自信，站稳并守好高校意识形态工作前沿阵地。要加强对课堂、报告会、研讨会、讲座、论坛、校园网、报刊等的管理，深入开展干

部师生思想政治动态和意识形态领域倾向性问题的研判，严防敌对势力利用学术交流、科研资助、捐资助学、项目培训等手段进行意识形态领域的渗透。

五是用好执纪问责利器。突出问题导向，综合运用好监督执纪“四种形态，”注重抓早抓小，防微杜渐，让“红脸出汗”成为常态。动员千遍不如问责一次，坚持有权就有责、有责要担当、失责必追究，对党风廉政建设及腐败问题，发现一起、查处一起，通过严肃问责推动党风廉政建设的责任落实。

全面从严治党永远在路上。让我们在市委和学校党委的领导下，以坚定不移的态度和坚强有力的措施，深入推进全面从严治党。要提高政治站位，深刻认识和把握全面从严治党的新形势、新要求，强化责任担当，突出工作重点，确保党风廉政建设各项工作落到实处，不断提升全面从严治党水平，为学校中心工作提供坚实有力的保障，以优异成绩迎接党的十九大胜利召开！

学习贯彻市党代会精神 推进新媒体学院新发展*

一、深入学习贯彻市党代会精神

北京市第十二次党代会是在全市深入学习贯彻习近平总书记系列重要讲话精神和治国理政新理念新思想新战略、以优异成绩迎接党的十九大之际召开的一次重要会议。作为党代表，我全程参加了会议和讨论。蔡奇同志代表十一届北京市委向大会作了题为《更加紧密团结在以习近平同志为核心的党中央周围　为建设国际一流的和谐宜居之都而努力奋斗》的报告。

大会的760名党代表是经过动员部署、推荐提名、确定人选、选举代表四阶段历时4个月，分176个选举单位选举产生，具有鲜明的先进性和广泛的代表性。其中：领导干部460名，占60.53%；基层一线代表285名，占37.5%；妇女代表303名，占39.87%；少数民族代表77名，占10.13%；工人代表40名，占5.26%；农民代表16名，占2.11%；解放军和武警部队代表15名，占1.97%；50岁以下的代表456名，占60%；大专以上文化程度的代表750名，占98.68%。与上次党代会相比，基层一线代表、工人代表、妇女代表和少数民族代表比例均有所提高。

---

* 这是2017年7月7日刘超美为北京印刷学院新媒体学院的党课提纲。

2017 年 7 月 7 日，刘超美为北京印刷学院新媒体学院讲党课

大会主要议程有：听取和审查中国共产党北京市第十一届委员会的工作报告；审查中国共产党北京市第十一届纪律检查委员会的工作报告；选举中国共产党北京市第十二届委员会；选举中国共产党北京市第十二届纪律检查委员会；选举北京市出席中国共产党第十九次全国代表大会代表。

大会的主题是：高举中国特色社会主义伟大旗帜，以邓小平理论、“三个代表”重要思想、科学发展观为指导，深入贯彻习近平总书记系列重要讲话精神和治国理政新理念新思想新战略，为建设国际一流的和谐宜居之都而努力奋斗。

蔡奇同志在大会报告中，回顾往昔工作、明晰当前挑战、绘就未来 5 年的城市发展蓝图，提出了七个“新”目标，分别是：首都功能实现新提升、城市发展形成新骨架、经济发展汇聚新动能、生态环境取得新改善、人民生活实现新提高、文明和谐展示新风貌、党的建设开创新局面。

关于全面从严治党，大会强调：“实现我们的奋斗目标，关键在党的领导，关键在党要管党、从严治党。坚持以首善标准管党治党，永葆党的先进性和纯洁性，更好肩负起团结带领全市人民建设国际一流的和谐宜居之都的历史重任。”一要落实全面从严治党责任，二要强化思想政治引领，三要加强和规范党内政治生活，四要持续深入推进作风建设，五要加强干部人才队伍建设，六要加强基层党的建设，七要坚定不移推进反腐败斗争。

大会强调，一定要带头树立“四个意识”，旗帜鲜明讲政治，对党绝对忠诚，一切听从以习近平同志为核心的党中央指挥；一定要不忘初心，胸怀伟大梦想，抓住难得机遇，保持战略定力，发扬斗争精神，坚定必胜信心；一定要增强忧患意识，谦虚谨慎、戒骄戒躁，始终保持共产党人的政治本色；一定要扑下身子真抓实干，以拼搏为美，向行动致敬，拧紧干事创业的发条，一张蓝图绘到底；一定要牢记党的根本宗旨，相信群众、依靠群众，始终把人民群众的利益放在心中最高位置，凝聚起开创首都发展更加美好明天的磅礴力量。

最后，大会号召，“让我们更加紧密地团结在以习近平同志为核心的党中央周围，高举中国特色社会主义伟大旗帜，解放思想、开阔思路，求真务实、攻坚克难，以优异成绩迎接党的十九大胜利召开，为实现‘两个一百年’奋斗目标，实现中华民族伟大复兴的中国梦而不懈奋斗！”

我作为北京高校系统26万党员的代表之一、学校1400名党员的唯一代表，很荣幸出席了这次党代会，为履行代表职责，为首都建设发展建言献策，也为学校积极参与京津冀协同发展和“三个北京”建设作出应有的努力。会议期间，我认真听取和学习大会报告，与教育同仁深入交流，接受相关媒体采访，介绍学校办学特色和发展成就。我作为北印人感到骄傲和自豪，也对学校的明天更加美好充满期待和信心！作为党员领导干部，更要带头树立“四个意识”，旗帜鲜明讲政治、扑下身子干事业，以实干与拼搏带头践行北京市十二次党代会精神。具体讲，就是要将十二次党代会的新精神新要求新思路切切实实地转换为工作规划、创新举措，发挥好党委的“班长”作用；就是坚持好干部标准，加强干部梯队建设，

推进干部人事制度改革，以科学有效的手段聚集优秀人才，为首都人才提供发展平台和优质保障；就是推进“两学一做”学习教育常态化制度化，将党员干部凝聚到推动社会经济科学发展上来，不折不扣地贯彻落实党中央大政方针和决策部署；更是一切从实际出发，发挥党组织战斗堡垒作用，规范党内政治生活、补齐组织建设短板，拧紧干事创业的发条，真抓实干。

我们生逢一个伟大的时代，在以习近平同志为核心的党中央坚强领导下，我们国家正前所未有地走近世界舞台的中心，前所未有地接近实现中华民族伟大复兴的目标。实干兴邦。作为首都，广大党员干部群众更要将“以拼搏为美、向行动致敬”的理念贯彻始终，以实实在在的具体行动落实市十二次党代会精神，一如既往、奋力拼搏，完成好各项目标任务，以优异成绩迎接党的十九大胜利召开！

二、推进新媒体学院新发展

新媒体学院是根据学校 2016 年 7 月 5 日发文印党院发〔2016〕35 号—《关于部分学科专业调整及组建新媒体学院的通知》成立的。“为了更好地实现学校建设国际知名、有特色、高水平传媒类大学的总体目标，进一步优化学科专业结构，突出优势学科专业，打造学科、专业高峰，不断凸显学校办学特色和优势，经学校 2016 年第 10 次党委常委会研究决定，对部分学科专业进行调整并组建新媒体学院。”时隔一年，如今重温，我们倍感亲切！

一年来，新媒体学院作为北印 7 个本科二级学院之一、学校第一个多学科交叉融合的二级学院，致力于新媒体创意策划、新媒体艺术设计、新媒体技术实现、新媒体传播运营以及新媒体产业政策等领域的教学科研和人才培养，为学校进一步做好新型传媒类人才培养、专业学科建设，更好地服务首都、行业和京津冀协同发展，不断提升学校知名度、行业影响力及社会美誉度作出不小努力和贡献！

2017 年 7 月 6 日，北京印刷学院新媒体学院举办成立一周年纪念会

在党中央的重大决策下，我国新媒体发展迎来前所未有的新机遇，促进新媒体发展已成为党和国家治国理政的新的国家战略。新媒体发展早已超出了承载和传播信息的媒体功能，正在加速向政治、经济、社会、文化和普通百姓日常生活等各个领域渗透。

当前，我国社会正向数字化和信息化方向快速迈进。新媒体产业的发展对传媒人才的需求大大增加，进而推动了新媒体专业的发展，也对专业人才培养提出新的挑战。新媒体专业建设中普遍存在两种趋势：一是越发追求大而全，课程涉猎面不断拓宽，课程之间的衔接缺乏科学依据，针对性和系统性不足；二是专业面不断窄化，有些学校索性片面地将新媒体限定于数字影视艺术、数字媒体技术，将已有影视类专业、软件工程类专业直接移植过来，“换汤不换药”，新媒体专业培养体系不明晰。

（一）新媒体发展已成国家战略

国家战略、中央网络安全和信息化领导小组成立、中央全面深化改革领导小组出台《关于推动传统媒体和新兴媒体融合发展的指导意见》、中央政府工作报告提出制订“互联网+”行动计划，标志着中国网络强国战略的正式启动。在这一战略布局下，新媒体发展进入新阶段，我校作为一所媒体类特色院校，理应围绕新闻出版强国建设和行业转型升级发展的需

要，在新媒体人才培养方面大有作为。

当前，学校深入贯彻全国思想政治工作会议精神和北京党代会精神，处于爬坡过坎、深化改革、全面发展的关键时期。学校党委将适应统筹挖掘和发挥媒体领域优势特色，在发展规划、经费投入、资源配置、人才培养、科研立项、评优表彰、职务评聘等方面给予大力支持，为新媒体学院的改革发展和建设保驾护航。

（二）下一步工作

习近平总书记指出："要在围绕中心、服务大局中找准坐标定位，牢记社会责任，不断解决好'为了谁、依靠谁、我是谁'这个根本问题。要提高业务能力，勤学习、多锻炼，努力成为全媒型、专家型人才。"

希望学院深入贯彻落实全国和北京市高校思想政治工作会议和习近平总书记系列重要讲话精神，以及中央 31 号文件，市委 10 号文件，北京市高校思想政治工作会议精神、市党代会精神及学校思政会精神。落实党要管党、全面从严治党要求，牢牢掌握党对高校的领导权，从严从实开展党建及其他各项工作，努力办好北印特色的新媒体学院。

1. 做好顶层设计

明确发展定位。作为没有现成的模式和经验可供借鉴的交叉型新学院，既要认清新学院的基础和自身特点，又要通过内部梳理和外部学习，确定出新媒体学院在北印、首都高校和新闻出版广电行业中的准确定位，做好与学校其他学科专业及行业的融合发展，开创出一条具有北印特色、学科有益交叉的新型二级学院，为首都乃至全国输送优质且具特色、竞争力鲜明的优质高级传媒人才。

2. 做好组织引领

一要强化党委领导。按照市委 10 号文件及学校即将出台的《加强和改进新形势下党建工作的实施意见》，党员院长（或主持工作副院长）同时任党委副书记，党员副院长任党委委员。充分发挥和不断增强学院党委的政治核心作用，严格履行好政治责任。

在此基础上，做好党政联系，加强班子建设。希望学院党委在干部队伍、教师队伍建设及学生管理中发挥主导作用，充分把好政治关、师德关。同时，在教职工聘用、晋职晋级、评奖评优工作中，应征求学院党委和所在党支部的意见，确保党委真正成为引领师生团结进步、健康成长的核心。通过强化组织领导，拓宽思路、集思广益，凝聚人心，打造出一个团结、公平、公正、干事、创业、爱学生的二级学院，树立好人人为校的良好发展环境。

二要抓实基层支部。牢固树立党的一切工作到支部的鲜明导向，紧紧扭住党支部这个重点，进一步激活党支部、增强组织力，切实把思想政治工作落到支部，把从严教育管理党员落到支部，把师生工作落到支部，使师生党支部成为教育党员、团结群众、攻坚克难的核心和堡垒。根据发展需要，及时理顺党组织隶属关系，优化调整支部设置，选好配强支部班子，让支部在基层工作中唱主角。

三要加强理论学习。严格执行党委理论中心组学习、党支部集体学习和教师理论学习的要求，切实推进"两学一做"常态化制度化，党委及支部要组织全体师生尤其党员干部深入开展中国特色社会主义理论、社会主义核心价值观、习近平总书记系列重要讲话精神和党章党规的学习，不断提高党员、干部的理论水平和党性修养。

3. 做好教学管理

一要以更加开放的心态包容多元的文化与观念，围绕教学科研中心工作和改革发展大局，在做好专业技能教育和培养的同时，以深入开展创新创业教育为契机，着重引导学生强化创新意识、培育创新精神、训练创造能力。同时，大力加强人文、社会科学课程建设，加大其在课程体系中的比重，提高其整体地位，努力提高大学生的人文素养，以培养出更多既懂传媒理论知识、兼具马克思主义理论、且有很强分辨是非能力的复合型传媒人才来。

二要加强对课堂教学和思想文化阵地的建设管理，推进学院党建与师德学风建设有机融合，推进理念思路、内容形式、方法手段创新，选派和

组织骨干教师挂职锻炼、学习实践和调查研究，在深入了解国情行情的基础上，强化立德树人理念和育人意识，增强工作时代感和实效性。

4. 加强师资建设

一要做好价值引领。帮助教师明道信道，把思想价值引领贯穿教育教学全过程，坚持教书和育人相统一、言传和身教相统一、潜心问道和关注社会相统一、学术自由和学术规范相统一，持之以恒引导教师以德立身、以德立学、以德施教。形成教书育人、科研育人、实践育人、管理育人、服务育人、文化育人、组织育人长效机制。

二要把思想政治标准放在教师评聘和考核的首位。严把教师队伍入口关，建立入职政审制度。按照《二级单位年度考核指标体系》《专业技术职务晋升办法》，突出“师德为先、教学为要、科研为基、发展为本”的基本要求。将师德规范要求融入岗位聘任、职称评审、导师遴选、课题申报等评聘考核各环节，实施师德“一票否决”。

5. 做好人才培养

一要坚持立德树人。媒体竞争关键是人才竞争，媒体优势核心是人才优势，而人才培养的根本任务在于立德树人。新媒体学院具有鲜明的意识形态属性，肩负着为新闻出版行业输送传媒人才的重要使命。学院党委必须牢记政治责任，坚持把立德树人作为一切工作的根本，举旗帜、指方向、亮底牌、点要害，在立德树人的过程中牢牢抓实抓好意识形态工作；领导广大师生抵御各种不良思想文化带来的干扰渗透侵蚀，增强爱国敬业、诚信友善的意识，激发勤学、修德、明辨、笃实的精神，这也是落实立德树人使命任务的现实问题。

二要注重知识融合。新媒体不是技术加艺术的简单嫁接，而是硬件、软件、技术、艺术、意识、思维的高度统一。新媒体人才不是指纯掌握技术的人，也不是指纯掌握艺术的人，具有一定艺术修养和潜质，在先进的技术平台上从事媒体内容创作的人。所以，还要在日常教学中融合各学科门类知识，只有培养掌握多学科知识技能的复合型人才，才能适应胜任快速发展的新媒体。

三要加强实践锻炼。对于在校生来说，要想以后在新媒体瞬息万变竞争激烈的工作环境中有所作为，实践经验非常重要。面对媒介融合的趋势，我们要尝试进一步打破课堂教学平台与实验教学平台的界限，让更多的日常教学，在仿真环境中进行，培养学生的实战能力。学院可以和媒体结成战略合作伙伴关系，将媒体作为学生的实习基地，和媒体联手培养学生的实务工作能力。

6. 提高服务社会能力

要抓住北京国际一流和谐宜居之都建设、京津冀协同发展、学校两个转型发展的历史机遇，包括新大楼竣工投入使用的契机，以国家级教学示范中心为基础、以北京市级重点实验室为亮点、以国家级教学团队为示范、以全体教师整体提升为宗旨、以创新打造学科交叉新型学院为目标。加强对外宣传与学术交流，进一步发挥服务社会行业、服务“三个北京”和文化强国建设职能，扩大学校学术影响。进一步加强国际交流与合作，创新交流形式，扩大国际交流规模，快速地将新媒体学院各项事业稳步发展。

凝心聚力　共谋发展
开好学校第三次党员代表大会*

今天是新学期开学的第一天，我们即召开全体党员大会，主要是进行“两委”换届动员，当然也有新学期的工作动员，待会儿由学科校长布置。

根据《中国共产党章程》《中国共产党普通高等学校基层组织工作条例》的有关规定和北京市委组织部、教工委的工作要求，经学校党委研究，中国共产党北京印刷学院第三次代表大会将于2017年下半年召开。

这次党代会的指导思想是：高举中国特色社会主义伟大旗帜，坚持以马克思列宁主义、毛泽东思想、邓小平理论、“三个代表”重要思想、科学发展观为指导，全面贯彻落实党的十八大和十八届三中、四中、五中、六中全会精神，深入贯彻落实习近平总书记系列重要讲话精神和治国理政新理念新思想新战略，贯彻落实北京市第十二次党代会精神，牢固树立新发展理念，全面贯彻党的教育方针，落实科教兴国战略和人才强国战略。回顾总结5年来学校改革建设发展的成功经验，科学分析和准确把握当前我校面临的形势和任务，研究落实“十三五”时期和中长期学校改革发展的思路、定位、目标和任务。同时，以党委换届为契机，按照《中国共产党普通高等学校基层组织工作条例》和中央31号文件、市委10号文

* 这是2017年8月28日刘超美在北京印刷学院“两委”换届动员大会上的讲话。

2017 年 8 月 28 日，中共北京印刷学院“两委”换届动员大会

件的要求，进一步加强和改进党建和思想政治工作，深入推进“两学一做”学习教育常态化制度化，教育引导广大党员干部提高政治站位，牢固树立“四个意识”；抓住“关键少数”，抓实基层支部，坚持问题导向，进一步增强党组织的创造力、凝聚力、战斗力；充分发挥学校党委的领导核心作用、院系级党组织的政治核心作用、基层党支部的战斗堡垒作用和党员的先锋模范作用，团结带领广大师生员工，解放思想、开阔思路，求真务实、攻坚克难，以拼搏为美，向行动致敬，推动学校建设国际知名、有特色、高水平传媒类大学的目标早日实现。

这次党代会的主要议程有 4 项：听取和审查中共北京印刷学院第二届委员会工作报告；审查中共北京印刷学院第二届纪律检查委员会工作报告；选举中共北京印刷学院第三届委员会；选举中共北京印刷学院第三届纪律检查委员会。

可以说，这次党代会既是我校全面贯彻落实党的十八届历次全会、习近平总书记系列重要讲话精神、全国高校思想政治工作会议和北京市第十二次党代会精神的生动实践，也是我校扎实推进“十三五规划”、推进明确学校办学定位的重要时刻。既是全校共产党员和师生员工政治生活中的一件大事，也是各级党组织这个学期头等重要的政治任务。党代会的各项筹备工作在暑假已经全面启动。刚才，党委副书记赵盛伟同志已就学校党代会筹备工作进行了说明。为了更好地做好各项工作，保证大会取得圆满成功，下面我讲 3 点意见：

一、充分认识召开这次党代会的重大意义

（一）召开党代会是谋划学校发展、实现“十三五”各项目标任务的需要

学校第二次党代会确立了建设“国际知名、有特色、高水平传媒类大学”的目标，这个目标指引我们在 5 年时间里爬坡过坎，取得了前所未有的办学治校成绩，在提升整体办学水平和办学质量的基础上，取得了一系列重要突破，比如一本招生省份达到 20 个、新增建筑面积 10 万平方米、留学生数量接近 400 人，等等，这些都极大地鼓舞了全校师生员工，学校的向心力和凝聚力也大大增强。但是，我们也应该清醒地认识到：面对高等教育大众化、国际化的新形势，面对高校定位转型的新要求，面对行业发展与教育资源竞争日趋激烈的新挑战，我们学校的办学定位还不够明确，核心竞争力还不够强，实现“十三五”目标的具体举措还不够有力，任务艰巨，困难重重，需要我们积极应对，思得良策。此时召开党代会，正是一个十分有利的时机，我们能够动员全校师生员工的力量，集中全校师生员工的智慧，系统总结过去 5 年来学校人才培养、科学研究、社会服务、文化传承创新、国际交流与合作等各方面的成绩和宝贵经验，找准存在的问题和差距，进一步明确未来学校的办学定位、目标、理念以及具体举措，这对于进一步理清思路、统一思想、鼓舞人心、推进发展具有十分重要的意义。

（二）召开党代会是检验各级党组织领导能力和领导水平的需要

各级党组织是我们全部工作和战斗力的基础，基层党员干部是学校事业和工作的基石。第二次党代会以来，我校各级党组织坚持围绕中心抓党建，把党建工作和落实“十二五”规划结合起来，与完成本单位、本部门的各项工作任务结合起来，用实际成绩来检验党组织的战斗堡垒作用和党员的先锋模范作用，这是值得充分肯定的。第三次党代会，也是对各级党组织的领导能力和领导水平的一次检验。一个基层党组织的领导能力强不强、领导水平高不高，首先要看党组织书记及其领导团队。我们刚刚完成中层干部调整，部分党组织书记也是刚刚上任，业务能力和水平还有很大的提升空间。而这次党代会给我们的基层党组织书记及其团队提供了一个非常重要的学习、实践和提高的机会。当然，基层党组织是由广大党员组成的，党员对党的忠诚，党员的积极性和创造性，是基层党组织战斗力的源泉。我们有充分的理由相信，我们的每一个基层党组织一定会珍惜这次机会，在实践中锤炼成长，提高领导能力和水平，每一名共产党员一定会珍惜《党章》赋予的手中的权力，正确行使，感受作为一名共产党员的光荣和价值，激发强烈的事业心和政治责任感，为确保第三次党代会各项任务和“两委”换届的顺利完成贡献自己的力量。

（三）这是全面从严治党、提升学校党建工作水平的需要

党的十八大以来，在继承优良传统、总结实践经验的基础上，习近平总书记在我们党 90 多年历史上首次提出“全面从严治党”新战略，全方位、高标准的管党治党举措，深得党心民心，谱写了党的建设新篇章，开创了全面从严治党的新局面。2016 年 5 月，中央组织部下发了《关于在“两学一做”学习教育中对基层党组织按期换届情况进行专项检查的通知》（组通字〔2016〕26 号），强调要严格执行按期换届制度，把抓好基层党组织按期换届选举作为贯彻执行党章、维护党章权威性和严肃性的必然要求，作为充分发扬党内民主、加强基层党组织建设的重要途径，切实

抓紧抓好。

在全国高校思想政治工作会议上，习近平总书记强调：我们的高校是党领导下的高校，是中国特色社会主义高校。高校党委对学校工作实行全面领导，承担管党治党、办学治校主体责任，把方向、管大局、做决策、保落实。召开第三次党代会，完成“两委”换届，就是加强党委领导能力的重要途径。

在2017年6月召开的北京市第十二次党代会上，市委书记蔡奇同志强调：要带头落实全面从严治党主体责任，把抓好党建作为最大的政绩。这次市委教工委作出高校按期换届的安排，本身就是贯彻全面从严治党要求，落实北京市第十二次党代会精神的具体体现。

二、群策群力，完成好第三次党代会筹备的重点工作

刚才盛伟同志提到，为了加强对党员代表大会筹备工作的领导，做好组织、宣传以及文件起草等各项工作，保证按时开好这次党员代表大会，经学校党委研究，决定成立在学校党委领导下的党代表大会筹备工作领导小组，并制定了相应的工作方案。这里，我就党代会筹备的几项重点工作再进行一些强调：

（一）起草好“两委”工作报告

“两委”工作报告，是这次党代会的核心内容。党委工作报告，既是对过去经验和做法的总结，也是指引学校未来5年甚至更长时间发展的纲领性指导文件。纪委工作报告，既是我校党风廉洁建设工作的全面总结，也是对从严治党的科学谋划。所以，起草好“两委”工作报告是开好党代会的关键。这两个报告好不好，评判的标准一是看对学校改革发展经验的总结是否到位，是否让人信服；二是看对未来的发展把握是否准确，思路是否清晰，定位是否恰当，任务是否明确，措施是否有力。当然，归根结底要看各基层党组织、广大党员和师生员工是否满意。

为起草好“两委”工作报告，我在这里提两点要求：首先，各级党组织要高度重视总结和谋划本单位、本部门的工作。这一方面，我们前期还是做了不少工作。上学期，我和蒲嘉陵副校长对各个二级学院、各个专项分规划进行了走访、调研、诊断和指导，这也是我们党代会报告的基础。各级党组织要在这个基础上，抓紧行动起来，拿出本单位、本部门过去 5 年的总结要点和未来 5 年的核心要素，为起草好“两委”工作报告提供有力的基础材料。其次，各级党组织要组织好各种调研和讨论。“两委”工作报告的起草工作，要走群众路线，集中群众智慧，认真听取和吸纳广大党员群众的正确意见和建议，开好一两次座谈会，进行一两次征求意见，要从群众中来、到群众中去，集思广益，使工作报告成为统一思想、统一认识、统一行动的过程，成为明确目标、振奋精神、凝聚人心的过程。各级基层党组织和广大共产党员要积极参与到讨论和征求意见中来，本着主人翁的精神，献计献策，确保“两委”工作报告高质量、高水平，真正成为指引学校建设发展的纲领性文件。

（二）做好党代会代表的选举工作

截至 2017 年 8 月底，我校共有党员 1291 名，院系级党组织 21 个，基层党支部 92 个。经党委研究，第三次党代会代表名额拟定为 120 名，与第二次相同。名额的分配，学校会按照各选举单位党组织的数量、党员人数以及工作需要确定。

党代会代表，肩负着全校党员的重托。代表的政治素质、党性原则如何，能否代表广大党员的意志，能否正确行使党员的民主权利，能否客观公正，直接关系到这次大会是否成功。为此，我强调两点要求：一是保证党代表的选举有广泛的群众基础。要保证酝酿党代表候选人基层党支部参与面达 100%，党员参与面力争达 100%。二是要保证党代表的严格性和先进性。要严格标准，把学校各领域政治素质高、道德品质优、工作表现好、民主意识强、能够反映广大党员心声的同志选出来。具体来讲，就是要把具有坚定信念、在关键时刻和重大原则问题上是非分明、与党委保持一致的党员选出来；把认真学习贯彻党的路线、方针、政策，具有较高的政治理论水平和议政议事能力党员选出来；把在“十三五”中作出突出贡献的党员选出来，尤其要把在教学、科研、管理、服务等工作中以及学习成才等方面取得突出成绩的党员选出来；把在群众路线、“三严三实”“两学一做”过程中表现突出的党员选出来；把公道正派、清正廉洁、受到群众拥护的党员选出来。

（三）完成好“两委”委员候选人预备人选的推荐工作

经党委研究并报上级批准，中共北京印刷学院第三届委员会设常务委员会，设委员 21 名，提出党委委员候选人预备人选 26 名（差额 5 名）；第三届纪律检查委员会设委员 7 名，提出纪委委员候选人预备人选 9 名（差额 2 名）。两委委员的构成原则为应有利于加强和改进党对学校的领导。党委会原则上由党员校领导、党委主要职能部门负责人、学校主要业务部门党员负责人、基层单位党员领导干部代表及工会、共青团负责人等人员构成；纪律检查委员会的组成应有利于加强纪检监察工作。除纪委书记外，提名党委和纪委委员候选人原则上不交叉。

推荐“两委”委员候选人是选准配强我校领导班子的基础，是开好党代会的关键环节，关系着我校改革发展大局。广大党员要本着对党的事业和对学校建设发展高度负责的态度，正确行使民主权利，严格标准，严肃慎重地把那些具有较强的组织能力和较高的党性修养的同志推荐上来。在“两委”委员候选人酝酿和推荐过程中，各级党组织、全体党员干部，要讲党性、讲原则、讲纪律，严格按照有关规定及党委统一规定的时间，认真组织推荐选举，自觉接受党的纪律约束。

三、牢固树立“四个意识”，强化责任担当，切实做好党代会各项工作

按照市委组织部要求的正常工作程序，完成两委换届工作至少要用 6

个月的时间，但是我们目前只有不到半年的时间，时间紧，任务重，但是每一个环节都不能缺少，每一节点都必须严格守时。筹备工作能否顺利推进、党代会能否成功召开，是对学校全面工作的一次集中检验。为此，我向各级党组织和广大党员同志们提出 3 点希望和要求：

（一）各级党组织要提高政治站位，加强领导

从学校来讲，我是第一责任人；就各基层单位来讲，院系级党组织书记是第一责任人，基层党支部书记是直接责任人。大家一定要提高政治站位，本着对学校高度负责的精神，切实加强领导，精心组织、周密安排、统一思想、凝聚人心、振奋精神、促进工作。对选举单位来说要注意代表和委员选举流程和“三下三上”推荐上报材料的最后期限，按照日程规定的时间完成好各项工作，一个单位的拖延会影响整个党代会的筹备进行，各工作小组、各职能部门、各选举单位要高度重视、精心筹划、严密组织。同时，要统筹兼顾，妥善处理好筹备工作与日常工作的关系，既要保证党代会各项工作顺利圆满完成，又要卓有成效地抓好日常工作，切实做到工作“两不误”“两促进”。

（二）广大党员干部要牢固树立“四个意识”，正确履行义务和行使权利

全体领导干部和全体党员，特别是第二届党委常委、党委委员，要从讲政治的高度看待召开第三次党代会的重要意义，要牢固树立政治意识、大局意识、核心意识、看齐意识，时刻保持对党绝对忠诚，做政治上的“明白人”。党员领导干部首先要带好头。要把有关的文件学习好，带头认真参加各项组织活动，带头完成学校布置的各项工作任务。在代表和委员的选举等工作中，要模范地遵守党的纪律，做到公道正派，不搞自由主义，不搞小圈子，不搞拉票贿选活动。每一名共产党员要“牢记自己的第一身份是共产党员，第一责任是为党工作”。在第三次党代会期间，我们要不忘初心，时刻保持一个共产党员的政治本色，以使命坚定信念，用

责任激发担当，按照党委的安排和要求，切实做好一个党员应该做好的工作，不计个人私利，务求无愧于一个“共产党员”的称号。

（三）要严肃换届纪律，确保风清气正

全体党员领导干部和全体党员要坚决贯彻中央提出的换届纪律要求，坚持教育在先、警示在先、预防在先，以“5 个严禁、17 个不准”为重点，严肃换届纪律、匡正换届风气。纪委要加强监督，对一切非组织行为要坚决查处，绝不姑息。无论是党代会筹备期间，还是会议召开期间，我们一定要绷紧纪律这根弦，把严肃换届纪律作为保持党的纯洁性的一项重要政治任务，深入推进正风肃纪工作，以换届风清气正推动全党风清气正。

同志们，离召开第三次党代会时间已经很紧张了，学校党委号召全体共产党员要满怀干事创业的豪情，以拼搏为美，向行动致敬，拧紧干事创业的发条，集中展现北京印刷学院共产党员的风采，努力做好党代会各项工作，把学校第三次党代会开成团结和谐的大会，开成开拓奋进的大会，开成成功胜利的大会，向党的十九大献上一份厚礼！

学习新党章　扬帆新征程
推进学校党建和思想政治工作*

2017 年 10 月 18 日至 24 日，中国共产党第十九次全国代表大会在北京胜利召开。习近平总书记作了 3 个半小时的精彩报告，在党内外、国内外引起热烈反响。当前，全党、全国上下掀起学习党的十九大精神的持续热潮，我们也身在其中。

10 月 26 日，北京市委召开全市领导干部大会，传达学习贯彻党的十九大和十九届一中全会精神。

市委书记蔡奇同志强调，认真学习宣传贯彻好党的十九大精神，是当前和今后一个时期的头等大事。首先要认认真真、原原本本地学习党的十九大报告和党章修正案，着力在掌握精神实质上下功夫、在学深学透上下功夫、在融会贯通上下功夫，完整准确地领会党的十九大提出的新思想新论断新要求。

党的十九大召开以来，学校党委全方位组织师生学习宣传贯彻党的十九大精神。通过集中收看、开展热议、部署传达、专题讨论、专家辅导、发放文本等方式，整体做到了学习宣传全覆盖、学深悟透无盲区，在全校积极营造了深入学习宣传贯彻党的十九大精神的热潮。

---

* 这是刘超美 2017 年 10 月在北京印刷学院党的十九大精神学习专题党课上的讲授提纲。

一、为什么要学习党章

党章集中体现了党的性质和宗旨、党的理论和路线方针政策、党的重要主张，规定了党的重要制度和体制机制，是马克思主义政党的旗帜、管党治党的总规矩、检验党性强弱的重要标尺，是全党必须共同遵守的根本行为规范，是处理党内各种关系的根本准绳与依据。习近平总书记在《认真学习党章　严格遵守党章》中指出，学习党章是全党应尽义务和庄严责任，对强化全党党章意识，增强党的创造力、凝聚力、战斗力具有极为重要的作用。回看党的章程，再望历次修改，体会其中蕴含，有助于我们重温党的征程，领会肩负的使命。

“发展的脚步没有停止，对理论的探索就不会停止。”

从1921年起，党的一大立党，党的二大立纲，直至党的十九大，党章被多次作出不同程度的修改。每一次党章修改都体现了我们党与时俱进、开拓创新的理论自信。

1921年6月，共产国际派马林等到上海，建议正式成立中国共产党。上海发起组通知各地选派两名代表出席大会。7月23日至31日，中共一大在上海召开。大会最后一天转移到浙江嘉兴南湖举行。大会确定党的名称为“中国共产党”。

1922年7月16日至23日，党的二大在上海召开。陈独秀主持并作报告，张国焘作远东各国一大和全国劳动一大报告。大会通过《世界大势与中国共产党》等9个决议案和《中国共产党章程》，发布《中国共产党第二次全国代表大会宣言》，决定出版党中央机关刊物《向导》。

1923年6月12日至20日，党的三大在广州召开。陈独秀、李大钊、毛泽东等30多人及共产国际代表马林出席，陈独秀主持并作报告。大会通过《关于国民运动及国民党问题的议决案》，决定建立统一战线，同时保持党在政治上、思想上和组织上的独立性。

1925年1月11日至22日，党的四大在上海召开。出席大会的有陈独秀、蔡和森、瞿秋白、周恩来、彭述之、张太雷、陈潭秋、李维汉、李立三等 20 人，代表党员 994 人。共产国际代表维经斯基参加大会。

1927 年 4 月 27 日至 5 月 9 日，党的五大在武汉召开。大会决定对汪精卫为首的国民党右派采取迁就政策。党的五大虽然批判了陈独秀的右倾错误，但未能对争夺革命领导权所迫切需要解决的重大问题作出切合实际的回答，未能在党生死存亡危急关头指明方向。

1928 年 6 月 18 日至 7 月 11 日，党的六大在莫斯科召开。六大路线总体正确，推动革命兴起。但也存在缺点：对革命长期性和农村根据地的重要性认识不足，对中国革命产生一些消极影响。

1945 年 4 月 23 日至 6 月 11 日，党的七大在延安杨家岭中央大礼堂召开。毛泽东致开幕词，并作了《论联合政府》的政治报告，朱德作了《论解放区战场》的军事报告，刘少奇作了《关于修改党的章程》的报告，周恩来作了《论统一战线问题》的重要讲话，七大将毛泽东思想确立为党的指导思想，在总结了中国民主革命 20 多年曲折发展的历史经验的基础上，制定了正确的纲领和策略，为争取抗日战争的胜利和新民主主义革命在全国的胜利提供了最可靠的保证。

1956 年 9 月 15 日至 27 日，党的八大在北京政协礼堂召开。毛泽东致开幕词，刘少奇作了政治报告，邓小平作了《关于修改党的章程的报告》。大会肯定了中央“七大”以来的路线，正确分析了社会主义改造基本完成后社会主要矛盾的变化，确定把党的工作重点转向社会主义建设上来的重大战略决策。

1977 年 8 月 12 日至 18 日，党的十一大在北京举行。华国锋主持并作报告，邓小平致闭幕词。大会宣告“文化大革命”结束，重申“四化”建设目标。但仍坚持“以阶级斗争为纲”和“无产阶级专政下继续革命”的错误理论，未能从根本上进行拨乱反正。

1982 年 9 月 1 日至 11 日，党的十二大在北京举行。邓小平在开幕词中强调：“把马克思主义的普遍真理同我国的具体实际结合起来，走自己的道路，建设有中国特色的社会主义。”大会制定了纲领，确定总任务：团结全国各族人民，自力更生，艰苦奋斗，逐步实现工业、农业、国防和科学技术的现代化，把我国建设成为高度文明、高度民主的社会主义国家。

1987 年 10 月 25 日至 11 月 1 日，党的十三大在北京举行，大会主题是加快和深化改革。邓小平主持开幕式。十三大阐述了社会主义初级阶段理论，提出了“一个中心、两个基本点”的基本路线，制定了“三步走”的发展战略，提出了政治体制改革任务。

1992 年 10 月 12 日至 18 日，党的十四大在北京举行。江泽民作了题为《加快改革开放和现代化建设步伐，夺取有中国特色的社会主义事业的更大胜利》的报告。总结了党的十一届三中全会以来 14 年的实践经验，决定抓住机遇，加快发展；确定我国经济体制改革的目标是建立社会主义市场经济体制；提出用邓小平建设有中国特色社会主义理论武装全党。

1997 年 9 月 12 日至 18 日，党的十五大在北京召开。江泽民作了题为《高举邓小平理论伟大旗帜，把建设有中国特色社会主义事业全面推向 21 世纪》的报告，阐述了邓小平理论：在当代中国，只有邓小平理论，而没有别的理论能够解决社会主义的前途和命运问题。

2002 年 11 月 8 日至 14 日，党的十六大在北京召开。李鹏主持开幕式。江泽民作了题为《全面建设小康社会，开创中国特色社会主义事业新局面》的报告。大会通过了《关于十五届中央委员会报告的决议》《关于〈中国共产党章程（修正案）〉的决议》《关于中央纪律检查委员会工作报告的决议》。

2007 年 10 月 15 日至 21 日，党的十七大在北京召开。胡锦涛作了题为《高举中国特色社会主义伟大旗帜，为夺取全面建设小康社会新胜利而奋斗》的政治报告。大会号召：高举中国特色社会主义伟大旗帜，更加紧密地团结在党中央周围，万众一心，开拓奋进，为夺取全面建设小康社会新胜利、谱写人民美好生活新篇章而努力奋斗！

2012 年 11 月 8 日至 14 日，党的十八大在北京召开。胡锦涛作了《坚定不移沿着中国特色社会主义道路前进　为全面建成小康社会而奋斗》的报告，大会选举产生了以习近平同志为核心的新一届中央领导集体。党的十八大以来，以习近平同志为核心的党中央团结带领全党全国各族人民，砥砺奋斗，我国经济社会发展取得了新的辉煌成就，决胜全面建成小康社会夺取新的伟大胜利，中国特色社会主义伟大事业开创新的发展境界，为实现“两个一百年”奋斗目标和中华民族伟大复兴的中国梦打下了坚实基础。

党的十九大，是在全面建成小康社会决胜阶段、中国特色社会主义发展关键时期召开的一次十分重要的大会。承担着谋划决胜全面建成小康社会、深入推进社会主义现代化建设的重大任务，事关党和国家事业继往开来，事关中国特色社会主义前途命运，事关最广大人民根本利益。大会选举产生了新一届中央委员会。

二、十九大新党章中的“新提法”“新亮点”

——习近平新时代中国特色社会主义思想

——社会主要矛盾已经转化

——确保党始终走在时代前列

——把中国建成社会主义现代化强国

——建设现代化经济体系

——必须坚持人民主体地位

——全面建成世界一流军队

——夺取反腐压倒性胜利的决心必须坚如磐石

——防止和反对宗派主义、圈子文化、码头文化

——中国秉持共商共建共享的全球治理观

党的十九大根据中国特色社会主义建设的新形势、新任务、新提法、新亮点，对党章再次进行修改，这也是党章历史上的第17次修改。

这些修改充分体现了马克思主义中国化的最新成果；充分体现了党的十八大以来以习近平同志为核心的党中央提出的治国理政新理念新思想新

战略；充分体现了坚持和加强党的领导、全面从严治党的新经验，也进一步充实了中国特色社会主义理论体系，具有重大现实意义。

（一）修改党章是推进党的建设新的伟大工程的需要

习近平总书记在报告中突出强调了党的建设新的伟大工程。把党的建设的理论创新、实践创新、制度创新的成果写入党章，有利于促使全党坚定全面从严治党的政治定力。

（二）修改党章也是贯彻党的十九大精神的需要

党的十九大是在全面建成小康社会关键阶段、中国特色社会主义发展关键时期召开的一次十分重要的大会，将党的十九大报告确立的重大理论观点和重大战略思想写入党章，然后学习宣传新党章、贯彻落实新党章、维护新党章，用新党章武装全党，把党建设的更加坚强有力，更好地带领全国各族人民团结一心、再接再厉，决胜全面建成小康社会，不断开创中国特色社会主义新局面，不断创造更加美好的新生活，意义重大。

10 月 24 日，党的十九大审议并一致通过十八届中央委员会提出的《中国共产党章程（修正案）》，决定这一修正案自通过之日起生效。党章进行了哪些修改？哪些新思想、新论断、新概念写入了党章？党的十九大对党章作了这些重大修改：

1. 习近平新时代中国特色社会主义思想写入党章

大会一致同意，在党章中把习近平新时代中国特色社会主义思想同马克思列宁主义、毛泽东思想、邓小平理论、“三个代表”重要思想、科学发展观一道确立为党的行动指南。大会要求全党以习近平新时代中国特色社会主义思想统一思想和行动，增强学习贯彻的自觉性和坚定性，把习近平新时代中国特色社会主义思想贯彻到社会主义现代化建设全过程，体现到党的建设各方面。

2. 中国特色社会主义文化写入党章

大会同意，把中国特色社会主义文化同中国特色社会主义道路、中国特色社会主义理论体系、中国特色社会主义制度一道写入党章，这有利于全党深化对中国特色社会主义的认识、全面把握中国特色社会主义内涵。大会强调，全党同志要倍加珍惜、长期坚持和不断发展党历经艰辛开创的这条道路、这个理论体系、这个制度、这个文化，高举中国特色社会主义伟大旗帜，坚定道路自信、理论自信、制度自信、文化自信，贯彻党的基本理论、基本路线、基本方略。

3. 实现中华民族伟大复兴的中国梦写入党章

大会认为，实现中华民族伟大复兴是近代以来中华民族最伟大的梦想，是我们党向人民、向历史作出的庄严承诺。大会同意在党章中明确实现“两个一百年”奋斗目标、实现中华民族伟大复兴中国梦的宏伟目标。

4. 党章根据我国社会主要矛盾的变化作出相应修改

大会认为，党的十九大作出的我国社会主要矛盾已经转化为人民日益增长的美好生活需要和不平衡不充分的发展之间的矛盾的重大政治论断，反映了我国社会发展的客观实际，是制定党和国家大政方针、长远战略的重要依据。党章据此作出相应修改，为我们把握我国发展新的历史方位和阶段性特征、更好推进党和国家事业提供了重要指引。

5. 推进国家治理体系和治理能力现代化写入党章

把促进国民经济更高质量、更有效率、更加公平、更可持续发展，完善和发展中国特色社会主义制度，推进国家治理体系和治理能力现代化，更加注重改革的系统性、整体性、协同性等内容写入党章，有利于推动全党把思想和行动统一到党中央科学判断和战略部署上来，树立和践行新发展理念，不断开创改革发展新局面。

6. 供给侧结构性改革、“绿水青山就是金山银山”写入党章

大会同意，把发挥市场在资源配置中的决定性作用，更好发挥政府作用，推进供给侧结构性改革，建设中国特色社会主义法治体系，推进协商民主广泛、多层、制度化发展，培育和践行社会主义核心价值观，推动中华优秀传统文化创造性转化、创新性发展，继承革命文化，发展社会主义先进文化，提高国家文化软实力，牢牢掌握意识形态工作领导权，不断增

强人民群众获得感，加强和创新社会治理，坚持总体国家安全观，增强绿水青山就是金山银山的意识等内容写入党章。

7. 人类命运共同体、“一带一路”写入党章

大会同意，把中国共产党坚持对人民解放军和其他人民武装力量的绝对领导，贯彻习近平强军思想，坚持政治建军、改革强军、科技兴军、依法治军，建设一支听党指挥、能打胜仗、作风优良的人民军队，切实保证人民解放军有效履行新时代军队使命任务；铸牢中华民族共同体意识；坚持正确义利观，推动构建人类命运共同体，遵循共商共建共享原则，推进“一带一路”建设等内容写入党章。

8. 全面从严治党、“四个意识”写入党章

大会同意，把党的十九大确立的坚持党要管党、全面从严治党，加强党的长期执政能力建设、先进性和纯洁性建设，以党的政治建设为统领，全面推进党的政治建设、思想建设、组织建设、作风建设、纪律建设，把制度建设贯穿其中，深入推进反腐败斗争等要求写入党章；把不断增强自我净化、自我完善、自我革新、自我提高能力，用习近平新时代中国特色社会主义思想统一思想、统一行动，牢固树立政治意识、大局意识、核心意识、看齐意识，加强和规范党内政治生活，增强党内政治生活的政治性、时代性、原则性、战斗性，发展积极健康的党内政治文化，营造风清气正的良好政治生态等内容写入党章；把坚持从严管党治党作为党的建设必须坚决实现的基本要求之一写入党章。

9. “党是领导一切的”写入党章

大会认为，党的领导是中国特色社会主义最本质的特征，是中国特色社会主义制度的最大优势。党政军民学，东西南北中，党是领导一切的。大会同意把这一重大政治原则写入党章，这有利于增强全党党的意识，实现全党思想上统一、政治上团结、行动上一致，提高党的创造力、凝聚力、战斗力，确保党总揽全局、协调各方，为做好党和国家各项工作提供根本政治保证。

10. 实现巡视全覆盖、推进“两学一做”写入党章

大会认为，实现巡视全覆盖，开展中央单位巡视、市县巡察，是巡视工作实践经验的总结，必须加以坚持和发展；推进“两学一做”学习教育常态化制度化；明确中央军事委员会实行主席负责制，明确中央军事委员会负责军队中党的工作和政治工作，反映了军队改革后的中央军委履行管党治党责任的现实需要，等等，是党的十八大以来党的工作和党的建设成果的集中反映。把这些内容写入党章，有利于全党把握党的指导思想与时俱进，用习近平新时代中国特色社会主义思想武装头脑、指导实践、推动工作，有利于强化基层党组织政治功能，推动全面从严治党向纵深发展。

三、以党建检查为契机，推进学校党建和思想政治工作

高校党建和思想政治工作是党的建设新的伟大工程的重要组成部分，是学校深化改革、转型发展的定海神针。其指导思想是坚持党要管党、从严治党，以评促建、评建结合，进一步提高学校党建和思想政治工作科学化制度化规范化水平。

11 月 29 日，北京高校党建和思想政治工作基本标准集中检查专家组就要进驻我校，我校即将接受一次 5 年党建和思想政治工作的全面检阅，这对我们来说，既是一次重要考验，也是一次宝贵契机，更是做好立德树人、凝心聚力，扬帆新时代、新征程的新动力。

自今年上半年学校接到检查通知以来，党委统筹部署，按部就班地完成了全员动员、组织分工、党支部换届，按时上报了自查报告和特色报告，安排做好会务筹备和材料整理。目前，我们的迎检各项工作已经总体就绪。

学校召开党建基本标准迎检工作推进会。5 月，学校下发了开展《基本标准》集中检查的通知，明确了动员准备、自查总结、汇总整改、迎

接检查等4个阶段的工作任务及各单位、各级党组织的职责。6月，召开基本标准迎检工作推进会，进行了交流、分享、探讨。

召开学校思想政治工作会、完成院系级党组织换届、会务组踩点布局、材料组周密会商。在各方支持下，材料组周密会商、夜以继日、查漏补缺、初检反馈，迎检材料目前已全部收齐、串联到位，共200多盒。宣传组编印《应知应会》。

“行百里者半九十，此言末路之难也。”在迎检最后冲刺阶段，希望大家提高政治站位，强化“四个意识”，变压力为动力。以“功成不必在我”，对学校、对师生、对未来高度负责的大局观和“功成必定有我”，校荣我荣、校耻我耻的使命感，认真对标对表，严格查漏补缺，枕戈待旦地走好迎检“最后一公里”。

孔子云：“人无远虑，必有近忧。”一个人如果不能高瞻远瞩，只顾应付眼前，就会处处被动。一个单位如果不能规划长远，就会出现问题。迎检只是手段，建设才是目的。所以，我们要跳出迎检看党建，跳出北印看发展，以评促建的长远眼光和服务首都的大局意识，立足当下看未来，谋篇布局促发展。

四、学习新党章　扬帆新征程

党章是党的根本大法，集中体现了党的性质、宗旨、最高理想、奋斗目标，集中体现了党的理论和路线方针政策，规定党的重要制度，对推进党的事业、加强党的建设具有重要指导作用。新党章，是全党在新时代各项工作的根本遵循。我们学习党章，扬帆新征程，必须在核心、根本、关键、实质4个方面下功夫。

（一）学习党章，最核心的是以习近平新时代中国特色社会主义思想为行动指南

新党章规定：“中国共产党以马克思列宁主义、毛泽东思想、邓小平

理论、‘三个代表’重要思想、科学发展观、习近平新时代中国特色社会主义思想作为自己的行动指南。”把习近平新时代中国特色社会主义思想确立为党的指导思想，是新党章的最大亮点和最突出的历史贡献。

学习党章，必须以习近平新时代中国特色社会主义思想为行动指南，这是我们学习贯彻新党章、谋求学校新发展的最核心的问题。在座每一位都要以高度的责任感和使命感，把思想和行动统一到习近平新时代中国特色社会主义思想上来。

（二）学习贯彻党章，最根本的是不忘初心、牢记使命、永远奋斗

不忘初心，方得始终。中国共产党人的初心和使命就是为中国人民谋幸福，为中华民族谋复兴，是激励中国共产党人不断前进的根本动力。新党章在总纲部分增写了实现中华民族伟大复兴的中国梦，意义重大而深远。学习新党章，必须不忘初心、牢记使命、永远奋斗，这是根本。

我们要完成时代和师生赋予的历史使命，一定要与师生同呼吸、共命运、心连心，把师生对全面发展的向往作为初心、使命，以永不懈怠的精神状态和一往无前的奋斗姿态，继续奋勇前进。

（三）学习贯彻党章，最关键的是高举伟大旗帜、明确历史方位、坚决维护核心

新党章将高举中国特色社会主义伟大旗帜、中国特色社会主义进入新时代、我国社会主要矛盾发生新变化、坚定维护以习近平同志为核心的党中央权威和集中统一领导写进党章，为我们进一步明确了前进方向、时代坐标和党的核心。

我们学习新党章，必须高举中国特色社会主义伟大旗帜，立足新时代的历史方位和国情校情，更加紧密团结在以习近平同志为核心的党中央周围，强化“四个意识”，维护中央权威，做好集中统一，确保学校事业始终沿正确方向发展。

（四）学习贯彻党章，最实质的是内化于心、外化于行

党的十九大报告强调：“中国特色社会主义进入新时代，我们党一定要有新气象新作为。”新党章对总纲和条文进行了107处修改，体现了内化于心、外化于行，实现了与时俱进、开拓创新，这是党的工作和党的建设的需要。学习党章，必须内化于心、外化于行，这也是最实质的问题。

我们学习新党章，就必须要立足新的时代，聚焦首都功能，结合学校实际，发挥特色优势，推进党建思政，强化立德树人，团结一心，砥砺奋进，以饱满的精神和坚定的行动投身于学校发展。

立德树人把方向　凝心聚力促发展*

尊敬的刘建书记、各位领导、各位专家：

北京印刷学院办学始于1958年，独立建校于1978年，是一所以印刷起家、从纯工科逐渐发展扩大覆盖出版传媒全产业链、具有鲜明文化属性和意识形态属性的应用型高等学校。学校现有全日制在校学生7270人（其中全日制本科生6178人，研究生783人，学历留学生300余人）；教职工804人（其中专任教师513人，硕博比例达到86%，高级职称教师比例达到48%）；全校共有党员1291名（其中：在职教工党员545名，占教工比例67.79%；专任教师党员346人，占专任教师比例67.45%；学生党员552名，本科生党员比例7.5%左右，研究生党员比例30%左右，离退休党员194名）。

学校现有10个二级学院（印刷与包装工程学院、机电工程学院、信息工程学院、设计艺术学院、新媒体学院、新闻出版学院、经济管理学院、马克思主义学院、国际教育学院、职业与继续教育学院），3个教学部（基础部、外语部、体育部），4个研究院（绿色印刷包装产业技术研究院、数字出版与传媒研究院、文化产业安全研究院、青岛研究院），国家级、省部级重点实验室、研究中心、基地11个（比如国家数字复合出

---

* 这是2017年11月29日刘超美在北京印刷学院2017年党建和思想政治工作基本标准集中检查会上的汇报。

版系统工程实验室、新闻出版领域关键技术应用研究与服务综合实验室、数字媒体艺术实验室、印刷电子研究中心、北京文化安全基地等），拥有4个北京市重点建设学科，7个一级学科硕士学位授权点，5个专业硕士授权点，19个二级学科硕士学位授权点，30个本科专业；与中国传媒大学等高校和科研机构联合培养博士研究生，2014年获批博士后科研工作站，现有在站博士后43人。

2017年11月29日，北京高校《基本标准》检查组到北京印刷学院检查党建和思想政治工作

学校实现党的基层组织全覆盖，现有院系级党组织21个（其中9个二级党委，1个党总支，11个直属党支部），基层党支部93个（其中教师党支部50个，学生党支部43个）。

学校具有一贯重视党建和思想政治工作的优良传统。特别是党的十八大以来，学校党委以全面从严治党为统领，“把抓好党建作为最大政绩”的思想理念落实落小落细落地，从严抓班子，从严带队伍，从严抓基层党建，从严抓作风，从严抓纪律，从严内部管理，从严抓维稳安全。深入学习贯彻习近平总书记系列重要讲话和治国理政新理念新思想新战略，结合

2012年7月接受的十一届市委的巡视反馈意见，扎实开展党的群众路线教育实践活动、“三严三实”专题教育、“两学一做”学习教育活动，进行认真整改，努力实现管党治党从“宽松软”向“严实硬”转变。

今年下半年是我校党委换届之年，学校党委以学习宣传贯彻党的十九大精神为契机，深入贯彻落实全国高校思想政治工作会议精神和北京市第十二次党代会精神，把学习宣传贯彻党的十九大精神和开好学校第三次党代会，谋划学校未来发展紧密结合起来，先后通过集中收看、开展热议、部署传达、专题讨论、专家辅导、发放资料等方式，特别是邀请到市委常委、宣传部部长杜飞进，首都经济贸易大学党委书记冯培，中央民族大学副教授蒙曼3位党的十九大代表作辅导报告，做到了学习宣传全覆盖、学深悟透无盲区，在全校上下掀起了深入学习宣传贯彻党的十九大精神的热潮。这也为我们在新时代建设一个什么样的北印，怎样建设北印，明确了发展方向，即建设国际知名、特色鲜明、高水平出版传媒大学。

下面，我从3个方面汇报我校党建和思想政治工作情况。

一、坚持党委对学校工作的全面领导，大力推动学校改革发展

学校党委坚持党对一切工作的领导，切实增强“四个意识”，自觉在思想上政治上行动上同党中央、北京市委保持高度一致，坚持把方向、管大局、做决策、保落实，促进学校事业不断发展。

（一）把方向管大局，党委核心领导作用充分发挥

学校党委坚持看北印首先从政治上看，坚持学校发展必须从政治上考量、在大局下行动。一是及时迅速学习贯彻落实中央、市委重要精神。“十二五”以来，重点围绕学习贯彻习近平总书记系列重要讲话精神、党章党规党纪、北京市第十二次党代会精神，通过校院两级理论中心组学习、编印学习参考、活页文选等加强学习，并通过督查督办，落实在行动

中。二是把好发展方向，扎根中国大地办好出版传媒大学。学校党委坚决贯彻党的教育方针，在事关学校改革、建设、发展和稳定的重大问题上，坚持切实发挥强有力的领导核心作用。比如，面对高等教育事业、新闻出版行业不断发展变化的新形势和首都城市发展功能定位调整的新要求，学校党委在充分调研和深入论证的基础上，主持制定“十三五”发展规划，提出“两个转变”的转型发展战略（即由服务传统印刷出版向服务传媒、文化创意、印刷与包装及相关产业转变，由教学型大学向教学研究型大学转变）；今年，学校党委筹备召开第三次党代会，结合北京市对学校办学定位的新要求和学校发展规划，敏锐捕捉首都和行业对出版传媒大学人才培养的需求，精准定位学校发展，提出坚定不移走内涵、特色、差异化发展之路，不忘印刷，发力出版，深化融合，聚焦首都“四个中心”建设和印刷出版传媒新格局，建设国际知名、特色鲜明、高水平出版传媒大学的办学目标。三是保稳定促和谐，建设和谐美丽校园。牢牢掌握意识形态工作领导权，落实意识形态工作责任制，掌握网络话语权，进行网络宣传引导，关键时刻敢于发声、敢于亮剑，坚持每两月一次师生思想动态和舆情调研，每个党员所在党支部签订《网络行为承诺书》，每个二级党组织和学校党委签订微信、微博管理责任书。加强维稳安全管理和责任追究，切实落实安全稳定责任制，加强保密培训和检查，建成“六位一体”的综合管理服务平台，校园综合防控体系完备。

（二）以问题导向健全制度，确保党委领导下的校长负责制的制度优势充分发挥

5 年来，学校党委以制度建设为重要抓手，着力提升工作科学化、规范化水平。一是坚持党委领导下的校长负责制。健全党委常委会、校长办公会议事规则、“三重一大”决策制度，为提高“三重一大”的决策质量，成立了 8 个专项改革小组，凡“三重一大”问题均需小组进行协调和论证，然后才能上会。二是推进依规治党和依法治校。以《关于新形势下党内政治生活的若干准则》《中国共产党纪律处分条例》《中国共产

时任北京市政协常委、教文卫体委员会副主任、市委教工委原常务副书记刘建主持汇报会

党问责条例》等党内法规为依据，出台《北京印刷学院党政领导干部问责实施办法（试行）》《北京印刷学院二级党组织向党委请示报告重大事项的制度》等文件；着力建设中国特色社会主义现代大学制度，制定学校章程，健全制度体系；切实加强党委对学术委员会工作的政治领导，建立学术委员培训制度。

（三）贯彻新发展理念，推动学校事业不断进步

5 年来，学校党委树立“没有离开业务的政治，更没有离开政治的业务”的工作理念，发挥党建和思想政治工作对学校中心工作的导向、引领和促进作用，全面深化改革，召开学科建设工作会、人事人才工作会、教学工作会、对外合作与交流工作会和思想政治工作会议，落实“教学质量与教学改革工程”“研究生教育创新工程”“人才强校工程”“创新驱动工程”等重点任务、弥补国际合作与交流短板、协同校区功能布局，各项事业蓬勃发展。一是人才培养能力和质量稳步提高。办学层次涵盖本科生、硕士研究生、联合培养博士生和博士后；2012 年教育部学科评估，

设计学、新闻传播学、美术学并列全国第 8、9、11 名；国家级教学成果奖、国家级大学生校外人才培养基地、国家级实验教学示范中心、国家级规划教材等取得重大突破；印刷工程纳入北京市一流专业建设目录；20 个省份实现一本招生，一本生源已经超过 50%；毕业生就业率一直稳居 97%左右，用人单位满意度在 90%以上，学生在国际国内赛事中屡获大奖。二是科研能力显著提升。国家复合数字出版工程和版权保护工程、中国编辑学研究中心、版权研究中心等一批国家级科研平台落户学校；绿色印刷包装产业技术研究院、北京文化产业安全研究院等研究机构相继成立；国家自然科学基金、社科基金等国家级项目 46 项，科研经费累计超过 3 亿元；获得了一批国家和省部级科研奖励。三是服务社会更加有力。聚焦服务首都和驻地发展，发起成立京南大学联盟，汇聚首都高校“朋友圈”力量，精准对接、主动服务北京和区域经济社会发展需求。聚焦服务印刷出版行业，参与印刷行业国际标准、国家软件正版化政策制定；承接国家新闻出版广电总局“数字出版千人计划培养”培养试点项目；承担中宣部《我国出版企业社会责任报告研究》；连续 5 年受国家新闻出版广电总局、环保部委托发布《实施绿色印刷成果报告》；承接国产软件应用试点项目；牵头全国快递业绿色包装试点工作，连续 3 年发布《中国快递领域绿色包装发展现状和趋势报告》，被央视两次报道。四是国际化办学成效显著。受国家新闻出版广电总局委托，承办中欧数字出版论坛、中英国际出版论坛等国际活动和国际会议。主办印刷包装设备“一带一路”走出去国际论坛，开展丝路书香新闻出版业来华高端人才培训。留学生教育取得突破，有来自 40 个国家的留学生近 300 多名。成功入选北京市首批“一带一路”国家人才培养基地。五是全员、全过程、全方位育人整体增强。学校通过学生最尊敬的教师、师德先进集体和个人的评选，引导全体教职员工参与到育人工作中来，涌现出一大批以张二艳、袁朴等为代表的优秀教师和员工。六是学生学习生活活动条件大幅改善。5 年里，建成留学生公寓、实验教学楼、绿色大厦、学生食堂、体育场看台，增加建筑面积约 10 万平方米；每年装修改造学生宿舍并全部安装空调；建成学生服务大厅、教学服务大厅、学生活动中心，改造图书馆、健身房，为学生创造良好的学习生活环境。

二、扛起管党治党政治责任，办学治校的能力和领导水平进一步提升

学校党委将全面从严治党贯穿在管党治党、办学治校的方方面面，以党的政治建设为统领，以坚定理想信念宗旨为根基，全面推进政治建设、思想建设、组织建设、作风建设、纪律建设，不断提高党的建设质量和水平。

（一）把政治建设放在首位，从严抓班子带队伍

学校党委“严”字当头，以上率下，学校领导班子和干部坚定执行党的政治路线，尊崇党章，严格遵守政治纪律和政治规矩，在政治立场、政治方向、政治原则、政治道路上同党中央、北京市委保持高度一致。一是完善和落实民主集中制。坚持每周一次的书记校长沟通以及经常性的班子成员沟通，就重大问题或常规工作深入讨论、形成共识，并要求校领导亲自向党委常委会、校长办公会汇报分管领域的上会议题。二是向中心组学习要质量，以中心组学习带动领导干部强化学习研究。认真学习党中央、北京市文件精神，制定中心组学习规则和中心组学习计划，每年两次召开领导干部务虚会，领导干部坚持撰写理论文章。5 年来，在《中国高等教育》《前线》《北京教育》等刊物发表理论文章 45 篇。三是坚持脚步为亲，贴近群众。领导干部坚持定期联系基层单位、党外代表人士和高层次人才制度，坚持领导干部听课制度，坚持重大决策和部署之前进行广泛调研，特别是从 2015 年建立校领导工作日晚值班制度后，一直得到一以贯之的执行，切实解决“联系服务师生最后一公里”问题。5 年来，在市属高校领导班子年度考核中排名实现逐年提升，我校近两年稳定在第 7 名。

（二）坚持“立德树人”，推动思想政治工作落实落小落细

学校党委高度重视全国高校思想政治工作会议精神的学习贯彻和落实，推动思想政治工作内容进教材、进课堂、进头脑，推动全员育人、全过程育人、全方位育人。一是认真落实全国和北京市高校思想政治工作会议精神。今年7月，学校召开思想政治工作会议，同时出台《加强和改进新形势下思想政治工作的意见》等3个意见，建成马克思主义学院，成立党委教师工作部。二是重视教师和党员干部的理想信念教育。分层分类加强教育培训，面向中层干部、党支部书记、学术委员会成员和青年骨干举办理想信念主题培训班。开辟理想信念教育资源，在红旗渠、延安、井冈山、古田等地建设理想信念教育基地。弘扬马克思主义学风，推进“两学一做”学习教育常态化制度化。三是结合办学特色加强大学生思想政治教育。注重思想政治教育与专业教育相结合，形成“以文化人，以德育人，建设对学生最好大学”的育人理念，推进社会主义核心价值观落细落小落实。比如以“书”为载体开展的“读书、编书、印书、传书”活动，校长给新生赠送《习近平的七年知青岁月》《平凡的世界》，开展“红色读书月”，编、印、传红色印刷出版史；以艺术专业为主体开展新生“百米长卷”绘画大赛，以优秀学子为主体开展“青春榜样”评选宣讲，这两个活动在2016年全国高校共青团“四进四信”活动优秀项目评选中，被评为优秀项目。四是运用新媒体新技术使思想政治工作活起来。学校党委努力推动思想政治工作传统优势同信息技术高度融合，增强时代感和吸引力。比如与人民出版社合作开发“党员小书包”APP；2016年“青春榜样”展示活动通过微信公众号，进行线上和线下互动，点赞的达到100多万人次，观看的有70多万人次。

（三）落实好干部标准，建设高素质专业化干部队伍

学校党委始终坚持党管干部、党管人才原则，扎实做好干部和人才工作。一是从严做好干部选拔任用工作。学校党委坚持正确选人用人导向，

突出政治标准，提拔重用牢固树立“四个意识”和“四个自信”、坚决维护党中央权威、全面贯彻执行党的理论和路线方针政策、忠诚干净担当的干部。2016 年干部换届前，学校党委组织深度调研，个别谈话 754 人，占在编教职员工 93. 55%，共收集 245 条意见建议。在调研基础上，干部换届顺利完成，共选任中层干部 86 名，提任干部 23 名。调查数据显示：广大师生对这次换届工作总体满意率达到 98. 18%。二是从严管理监督干部。学校党委严格执行干部管理相关制度，5 年里，完成 90 名处级干部档案专项审核，抽查核实中层干部个人事项报告 177 人次，采取谈话和书面形式提醒、函询、诫勉干部 23 人次。三是重视高层次人才队伍建设。注重“引进”和“培养”相结合，直接引进和柔性引进一大批在国内外学术界有一定影响力的学科带头人，其中既有两院院士、长江学者，也有千人计划、海聚人才；重视从学校内部培养高层次人才，有 8 名教师入选全国和北京市新闻出版行业领军人才。重视人才激励机制建设，2016 年以来，以绩效工资为杠杆，职称评定为抓手深化人事制度改革，开通职称评审“直通车”，鼓励各种人才脱颖而出，最大限度地调动全体教职员工的积极性。四是高度重视对骨干青年教师的培养。学校党委注重中青年后备人才培养，自 2000 年以来，学校坚持每两年举办一期中青年骨干教师读书班，迄今已举办 10 期。中青年骨干教师读书班也成为学校后备干部选拔和培养的重要途径，累计培训 200 余人，产生 60 余名中层干部，现任中层干部中 90%以上经过中青年骨干教师读书班培训。

（四）坚持党的一切工作到支部，推进基层党建创新

学校党委牢固树立大抓基层的鲜明导向，做到重心下移、工作前移，下大力气抓好基层党组织建设。一是建实建强基层组织。出台《院（系）党政联席会议制度》，着力完善院系党政职责明确、协调配合、共同负责的工作体制，强化院系级党组织政治核心作用的发挥。坚持政治标准，选拔具有较强专业背景的干部担任二级学院党委书记、教师党支部书记，教师党支部书记具有副高以上职称的占 71. 4%。抓好教师党支部建设，每

年举办基层党组织书记培训班，发挥基层党支部在干部聘任、职称评审、评先评优中的政治、师德把关功能。深化党支部共建，开展校内外共建结对 50 多个。严格党的组织生活，开好“三会一课”。为学生党支部配备理论导师。二是打造基层党建特色品牌。学校定期开展党建特色活动评选、特色案例征集，涌现出“社区小秘书”“党建助学”“京南大学学生党建聚力工程”“红帆”“领航计划”等一批党建品牌活动。先后获北京高校基层党支部活动创新案例三等奖、“红色 1+1”活动三等奖、首都大学生思想政治教育工作实效奖优秀奖、“北京高校学习型党组织建设示范点”“北京高校学习型党组织建设品牌活动”等荣誉。三是发挥党员典型示范作用。建设共产党员示范岗；建设网上“党员之家”，5 年来，共有 8 名优秀共产党员受到市级以上表彰，特别是被评为北京高校优秀共产党员的许诚同学，在北京高校纪念中国共产党成立 96 周年表彰大会上交流发言，其优秀事迹视频在会上播放，受到社会广泛关注。

（五）认真履行“两个责任”，推动管党治党从“宽松软”向“严实硬”转变

学校党委切实履行党风廉政建设主体责任，学校纪委认真履行党风廉政建设监督责任，着力推进惩防体系建设，规范权力运行，严肃党纪党规，强化监督执纪问责，党风廉政建设工作取得新成效。一是压紧压实党风廉政建设责任。党委常委会将党风廉政建设议题重点安排，5 年合计 41 次。自 2015 年以来，每年党风廉政建设工作部署会单独召开，校长主持，书记作主题报告，纪委书记总结。修订《党风廉政建设责任制实施办法》，层层签订党风廉政建设责任书。二是加强廉政风险防控管理。出台 11 大类 39 项权力清单，每年抽查 5—6 个单位专项检查，将测评情况纳入班子年度考核。全方位查摆“四风”问题，领导干部办公用房全部调整到位。三是加强重点领域整治。加强对干部纪律意识的教育，对因私出境、国内出差等进行严格管理，针对一些业务型干部只种“自留地”，不管“责任田”的问题进行专项整治。加强内控制度建设，自 2015 年以来，建立重大基建和财务运行每年外审或自审制度，对审计出的问题立行整改。四是强化监督执纪问责。5年来，学校纪检监察共收到并受理各类信访58件，全部进行了核实和处理，其中立案查处5件，给予政纪处分1人；给予党纪处分4人（其中1人免职）；通报批评5人；领导班子通报批评2个；问责基层党组织3个；诫勉谈话3人。

三、坚持总揽全局协调各方，大力推进统战群团离退休干部工作

学校党委始终坚持把党总揽全局、协调各方落到实处，充分调动全校师生员工的积极性、主动性、创造性，为学校发展创造良好条件。

（一）凝聚最广泛共识，提升统战工作

学校党委切实履行统战工作主体责任，构建党委统一领导、统战部牵头协调、有关方面各负其责的大统战工作格局。通过推荐任职、挂职锻炼、理论培养、课题资助等形式为党外人士搭建献智献力平台，课题《新形势下首都高校中青年教师宗教信仰现状研究及应对策略》获市委统战部二等奖。定期组织党外代表人士专题学习、外出参观，2017年牵头组织京南大学联盟四校统战人士赴重庆培训，系统学习党的统战理论。高度重视少数民族学生思想政治工作，针对学校西藏、新疆学生比例较高的特点，加强力量整合和资源统筹，为每名少数民族学生配备专门导师，办好清真食堂，重视发展新疆、西藏少数民族学生党员，与当地新闻出版系统加强联系，提供就业支持。

（二）发挥群团组织优势，凝聚强大力量

学习贯彻落实中央和北京市群团工作会议精神，推动群团组织发挥联系师生群众的桥梁纽带作用，引导广大师生群众坚定不移跟党走。注重发挥教代会、工代会作用，支持教职工民主管理、民主监督，5年来共征集

提案 158 件，立案 64 项，答复率及处理满意率均为 100%。关注、关心青年教师的成长，帮助新教师提高教学基本功，帮助解决青年教师入学、住房等问题。支持团委“四进四信”活动，加大经费支持力度，优先解决学生活动场所，注重发挥专业优势，加强实践育人，引导团学组织与行业密切联系，扎根行业开展社会实践活动，充分发挥青年自我教育、自我管理、自我服务的作用。

（三）重视离退休干部党支部建设，推进老有所学

学校党委高度重视离退休干部党支部建设，选拔政治强、威信高、身体好的老同志担任党支部书记，加强党支部书记和离退休党员政治理论学习和培训，每两月开展一次离退休党员理论学习，每年暑期都邀请离退休党支部书记参加学校理想信念培训班，带动老同志老有所学、老有所为、思想常新。注重人文关怀，定期开展参观活动，每位校领导联系 2—3 名离休老干部，重大节日走访慰问。每年拿出 10 万元（2017 年增至 13 万）为重病、大病老同志发放特困补助费，拿出 7 万元来慰问“空巢”家庭，每年投入较高比例的党费，支持老干部党支部活动和补助困难党员。此外，自 2015 年以来，还实施了“暖心工程”，每年春节前夕，给保安、物业、基建工地工人等在校临时人员发放一定的慰问金。

回顾过去的 5 年，我们深刻体会到：高校党委要履行好管党治党的主体责任，一是必须对标看齐把方向，牢固树立“四个意识”；二是必须立德树人保质量，将党建工作与“四为”人才培养紧密结合；三是必须聚焦首都“四个功能”定位，自觉从首都的角度审视和把握学校工作；四是必须服务中心管大局，扎实抓好基层党组织建设；五是必须依法民主做决策，使党建工作更接地气；六是必须坚持问题导向，真抓实干保落实。

对照中央和市委关于全面从严治党的要求，我们也清醒地认识到：围绕“立德树人”加强高水平教师和团队建设的顶层设计不够，学科带头人、高水平教师和教学科研团队的建设是学校下一步的工作重点；全面从严治党延伸到基层党组织还有许多工作要做，基层党组织发挥政治核心和

监督作用不够充分；教师党员队伍作用的发挥还有待加强，重学生思想政治工作、轻教师思想政治工作的问题仍不同程度地存在。

全面从严治党永远在路上，加强党建和思想政治工作永远在路上。习总书记在党的十九大报告中深刻指出：全面从严治党一刻不能松、半步不能退。中国特色社会主义进入新时代，我们党一定要有新气象新作为。面对党和国家的新要求和新嘱托，面对全校师生的热切期盼，我们比以往任何时候都更深知肩上担子的沉重和使命的光荣。下一步，我们将借学习宣传贯彻党的十九大精神之东风，以这次检查为契机，坚持把党的政治建设摆在首位，校级领导班子带头树立“四个意识”，不折不扣执行党中央、北京市委的决策部署，严格落实中央和北京关于加强和维护党中央集中统一领导的若干规定和贯彻落实八项规定精神的实施细则，带头尊崇党章，做到党中央提倡的坚决响应，党中央决定的坚决执行，党中央禁止的坚决不做，从班子做起，从我做起，坚持用习近平新时代中国特色社会主义思想武装头脑，切实做到“三个一”，即听从一个号令，听从以习近平同志为核心的党中央指挥；带出一支队伍，带出一支对党绝对忠诚，让党中央充分信赖放心的干部队伍；干好一件事情，把习近平新时代教育思想落实在北京印刷学院，形成生动实践。深入推进作风建设、纪律建设和反腐败斗争，扛起扛实管党治党政治责任，全面推进党的建设伟大工程，不断推动学校事业发展迈上更高台阶。

请各位领导、专家对我们的工作多提宝贵意见。

工作掠影

1993 年 12 月 26 日，刘超美（前排右三）参加北京印刷学院纪念毛泽东同志诞辰 100 周年文艺活动

2004 年 3 月 14 日，刘超美（右二）参加学生党员发展会

2004 年 3 月 21 日，刘超美（左三）出席北京印刷学院“双评”“双促”书记培训会

2004 年 7 月 6 日，刘超美（前排右一）出席中共北京印刷学院第一次党代会

2005 年 1 月 20 日，刘超美（右一）出席 2004 年度北京印刷学院党建与德育工作年会

2005 年 9 月 17 日，刘超美（左一）主持北京印刷学院先进性教育活动分析评议阶段动员大会

2007年7月19日，刘超美（左一）出席北京印刷学院纪念建军80周年军转干部座谈会

2007年9月27日，刘超美（右一）参加北京印刷学院党建评估达标检查验收汇报会

2008 年 1 月 16 日，刘超美（左二）主持北京印刷学院党建德育研究会 2007 年年会

2008 年 5 月 14 日，刘超美（前台右）主持北京印刷学院《服务奥运　为平安奥运做奉献——国家安全形式教育党课》报告会

2010年1月13日，刘超美主持北京印刷学院第二届党支部活动创新DV大赛

2010年1月13日，刘超美（右三）出席北京印刷学院学生党建工作座谈会

2010 年 3 月 16 日，刘超美（右二）出席北京印刷学院 2010 宣传教育工作会并颁奖

2010 年 4 月 8 日，刘超美出席北京印刷学院基层党支部“公推直选”换届动员大会

2011 年 7 月 16 日，刘超美在《红色江山 · 中国共产党 90 年伟大历程》首发式上致辞

2011 年 10 月 12 日，刘超美（前排右七）出席北京印刷学院与国家新闻出版总署党日共建活动

2012 年 6 月 16 日，刘超美（左）主持中共北京印刷学院第二次党代会闭幕式

2012 年 6 月 25 日，刘超美（三排左一）出席北京市纪念中国共产党成立 91 周年及创先争优表彰大会

2012 年 12 月 19 日，刘超美（左一）在北京印刷学院 2012 年党风廉政建设检查汇报会上汇报

2013 年 7 月 1 日，刘超美（后排左四）在北京印刷学院庆祝建党 92 周年暨七一表彰大会上为先进基层党组织代表颁奖

2013 年 7 月 17 日，刘超美（左排中）出席清华大学出版社行政党支部赴北京印刷学院学习交流活动

2014 年 3 月 12 日，刘超美（左侧右三）在北京市“党建先进校”考察组进校考察会上汇报

2014 年 6 月 24 日，刘超美（左三）为北京印刷学院 2014 届毕业生党员赠送纪念品

2017 年 4 月 21 日，刘超美（右五）带队赴中央党校校史馆参观调研并接受党性教育

2017 年 6 月 19 日—23 日，刘超美（前排右一）出席北京市第十二次党代会，与教工委系统全体党代表合影

2017 年 10 月 15 日，刘超美参加北京印刷学院第三次党代会代表选举投票

2017 年 10 月 23 日，刘超美（前排左五）参观北京印刷学院“喜迎党的十九大师生联展”

2017 年 12 月 27 日，刘超美（后排中）在北京印刷学院第三次党代会后与部分同事合影

不忘初心　感念北印
祝学校明天更美好*

尊敬的张彤军副部长、郑吉春书记，各位领导、老师，同志们：

大家下午好！

刚才，北京市委组织部副部长张彤军同志宣读了市委任命决定，我不再担任北京印刷学院党委书记，锦宏同志将接替我出任党委书记。我坚决拥护和服从市委的决定！欢迎锦宏同志前来北京印刷学院掌舵！这对于学校顺利完成党委换届、建设坚强有力的领导班子十分及时。俗话说，“远亲不如近邻”，锦宏同志的到来，必将对北京印刷学院领导班子和事业稳定长远发展有着特殊的推动作用！

“人事有代谢，往来成古今”，这是人的成长、工作开展、事业发展的客观规律和要求。作为一名有着 40 年党龄的老党员，因为换届工作的需要提出提前退出领导岗位，我能正确对待，没有任何怨言。我认为，一个领导干部的党性，最根本地体现在是否正确对待进退流转这些具体利益中和考验面前。十分感谢吉春书记，代表市委教工委对我任北印党委书记 4 年来工作的肯定。衷心感谢市委长期以来对北京印刷学院工作的支持。

今年是我来北印工作 30 年整，从一名军转干部成长为高校党委书记，主要是组织多年的培养和历届领导班子的帮助，特别是全校广大干部老师

* 这是 2017 年 12 月 6 日刘超美在北京印刷学院干部宣布大会上的离任感言。

2017 年 12 月 6 日，北京印刷学院干部宣布大会

的厚爱。站在台上，看着台前一张张熟悉面孔，我心潮起伏，难以平静，想和大家、和全校师生说几句心里话，以表达我对北印这片热土的深情眷恋，表达我对全校师生的真诚感谢，表达我对学校未来的衷心祝福！

1987 年 10 月，近 30 岁的我告别了西藏 11 年的军旅生活，转业到北印，成了北印的一员，实现了从战士到教师这两个“最可爱的人”的身份转变。这一转身就是 30 年。30 年里，在组织关怀下，我经历了人事、组工等工作的锻炼，逐步走上了领导岗位。自 2002 年 12 月起，我担任学校党委副书记。自 2013 年 9 月起，我任学校党委书记。30 年来，我始终从事党务工作，始终与师生在一起。北印独立办学 40 年，亲历和见证了北印从边基建边办学到走上一个正规化办学道路，再到快速发展并提高办学质量的 3 个阶段以及学校发展的每一个印迹。

从雪域到北印，我始终在党的关怀下成长进步。30 年里，我一生的大好年华奉献在这里。有辛劳也有收获，有汗水也有泪水。自己也曾有机会到部委或其他岗位，可以离家更近、照顾好家人，但北印情结让我割舍不下，因为，“北印人”已成为我一生的烙印和最美的头衔。

自己能有今天，虽然有个人的努力成分，但关键还是组织的关心培养、师生的理解支持。我将始终不忘初心，感念北印！

不忘初心，继往开来。我任职党委书记的4年来的工作，是在吉春书记等历任领导班子工作卓越成就的基础上开展的。其间，我先后与王永生校长和罗学科校长各共事2年，如果说这4年取得了一定成绩，也是他们和领导班子成员一起努力的成果。锦宏书记有着多所学校领导工作的经历，一定能够带好班子，推动北印向着更高的目标发展。希望领导班子成员和师生像支持我一样支持锦宏同志的工作。希望班子继续保持团结向上、担当有为、永不懈怠、一往无前的精神状态和奋斗精神！

大会现场

最后，我想用自己在2006年7月1日为庆贺青藏铁路通车所写的《我经历的“雪域天路”》一文中的一句话与大家分享共勉：“有一种生活，如果你未曾经历过，就不知道其中的艰辛；有一种艰辛，如果你没有体会过，就不知道其中的快乐；有一种快乐，如果你不曾拥有过，就不知道其中的纯粹；有一种纯粹，如果你不曾感受过，就不知道其中的圣洁。”

悄悄的我走了，正如我悄悄的来；我挥一挥衣袖，不带走一片云彩……

附：亲历雪域天路*

2006 年 7 月 1 日，世界上海拔最高的铁路——青藏铁路，全线通车了。

上午，我早早打开电视，观看青藏铁路通车庆祝大会的电视实况转播。随着一声汽笛长鸣，首趟列车缓缓驶出格尔木，向高原奔去，而我的思绪也飞回到 30 年前……

从军进藏

1976 年春节刚过，我们四十几个十七八岁的北京姑娘，怀着一颗火热的心，踏上了去西藏当兵的征程。2 月底，我们乘火车来到四川，在资阳完成了为期一个月的新兵集训。4 月初，在成都和几千名同去西藏的男兵会合。我们将乘军列到青海省西宁市，之后休整一周，改乘汽车，沿青藏公路进藏。

我们这些第一次离开大城市的姑娘们，远望看不到边际的群山，又听说前方是雪山无人区，而且要走 10 天左右才能到拉萨，再想想远在万里的父母，都禁不住哭了起来……记得大家正哭得厉害的时候，一位 50 岁

---

* 这是 2006 年 7 月 1 日刘超美为纪念青藏铁路通车所作的感言，发表于《北京青年报》2006 年 7 月 20 日第 4 版。

左右的新兵团政委（据说是老西藏）对我们讲，解放军是个大学校，等你们毕业了会把你们再送回北京，不要哭了。我们相信了他的话，看着他那被紫外线晒得又黑又红的脸庞，一个个又都开心地笑了。

青海湖畔

4 月中旬，西藏军区的新兵车队浩浩荡荡从西宁出发了。在盖有绿色帆布篷的大卡车队伍中间，有一辆与众不同的大轿车，那就是我们女兵乘坐的车辆，据说是特殊照顾我们的。

初踏高原（左二为刘超美，摄于 1976 年 5 月 1 日）

出西宁没多久，我们便看到了美丽的青海湖。仰望湛蓝的天空，一朵朵白云自在飘浮，白云下面，青海湖水波光粼粼，比天空更蓝。在湖的上空，白天鹅成群结队，湖面上，是一片片的野鸭肆意地拍打着湖水……坐在车上的我们被这无限美丽的景色感染了，一路行进一路歌声。太阳快要下山的时候，我们在青海湖兵站宿营。安放好行李后，离吃晚饭还有半个多小时，于是我们便三五成群地到湖边玩耍。我们几个女兵手拉着手，一起对着湖水高喊："我爱你，青海湖！"这一刻，我们忘记了想家，忘记了昨天还在哭，也没有想过明天还有多少艰难。我们单纯得像青海湖。

格 尔 木

第二天，天刚亮，我们就起床出发了。4 月的青海高原还是一片冬天的景色，公路两旁是黄褐色的草地，远处是昆仑山脉。快到中午的时候，我们看见了雪山。身上也感到了寒意。夜幕降临的时候，前方出现一片片灯光，我们到达了格尔木。整个城市马路宽阔，人烟稀少。所有的进出西藏车辆都将在这里休整。

我们在格尔木休息了一天，主要任务是睡觉。第三天上午，吃午饭时，我们遇到了许多出藏的退伍兵，看到他们一张张黑红黑红的脸，我们不免有点害怕。傍晚，随队医生又对我们的心脏和血压进行了检查。这时，已经有人感觉到有些腹胀和恶心，不想吃东西，还有人开始呕吐。

后来我们才知道，这就是高原反应。

不 冻 泉

第四天早饭后，太阳洒满了整个格尔木城。我们离开格尔木向下一个宿营点——不冻泉行进。它地处可可西里无人区东北边缘，因当地有十几眼终年不冻的泉眼而得名。

公路两旁开阔的高原草地上，有一颗颗一尺多高的"小树"，我们有些奇怪，问老兵："这是高原上的小树吗？"老兵说："这是高原大地震时埋在地下的原始森林。"

意气风发（摄于1976年8月1日，西藏尼西）

一路上满眼苍茫、寒气袭人，高大的雪山逐渐进入视线。老兵告诉大家，我们已经进入了昆仑山脉地区。太阳下山的时候，我们到达了宿营地。这里的海拔已达4700米左右，很寒冷。我们先是感到上气不接下气，继而头疼和腿软，胃也随之搅动起来。还有人流了鼻血。晚上吃饭的时候觉得馒头、米饭都没有做熟，再加上恶心，很多人都没有食欲。

沱沱河

第五天，我们的行进目的地是沱沱河兵站。沱沱河位于可可西里地区，平均海拔5000米左右，一年没有四季，年平均气温为零下四度，可一天中却常见四季循环。一路上，雪山连绵不断，一座座冰山在强烈的阳光照射下呈半透明状。窗外时而飘雪，时而下雨，时而彩虹当空，真可谓是“十里不同天”！

变化无常的天气，剧烈的高原反应，使我们体会到了自然环境的严酷。我们在棉裤棉袄的里面又加上了绒衣绒裤，但仍感觉很冷。茫茫雪山在日照下格外刺眼，我们必须戴上墨镜，以防“雪盲”。

一路上，我们看到了成群的野生动物在雪地上自由驰骋。牦牛、野驴、藏羚羊不时从公路穿过，我们的车停下来，它们也停下来，当我们再出发的时候，它们又跟着我们的车跑。

中午时分，我们到达了位于唐古拉山脉地区的五道梁兵站。就在走进饭堂吃午饭的一刹那，我突然感到两眼发黑，心发慌，然后就什么都不知道了……等我醒来时，一群人围在我的身边，随队医生告诉我：“你刚才昏过去了，现在没事了，去吃点东西吧。”

翻过唐古拉

第六天一早，我们向着距唐古拉山最近的温泉兵站挺进。一天的行程全部在海拔 5000 米以上。有些女兵已经不能坐在车上，而是躺着吸氧了。我们在车上尽可能闭目养神，以减少耗氧量。当晚，宿营在温泉兵站，很多人头疼得难以入睡。

第七天早饭时，带兵的首长要我们尽可能吃得饱些，因为为了减少身体耗氧量，我们中午不在唐古拉兵站就餐。

8 点左右，我们开始向唐古拉山口行进。车里安静异常，每个人都感到紧张和不安，嘴唇都变得青紫，说话没有力气。首长为了分散我们的注意力，上气不接下气地不断地给我们讲故事。大约中午 1 点左右，我们翻过了青藏公路上海拔最高的唐古拉山，海拔为 5200 米左右。

车在缓慢地下坡行驶，我们知道已经进入西藏境内了。高耸的雪山渐渐远去，美丽的错那湖和一望无际的草原展现在我们眼前，当晚我们宿营安多兵站，安多藏语意为“末尾”。那天晚饭是进藏以来吃得最香的一顿，我们有了一种快到“家”的感觉。

青春永驻（后排左一为刘超美，摄于 1983 年 10 月 1 日）

藏北草原

第八天早晨，阳光灿烂，我们向着那曲宿营地行进。一路上，看到藏民赶着成群的牦牛，边唱歌边向我们招手微笑，我们也大声喊叫："你们好，我们是北京来的!"四月的藏北草原已经有春的绿意了，在一片片雪水形成的自然湖泊边，一群藏族妇女正在洗衣服，冰清的雪水，朴实的藏族妇女，伴着她们豪放的歌声，让人感觉到人与自然是那样的和谐。我们的心情立即好了起来!

第九天，我们向下一个宿营地当雄进发。当我们得知这是进藏路上最后一晚宿营的时候，别提多高兴了，歌声笑声一路不断。傍晚，小城当雄和纳木错湖出现在我们眼前。纳木错湖看上去无比的神秘、圣洁和宁静……

到达拉萨

第十天，4 月 26 日下午 3 时左右，在离开北京整整两个月之后，我们终于就要到达目的地拉萨了！

早晨起床后，连长整队带我们到纳木错湖边，洗漱，整理军容。清澈的湖水里映照着我们的脸，这时才发觉已经十天没有洗脸了，两个脸蛋被紫外线照得微微发红——这是西藏给我们留下的第一个烙印，人称“红二团”。女兵们梳洗完毕后，纷纷找出了相对干净的一身军装换上。不远处，司机在刷洗我们的车辆。大家有一个共同的愿望——以最好的精神状态和仪容进入拉萨，因为我们是北京姑娘！

下午三时左右，我们终于看到了雄伟的布达拉宫，不一会儿，几十辆军车就到达了军区大门口。几千名新兵列队军区门口，准备步行进入军区大院。我们几十个女兵在他们当中格外引人注目。

从大门口到军区通讯总站 500 多米的路上，站满了欢迎我们的老兵，有的敲锣打鼓，有的指指点点，很多人在向我们招手，那一刻，我们真的觉得到家了。是的，我们到家了，这是我们的第二故乡。

从此，四十几个北京姑娘在这片遥远、神秘和圣洁的土地上，开始了自己的军旅生涯……

青春永驻

1976 年是西藏军区历史上北京姑娘应征入伍最多的一年。由于我们普通话讲得好，文化水平在那个年代相对较高，大部分都分到了军区的通讯等技术部门。我们当中最短的在那里待了三四年，最长的在十年以上，许多人休探亲假时多次走青藏公路，那时候，我们做梦都梦到西藏通火车！

时光飞逝，自十八岁参军进藏至今已整整三十年了。青藏铁路历经艰辛，终于全线铺就，一条“天路”飞越“世界屋脊”，把北京和拉萨紧紧

军旅留痕（摄于 1986 年 8 月 1 日）

连了起来，此时此刻，曾经把青春奉献给西藏的我们怎能不感慨万千？

就在我即将搁笔之时，接到了当年一起进藏的一个战友的电话，相约下个月要一起乘火车进藏，去追寻我们曾经激情燃烧的岁月……放下电话，我忽然觉得，已经成熟了的我们隐藏着并没有和年轻时光一样流逝的天真烂漫。

有一种生活，如果你未曾经历过，就不知道其中的艰辛；有一种艰辛，如果你没有体会过，就不知道其中的快乐；有一种快乐，如果你不曾拥有过，就不知道其中的纯粹；有一种纯粹，如果你不曾感受过，就不知道其中的圣洁。

责任编辑：吴继平
装帧设计：周方亚
责任校对：吕　飞

图书在版编目(CIP)数据

印迹:亲历出版传媒人才培养三十年/刘超美 著. —北京:人民出版社,
2018.10
ISBN 978-7-01-019856-9

Ⅰ.①印…　Ⅱ.①刘…　Ⅲ.①高等学校-出版工作-人才培养-研究-中国
②高等学校-传播媒介-人才培养-研究-中国　Ⅳ.①G239.2②G219.2

中国版本图书馆 CIP 数据核字(2018)第 223687 号

印迹：亲历出版传媒人才培养三十年
YINJI QINLI CHUBAN CHUANMEI RENCAI PEIYANG SANSHI NIAN

刘超美　著

人民出版社 出版发行
(100706　北京市东城区隆福寺街 99 号)

北京盛通印刷股份有限公司印刷　新华书店经销

2018 年 10 月第 1 版　2018 年 10 月北京第 1 次印刷
开本:710 毫米×1000 毫米 1/16　印张:60
字数:855 千字

ISBN 978-7-01-019856-9　定价:270.00 元(上、下卷)

邮购地址 100706　北京市东城区隆福寺街 99 号
人民东方图书销售中心　电话 (010)65250042　65289539